ミネルヴァ日本評伝選

日本第一の大天狗

後白河天皇

美川　圭　著

ミネルヴァ書房

刊行の趣意

「学問は歴史に極まり候ことに候」とは、先哲荻生徂徠のことばである。

歴史のなかにこそ人間の智恵は宿されている。人間の愚かさもそこにはあらわだ。この歴史を探り、歴史に学んでこそ、人間はようやくみずからの正体を知り、いくらかは賢くなることができる。新しい勇気を得て未来に向かうことができる。徂徠はそう言いたかったのだろう。

「ミネルヴァ日本評伝選」は、私たちの直接の先人について、この人間知を学びなおそうという試みである。日本列島の過去に生きた人々の言行を、深く、くわしく探って、そこに現代への批判を聴きとろうとする試みである。日本人ばかりではない。列島の歴史にかかわった多くの異国の人々の声にも耳を傾けよう。

先人たちの書き残した文章をそのひだにまで立ち入って読み、彼らの旅した跡をたどりなおし、彼らのなしとげた事業を広い文脈のなかで注意深く観察しなおす――そのとき、はじめて先人たちはいまの私たちのかたわらによみがえってくる。彼らのなまの声で歴史の智恵を、また人間であることのよろこびと苦しみを、私たちに伝えてくれもするだろう。

この「評伝選」のつらなりのなかから、列島の歴史はおのずからその複雑さと奥ゆきの深さをもって浮かび上がってくるはずだ。これを読むとき、私たちのなかに新たな自信と勇気が湧いてきて、その矜持と勇気をもって「グローバリゼーション」の世紀に立ち向かってゆくことができる――そのような「ミネルヴァ日本評伝選」にしたいと、私たちは願っている。

平成十五年（二〇〇三）九月

上横手雅敬
芳賀　徹

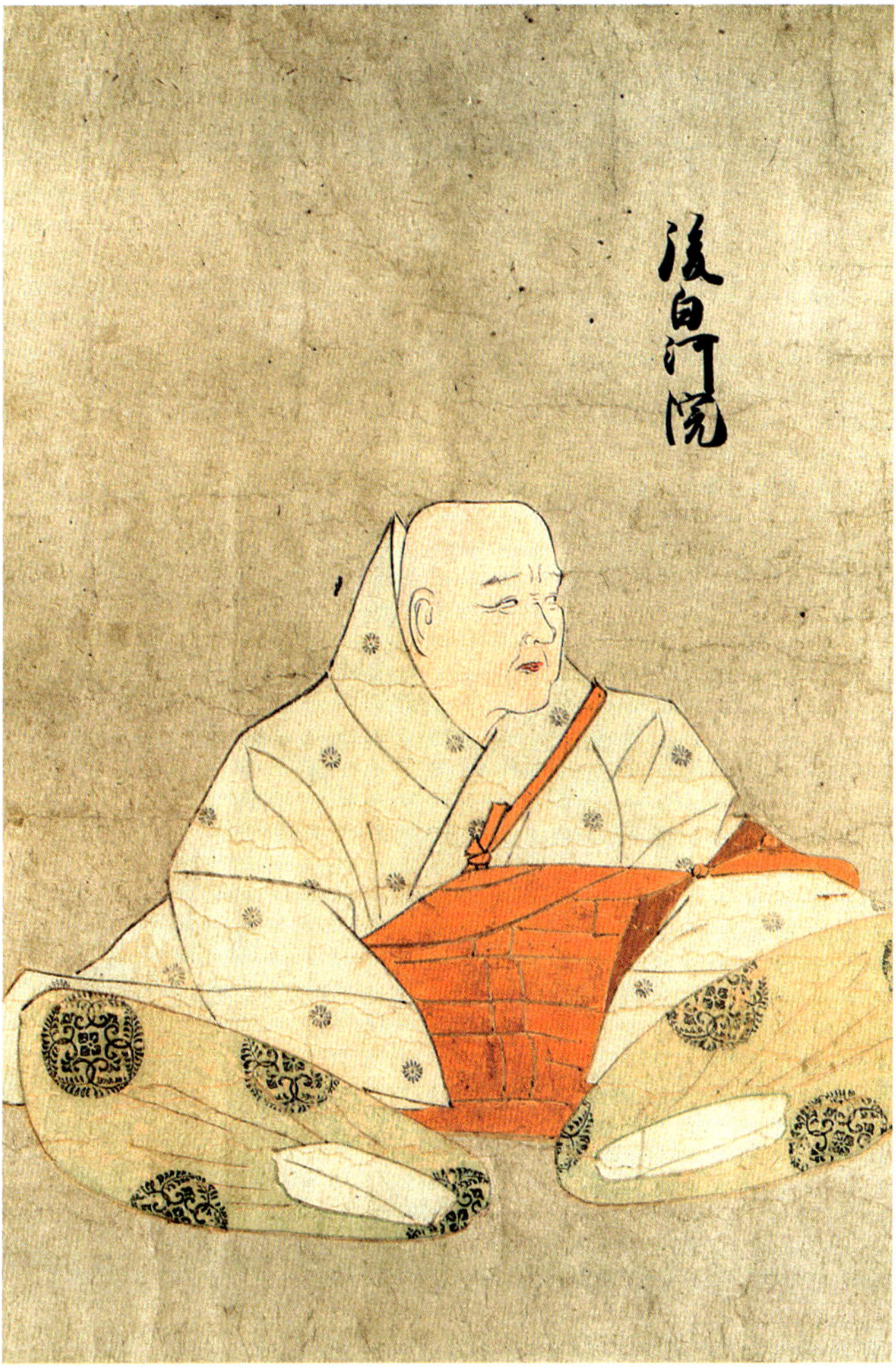

後白河天皇

蓮華王院本堂（三十三間堂）

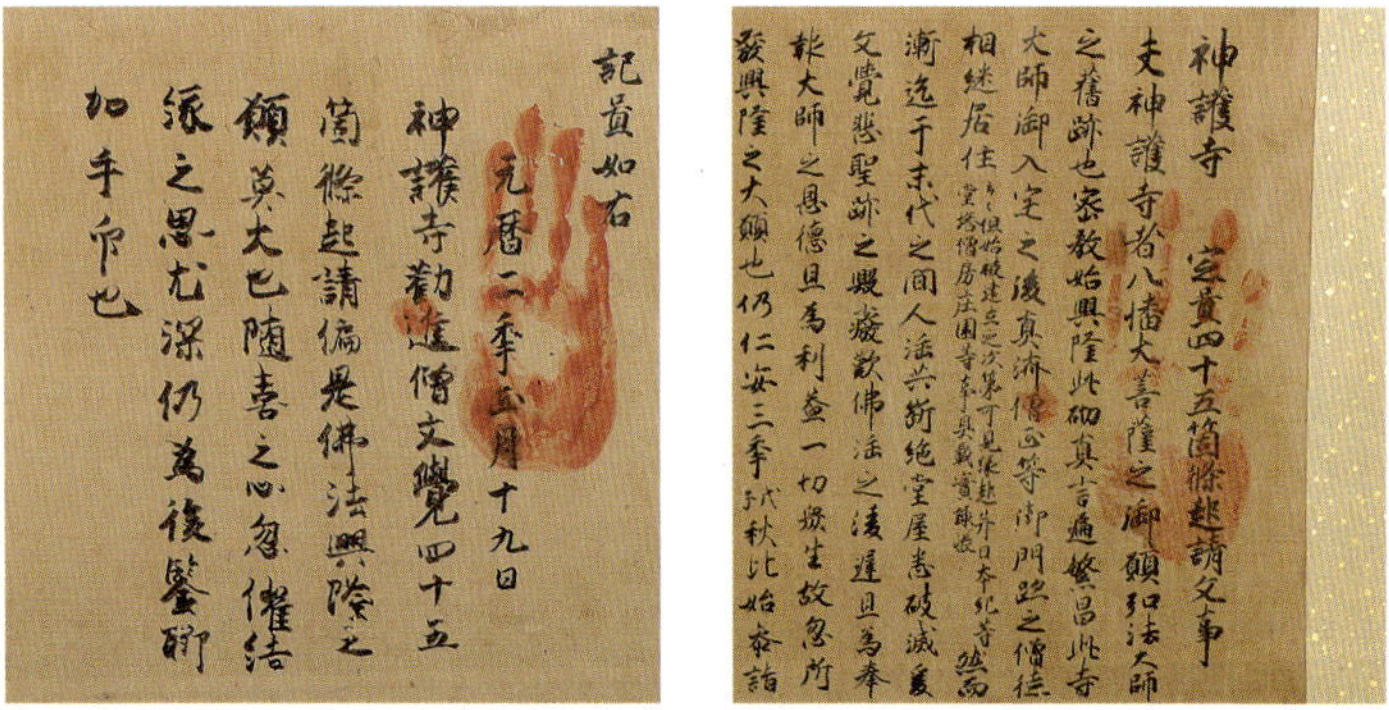

神護寺

一 文覚四十五箇條起請文事

夫神護寺者八幡大菩薩之御願弘法大師之舊跡也慈放始興隆此砌真言通繁昌此寺大師御入定之後真済僧正等御門跡之僧徒相継居住 然而漸迄于末代之間人法共断絶堂屋悉破滅爰文覚悲聖跡之毀廢歎佛法之陵遅且為奉報大師之恩徳且為利益一切衆生故忽所發興隆之大願也仍仁安三年秋比始來詣

記置如右

元暦二年正月十九日

神護寺勧進僧文覚四十五箇條起請偏是佛法興隆之願莫大也随喜之心忽催結縁之思尤深仍為後鑒聊加手印也

文覚四十五箇條起請文の後白河天皇手印

はしがき

後白河天皇《ごしらかわてんのう》は厄介な人物である。同時代の人々にとってもわかりにくい人物だったようだ。本書の副題とした「日本第一の大天狗」というのは、頼朝追討宣旨が義経の要請によって出された後、怒った頼朝から発せられた一言である。

最近、これを後白河の側近である高階泰経《たかしなのやすつね》に対しての批判であるという説が出ている。しかし、私は本文中で触れるように、後白河本人に対して投げかけられた批判であると考えている。頼朝からすれば高階泰経は、まさに院に寄生する「小臣」「小者」であり、「大天狗」ではありえない。私は「大天狗」ということばに、得体の知れない、理解しがたい物を見るような、頼朝の恐怖心さえも感じるのである。

さて、この「大天狗」は五十九歳の老いた後白河に投げかけられているのだが、それよりも二十六年も前、おそらく平治の乱の直前に後白河の側近の信西《しんぜい》が遺したと伝えられる「和漢比類なき暗主なり」という批判もある。このときの後白河はまだ三十三歳と若い。端的にいえば愚かな君主ということなのだが、「和漢比類なき」つまり日本にも中国にもこれほどの愚かな君主はいない、というのだから、最大限の悪口ともいえる。と同時に、中国や日本の文献に精通した大学者信西がいうのだから、実はその愚かさも並外れてスケールが大きいということになる。

その並外れた「暗主」によって時代は翻弄されていく。平治の乱は後白河を醒めた目で「暗主」と批判した信西に対する反感が発端であったが、反信西連合の中心人物であった藤原信頼《ふじわらののぶより》も、後白河の近臣であった。そしてこの乱の中で、信西、信頼ともに非業の最期をとげる。

平治の乱後、しだいに平清盛が台頭することはよく知られている。後白河と清盛が連携して、後白河院政が確立するが、けっきょく二人は鹿ヶ谷事件で決裂する。その二年後、清盛が後白河を鳥羽殿に幽閉して、院政を停止すると、各地で反平家の挙兵があいつぎ、内乱となる。この内乱のなかで、平家も木曽義仲も、平家を滅ぼした源義経さえも、滅亡あるいは没落する。このように後白河に近づいた一族や人々は、やがて後白河と対立して滅びていく。そして後白河はこうした厳しい時代にもしぶとく生き残る。

だが、このような激動を生みだした責任の一端が、後白河自身にもあることは否めない。源頼朝は挙兵以来、密かに後白河、あるいはその周辺と連絡をとっていた可能性が高い。後白河は常に頼朝の上洛を望んでいた。その頼朝だからこそ、自らへの追討宣旨という後白河の裏切りに対して「大天狗」となじったのである。後白河に近づいた人々の悲劇を知っているからであろう。

後白河の評価としては、武士の台頭に翻弄される古代最後の王という見方とともに、清盛、義仲、義経、頼朝といった時代の寵児たちを逆に翻弄させた権謀術数の政治家というとらえかたも古くからあった。前者の代表が人物叢書の一冊として刊行された安田元久『後白河上皇』(吉川弘文館)であり、後者としては加藤周一『梁塵秘抄』(岩波書店)がある。

両書は奇しくも一九八六年に刊行されたのだが、前者が歴史学の大家によるバランスのとれた良書であったのに対し、とくに加藤氏の作品は、後白河がまるでゲームにでも熱中するかのように、政治を命がけの一種の知的遊戯に転化させたと述べている。その権謀術数は独自の芸術的な境地に達していたというのである。歴史家ではない加藤氏の著作に、むしろ新しい後白河の評価出現の予感があった。

そうしたなかで衝撃的だったのが、後白河に新たな天皇制の支配理念を見て、文化の政治性を強く主張する棚橋光男氏の登場であった。棚橋氏の研究を契機に「権謀術数」「暗主」といった後白河の評価は一変した。後白河の生みだした民衆をとらえる文化の政治性こそが、現代につながる天皇制を底支えするということになった。後白河によって日本の王権が質的に転換したというのだから、後白河の歴史的重要性は格段に高まったのである。

しかし、講談社選書メチエの一冊として書き下ろされるはずであった『後白河法皇』は、けっきょく一九九四年師走の棚橋氏の早すぎる死によって完成しなかった。我々に残されたのは、その全体像を垣間見せる「目次」と「全体構想の概略(一九九三年四月十六日現在)」である。死後高橋昌明氏の尽力で、遺稿集としての『後白河法皇』が刊行された。私は未完の棚橋後白河論に衝撃を受けつつも、どこか納得できない気持ちを持ち続けてきた。いったい後白河は民衆をとらえたのであろうか。なぜ、後白河のもとで内乱が激しさを増したのだろうか。そうした疑問をかかえつつ、これから後白河の生涯をたどる。

後白河天皇——日本第一の大天狗　目次

図版出所一覧

長講堂　木造後白河法皇像（提供：長講堂）……カバー写真
後白河天皇（「天子摂関御影」宮内庁三の丸尚蔵館蔵）……口絵1頁
蓮華王院本堂（三十三間堂）（提供：妙法院）……口絵2頁上
文覚四十五箇條起請文の後白河天皇手印（神護寺蔵）……口絵2頁下

王家系図（元木泰雄『平清盛と後白河院』角川学芸出版、二〇一二年所収を一部改変）……xiii
院政期の京都とその周辺（山田邦和『日本中世の首都と王権都市』文理閣、二〇一二年所収）……xiv
崇徳院（「天子摂関御影」宮内庁三の丸尚蔵館蔵）……2
藤原忠通（「天子摂関御影」宮内庁三の丸尚蔵館蔵）……7
待賢門院（法金剛院蔵）……9
鳥羽院（「天子摂関御影」宮内庁三の丸尚蔵館蔵）……14
平清盛（「天子摂関御影」宮内庁三の丸尚蔵館蔵）……17
桓武平氏略系図……18
藤原頼長（「天子摂関御影」宮内庁三の丸尚蔵館蔵）……22
保元の乱の舞台（元木泰雄『保元・平治の乱』角川学芸出版、二〇一二年所収）……24
藤原信頼（「平治物語絵巻」国立国会図書館蔵）……44
獄門にかけられた信西の首（「平治物語絵巻」国立国会図書館蔵）……52

王家系図（数字は即位の順）

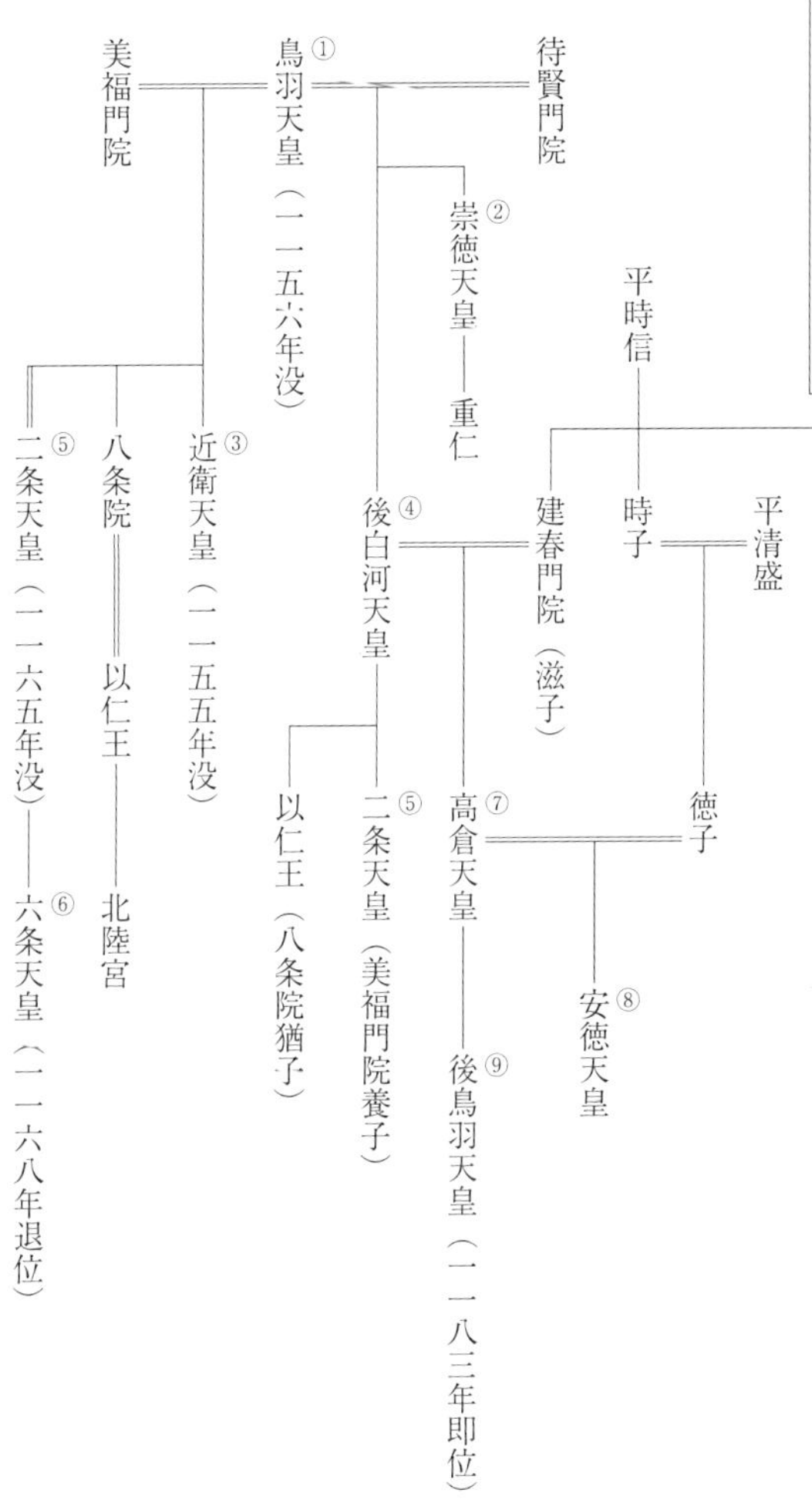

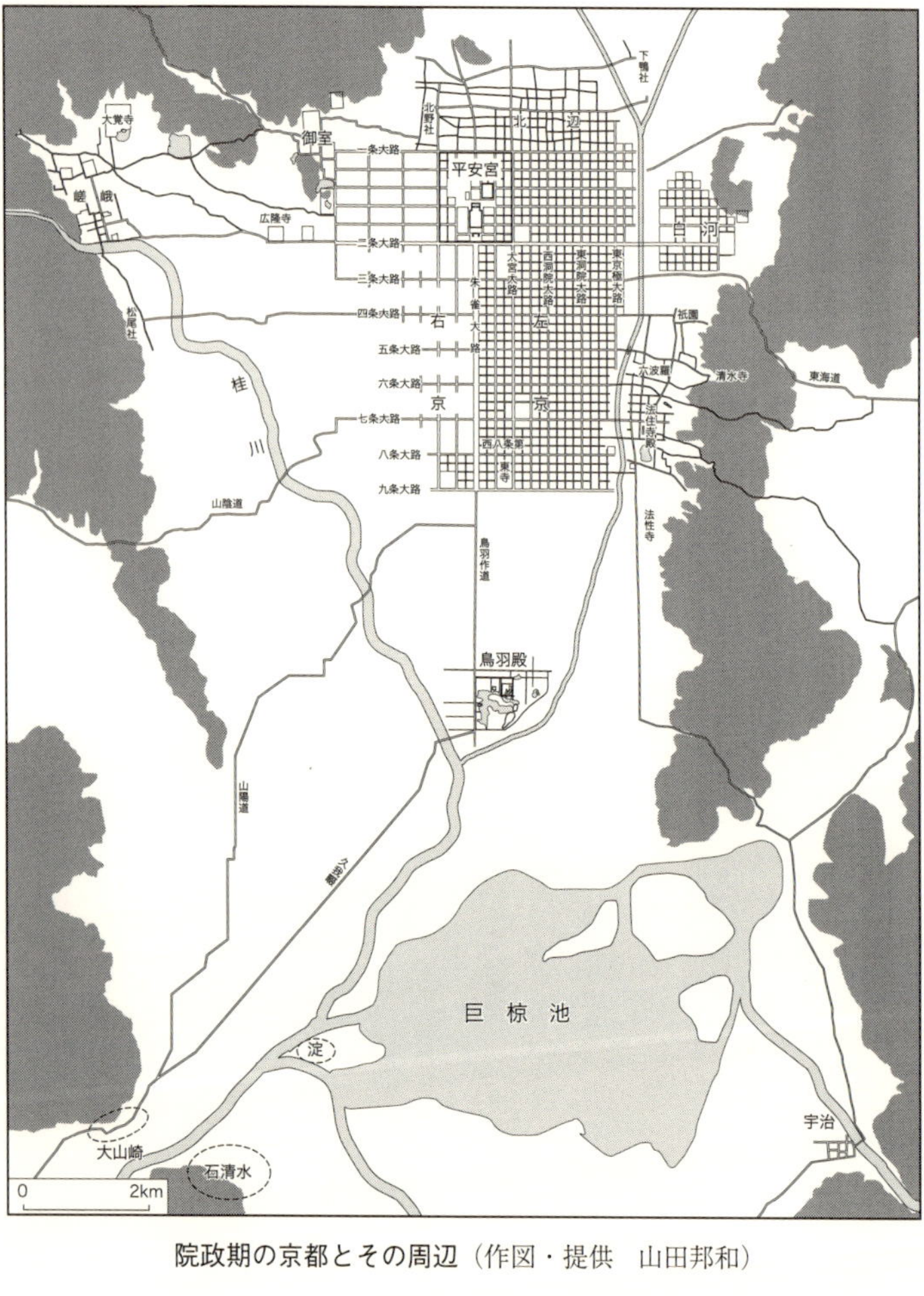

院政期の京都とその周辺（作図・提供　山田邦和）

第一章　中継ぎの天皇

1　雅仁親王と今様

後白河天皇の生誕

雅仁《まさひと》（後白河天皇《ごしらかわてんのう》）が生まれたのは、大治二年（一一二七）九月十一日のことである。藤原宗忠《ふじわらのむねただ》の日記『中右記』によると、時刻は戌、つまり午後八時頃。父は鳥羽上皇で、母はその中宮すなわち正妻の待賢門院藤原璋子《ふじわらのしょうし》である。「この御産遂に六ヶ度に及ぶ」と、すでに彼女は皇子三人と皇女二人を産んでいた。宗忠は「王子は、昔より后一腹に王子四人希有の例なり。王胤繁昌、天下幸甚か」と述べているが、この皇子の多さがのちに朝廷を揺るがす大問題に発展しようとは、この時点で知るよしもない。

第一皇子顕仁《あきひと》（崇徳天皇）が生まれたのは、璋子が入内した翌々年の元永二年（一一一九）である。次の通仁は天治元年（一一二四）、誕生したときから目が見えず、大治四年（一一二九）にわずか六歳

崇徳院

で亡くなってしまう。さらに君仁が天治二年に生まれるが、身体に不自由があって元服もせず、康治二年（一一四三）十九歳で亡くなった。皇女としては、すでに保安三年（一一二二）に禧子《きし》内親王、大治元年（一一二六）に恂子《じゅんし》（のち統子《とうし》、上西門院）が生まれていた。璋子は保安三年以来、ほとんど毎年子どもを産み続けていたことになる。

　雅仁が生まれたとき、兄の崇徳天皇は九歳であり、その祖父にあたる白河法皇が院政を行っていた。すでに皇位にある兄が順調に育っていけば、いずれたてられる配偶者との間に生まれる皇子に、その位は引き継がれる。そして白河法皇と鳥羽上皇が亡くなれば崇徳院政が誕生する。雅仁に求められたのは、兄崇徳に何かあった場合の代理者としての立場であった。つまり同母弟である雅仁は、崇徳天皇の陰にかくれた目立たない存在ではあったが、即位への道がまったく閉ざされていたわけではない。

　雅仁には二歳年下の同母弟本仁《もとひと》親王がいた。本仁は健康に育っていったようで、保延元年（一一三五）に仁和寺北院に入室、保延六年（一一四〇）十二歳で出家して覚性《かくしょう》法親王となる。皇統が崇徳の子孫に継承された場合、雅仁は出家して法親王《ほっしんのう》となり権門寺院の門跡になるか、あるいは源の姓を賜って臣下に下ることになる。そんな将来が見えていたかもしれない。

　崇徳天皇は、詩歌管弦や学問など、君主にふさわしい教養を修得していったが、雅仁にはそれがあまり求められなかった。雅仁にはそのような帝王学は教授されなかったのかもしれない。しかし、そのことにはメリットもあった。『愚管抄』に「イタクサダシク御遊ビナドアリトテ」と記されるように、評判になるほど遊興に耽っていたというが、堅苦しい宮廷にあって、かなり自由な青少年時代をおくることができた。

後白河といえば「今様ぐるい」つまり、当時の民謡・流行歌に耽溺したことが有名である。『梁塵秘抄口伝集』によると、後白河が「十余歳のときより今に至る迄、今様を好みて怠ることなし」と自ら記している。この「十余歳」というのがいつ頃なのかを、推定してみると背景が少し見えてくる。

「今様狂」の背景

長承三年（一一三四）ごろから、院近臣藤原長実《ふじわらのながざね》の女得子《とくし》（のちの美福門院）が鳥羽上皇の寵愛をうけはじめた。彼女は、末茂流《すえしげりゅう》という藤原北家でも傍流に属し、公卿にはのぼれず、四位か五位がいいところという程度の家柄である。ところが、得子の祖父顕季《あきすえ》が、白河院の乳母子《めのとご》、すなわち顕季の母親子《しんし》が白河法皇の乳母《めのと》であったという関係から、院近臣として急速に台頭した。そして、三十年にわたって讃岐・丹波・尾張・伊予・播磨・美作の国守を歴任する。白河院政開始とともに院別当となり、院に経済的奉仕を行って、ついに長治元年（一一〇四）公卿の地位に列した。

得子の父長実も、三十年にわたって受領をつとめた後、大治四年（一一二九）四月、つまり白河法皇が亡くなる直前に参議になっている。その後、参議として一年、権中納言として四年をすごし、長承二年（一一三三）に五十九歳で死去した。長実も典型的な受領層の院近臣で、もともとせいぜい四位どまりの諸大夫《しょだいふ》という家柄であった。そのような家柄の娘が、政界を左右する存在になることなど、前代であれば考えられないことである。その一族は、受領層としての莫大な富によって、院御所や御願寺造営に経済的奉仕を行っていても、政界の中枢で発言力をもつタイプの近臣ではなかった。

長実の死の翌年が、得子が鳥羽上皇の寵愛をうけはじめたと推定される長承三年である。この年、得子の一族が処分される。得子の兄長輔《ながすけ》が昇殿を停止され、備後守と伯耆守であった二人の兄も国務を止められた。さらに得子の姉も屋地・荘園・私財・雑具を没収された。また同時に、有力な鳥羽院近臣顕頼《あきより》（藤原顕隆《あきたか》の嫡男）もその屋敷を召し上げられたという。角田文衛氏は、顕頼の処分を、その妻がのちに鳥羽上皇の皇后になった得子に仕えていることから、顕頼が当初から得子と鳥羽上皇を結びつける役割を演じ、妻をその介添え役にしたのではないかと推定している（角田文衛『待賢門院の生涯』）。

さらに角田氏は、この得子一族に対する厳しい処分を行ったのは崇徳天皇であるとし、人一倍母親思いの天皇が、鳥羽院の意志に反して、その大権を行使したとされる。院政においても、天皇が自らの政治的意志を示すことはないわけではない。しかし、この場合は天皇はまだ十六歳であり、鳥羽上皇の愛妾一族へのあからさまな処罰であるだけに、天皇だけの意志と考えることにはにわかには従えない。

おそらくは、この処罰を鳥羽院に強く求めたのは、崇徳天皇と雅仁の母である待賢門院であろう。鳥羽上皇としては、待賢門院の要求に内心反発を感じても、この時点ではまだ得子との間には皇子は生まれておらず、すべての皇子の母はこの女院なのである。鳥羽上皇にとって、崇徳も雅仁も大切な後継者であり、その二人を生んだ待賢門院の存在も重要であった。

ところが、得子は、保延元年（一一三五）に叡子《えいし》内親王、同三年に暲子《しょうし》内親王（のちの八条院）と二人の皇女についで、同五年ついに皇子体仁《なりひと》親王（のちの近衛天皇）を生む。永治元年（一一四一）には三人目の皇女姝子《しゅし》（のちの高松院）を生んで、その年に近衛天皇が三歳で践祚《せんそ》するとついに鳥羽上皇の皇后になるのである。

翌康治元年（一一四二）正月、待賢門院判官代の源盛行《もりゆき》とその妻で女院女房でもあった津守嶋子《つもりのしまこ》が、土佐国に配流され、二人の僕女も上総国に流された。理由は得子呪詛の嫌疑であった。世俗の説によれば、僕女というのは、広田社の巫女であって、待賢門院の密詔をうけた盛行夫妻が招いた者だという。その直前の永治元年冬、法金剛院上座法橋信朝《じょうざほっきょうしんちょう》が、日吉社において何者かを呪詛した疑いで逮捕され、検非違使庁に拘禁されていた（『台記』）。法金剛院は待賢門院の御願寺であり、信朝は待賢門院の乳母子であったため、女院が首謀者に疑われたと考えられる。呪詛の相手は、即位したばかりの幼帝近衛天皇であろう。

こうして、待賢門院と得子の立場は逆転し、待賢門院の衰運は決定的なものになり、まもなく女院は失意のうちに出家落飾した（『本朝世紀』）。こうなると女院を母にもつ崇徳上皇と雅仁の立場も悪化する。ところが、保延六年（一一四〇）に生まれた崇徳の第一皇子重仁《しげひと》親王が、生まれてすぐに得子の養子となっている。橋本義彦氏は、病弱な近衛天皇に子孫が得られないことを考慮して、他の皇位継承者となる可能性のある皇子と親近な関係を結んで将来に備えたのではないかとしている（橋本義彦「保元の乱前史小考」）。また、重仁の母は内裏の女房であった法勝寺執行信縁《しんえん》女であり、崇徳の正室である関白忠通の女聖子《せいし》（皇嘉門院）ではなかった。その立場の脆弱さゆえに、崇徳および重仁側も、庇護者として得子および鳥羽上皇が必要となったのであろう。

さらに、康治二年（一一四三）雅仁にも守仁《もりひと》親王（のちの二条天皇）が生まれた。この守仁の母は大納言藤原経実《つねざね》の女懿子《いし》とまずまずの身分であったが、出産の直後に亡くなったため、けっきょく重仁と同じように得子の養子として養育されることになる。こうして、近衛天皇に何かあった場合でも、皇位は次の世代の重仁や守仁にまわる可能性が高くなり、雅仁即位の芽はほとんどなくなったのである。雅仁が今様をはじめた「十余歳」というのは、ちょうどそのような時期であった。雅仁はもう天皇になるための素養を身につける必要がなくなり、さまざまな宮廷のしがらみから自由に生きることになった。そのことをもっとも象徴するのが、和歌ではなく今様の世界だったのであろう。

2　陰謀渦まく即位

病弱の近衛天皇

母の死のために、鳥羽法皇にひきとられ、美福門院の養子となっていた守仁、つまり雅仁の実子は、仁平元年（一一五一）九歳になった。守仁はこの年、仁和寺に入室することになったが、このことは皇位継承者から排除されることを意味する（『本朝世紀』）。一方、この直前に、関白忠通《ただみち》は、対立する弟頼長《よりなが》が近衛天皇の退位をはかっていると、鳥羽法皇に申し入れているが、頼長はまったく身に覚えがないと主張している（『宇槐記抄』）。頼長は、養女多子《たし》を久安五年（一一四九）に入内・立后させ、この仁平元年正月に内覧宣旨《ないらんせんじ》を蒙って、左大臣でありながら、准関白の立場に昇っていた。こうした近衛天皇との関係から考えて、頼長が退位の策謀をめぐらすとは考えにくい。久安六年（一一五〇）に父忠実《ただざね》によって義絶され、氏長者《うじのちょうじゃ》の地位を奪われた忠通の根拠のない讒言であろう。

ところが、二年後の仁平三年（一一五三）九月、天皇が眼病悪化のために、守仁への譲位を望んでいると忠通から鳥羽法皇に奏請される。これに対し、鳥羽法皇は、関白忠通が幼主をたてて政をとり、威権を専らにしようという策謀であると断じた。このことを忠実に語った鳥羽法皇は、自分の死後は天下が乱れるであろうと予言している（『台記』）。鳥羽法皇は、守仁を仁和寺の信法《しんぽう》法親王の弟子にしようとしており、この時点で守仁を皇位継承者として見ていなかった。なぜならば、もしも近衛天皇にこのまま皇子ができなかった場合、崇徳の皇子である重仁がもっとも順当な皇位継承者と考えていたからである。

橋本義彦氏は、この忠通の動きは、美福門院の意向に追随したものだとしている（橋本義彦『藤原頼長』）。女院が近衛天皇の後継としてつねに守仁を考えていたことは、女院の第一の側近である

藤原忠通

藤原伊通《これみち》が、後に中山忠親に語ったことばによってあきらかである（『山槐記』）。実際に後継問題が解決して、守仁が皇太子になったとき、その身辺のことがすべて女院の沙汰するところであるといわれた（『台記』）ことによっても、それは裏付けられる。

なぜ、近衛天皇のもっとも順当な後継者である重仁も、美福門院の養子であるのに、あえて守仁を推したのか。それは、重仁が即位した場合、鳥羽法皇の死後には崇徳上皇の院政になるが、そのことを美福門院が危惧したからだという。すなわち、鳥羽院政期における崇徳上皇の不遇と美福門院の勢威の差が大きかったため、崇徳院政になればその反動が大きいと予想されたからだという。そのためになんとしても、崇徳院政を避けたいのが美福門院の意向であった。また、守仁が即位した場合、父の雅仁は在位の経験がないので院政は不可能であるだけではなく、政治的な能力も意思もなく、はるかに御しやすい存在と思われた。

ただ、忠通の動きのすべてが、美福門院の追随であるかというと、疑問がある。忠通の側にも守仁への譲位を謀る理由があった。崇徳上皇には忠通の女聖子（皇嘉門院）が中宮となっていたが、すでに入内以来二十年に至るも実子なく、重仁の即位が聖子の立場を悪化させる可能性があった。仁和寺に入室していた守仁の出家を阻止し、あくまでもその即位を推進する意志をもっていた点で、忠通と美福門院の利害は一致したのである。しかし、鳥羽法皇は崇徳の皇子重仁の即位を当然としている、ということで、二人は鳥羽法皇の意志を転換させるために、ある重大な陰謀を巡らしたと考えられる。

皇位継承の面で、重仁と守仁を比べた場合、どう考えても父が皇位にあった重仁の方が有利である。おそらくは、鳥羽法皇もそれを当然としていたであろう。

「叔父子説《おじごせつ》」の流布

もしも、近衛天皇に後嗣ができなかった場合、鳥羽法皇の意志によって重仁の即位が実現する可能性が高い。ここで、重仁の立場を決定的に悪化させる方策が一つだけあった。それは、重仁が実は鳥羽法皇の孫ではないことを、鳥羽法皇自身に信じさせることなのである。崇徳の父は鳥羽法皇ではなく、鳥羽法皇の祖父の白河法皇であるという噂を流布させ、それを鳥羽法皇にも信じさせることなのである。次の『古事談』にのみ登場する衝撃的ないわゆる「叔父子説」は、この時点で政治を大きく動かすことになったと考える。

待賢門院

待賢門院ハ、白川院御猶子《ごゆうし》之儀ニテ令㆓入内㆒給。其間法皇令㆓密通㆒給。人皆知㆑之歟。崇徳院ハ白川院御胤子《ごいんし》云々。鳥羽院モ其由ヲ知食《しろしめし》テ、叔父子トゾ令㆑申給ケル。依㆑之大略不快ニテ令㆑止給畢云々。鳥羽院最後ニモ惟方（于時廷尉佐）ヲ召テ、汝許《なんじばかり》ゾト思テ被㆑仰也。閉眼之後、アナ賢《かしこ》新院ニミスナト仰事アリケリ。如㆑案新院奉㆑見ト被㆑仰ケレド、御遺言旨候トテ掛廻不㆑奉㆑入云々（『古事談』第二）。

待賢門院は白河院の御猶子として入内された。その間、法皇と密通なさっていた。人は皆そのことを知っているのではないか。崇徳院は白河院の実子であるという。鳥羽院もそれをご存知で叔父子と申されている。これによりおおよそ不快になられてしまわれたということだそうだ。鳥羽院の最期のときも、藤原惟方を召して、お前だけに話しておくが、臨終のときには、この姿を崇徳院に見せるなとおっしゃった。予想どおり崇徳院が臨終の場に来られようとしたが、御遺言であるとして、その場にはお入れにならなかった（現代語訳）。

崇徳が鳥羽法皇の実子ではないことが事実かどうか、今となってそれを確認する手段はない。それどころか、密通の当事者が二人ともこの世にはないこの時点で、すでにその真実はわからなかったのである。しかし、事実がどうであるということよりも、一番重要なのは、院政を行っている鳥羽法皇がそれを信じてしまったということである。

美福門院がこの噂の流布に深く関わっていたことは事実であろう。だが、それだけで鳥羽法皇がそれを信じるだろうか。白河法皇が亡くなった後に、鳥羽法皇の愛妾となった美福門院が、白河法皇と待賢門院の関係を知るはずがない。しかも、待賢門院の排斥に関わった美福門院の言を、そう簡単に鳥羽法皇が信じるはずもない。あまりに怪しすぎるからである。その点、忠通は崇徳の即位後、その摂政・関白として、枢機に接していた。しかも、忠通の女聖子は崇徳の中宮であったから、そうした面から男女間の秘密に通じているとみなされても不思議ではない。しかも、父忠実の日記『殿暦』には待賢門院の男性遍歴が詳細に記されているが、その内容をよく知り、しかもそれを鳥羽法皇の耳に入れうる立場にあった。私は、この陰謀の張本人は、この忠通であると考えている（美川圭「崇徳院生誕問題の歴史的背景」）。

後白河天皇即位

近衛天皇は、久寿二年（一一五五）七月二十三日に十七歳の若さで亡くなった。病弱ゆえに予想された事態であったとはいえ、対立する忠通と頼長の養女があいついで入内、立后されていたが、いずれも皇子をもうけることはなかった。鳥羽殿にあった鳥羽法皇のもとで「王者議定《おうじゃぎじょう》」という特別な会議が行われ、守仁の父雅仁の擁立が決定された。後白河天皇の誕生である。呼ばれたのは藤原公教《ふじわらのきみのり》・源雅定《みなもとのまささだ》ら法皇側近の重臣であった。その過程で、忠通の意見が聴取されたが、対立する大殿忠実と内覧左大臣頼長の意見は聞かれなかった。

ここで頼長とその父忠実に打撃をあたえたもうひとつの噂があったという。頼長の日記によると、鳥羽法皇が忠実・頼長を憎むに至った理由は、次のようなものであった。近衛天皇が死後巫女の口によせて、自分が眼病を患った末ついに崩じたのは、先年だれかが自分を呪詛して愛宕山の天狗像の目に釘を打ったためであるといった。法皇が使者を下して検分させたところ、その通りであり、愛宕山の住僧によると、五、六年前の夜中のことであるという。美福門院と忠通は、この所為を忠実、頼長のものと疑い、かつそれを法皇もそれを信じたというのである。

頼長は、この話を家司《けいし》である藤原親隆《ふじわらのちかたか》から聞いて記したのだが、すでに家司の藤原成隆《ふじわらのなりたか》からも耳にしており、当時、広く世間に流布していたものであるとする。頼長自身、愛宕山に天狗像が存在することを知らないという（『台記』）。また五、六年も前のできごとが、ここに至って露見したのは不自然である。この噂は美福門院と忠通の謀略の可能性が高い。

崇徳とその皇子重仁親王に対しては、崇徳生誕問題についての噂、そして頼長と忠実に対してはこの天皇呪詛の噂、ともに美福門院と忠通によって流されたと考えてよいだろう。ともに、二人が協力して行った、鳥羽法皇への政治工作なのである。崇徳生誕問題と近衛呪詛問題は、専制君主である法皇を籠絡するための「政治」の一つなのであった。後白河即位の結果、頼長の内覧も停止され、その失脚が明白となる。皇子重仁の即位の芽も完全につみとられ、崇徳院も皇統から排除された。美福門院と忠通の完全な勝利であった。

第二章　保元・平治の乱

1　鳥羽法皇の死

後白河天皇方の軍事動員

後白河天皇が即位したとき、すでに二十九歳になっていた。当時、父の鳥羽法皇が院政を行っており、そもそもその即位は皇子守仁への中継ぎとみなされていた。すなわち、父の後白河を飛び越えて、守仁を即位させるのはさすがに憚られたので、形式上父を皇位につけたというわけであった。後白河は二重の意味で形式的な君主といえる。しかし、後白河本人には十分な権威が備わっていないとはいえ、父の鳥羽がそれを支え、守仁という皇太子もいる。その点では鳥羽―後白河―守仁という盤石の態勢のはずであった。

ところが、鳥羽法皇が保元元年（一一五六）五月になって、重態になった。法皇は意外に病弱で、仁平二年（一一五二）に無事五十の賀を迎えられたが、その後は毎年重態におちいっていた。今回は

鳥羽院

回復が絶望的な状態で、五月末にはまったく食事ができなくなった。鳥羽法皇の死が近いとなると、その態勢はいっきに流動化する可能性がある。もはや法皇自身に何かを自ら指示できる力はのこっていなかった。

六月二日、法皇のいる鳥羽殿に美濃源氏の源光保《みなもとのみつやす》、伊勢平氏の傍流平盛兼《たいらのもりかね》など、院北面の有力武士たちが動員された。また、後白河のいる里内裏高松殿には河内源氏の源義朝《みなもとのよしとも》・義康《よしやす》が集められた。これらの動員を行ったのは、美福門院・忠通そして院近臣たちであったと考えられる。法皇の死が、崇徳と忠実・頼長の復権につながる政変をひきおこす可能性があり、それを武力で封じようとしたのである。このあまりに手際がよい動員の背景には、それだけ崇徳と忠実・頼長につく可能性のある武力の脅威が大きかったことがある。

もっとも有名なのは、河内源氏の源為義《みなもとのためよし》とその一族である。為義は源義親《みなもとのよしちか》の子。義親といえば、濫行の末に隠岐に流され、父義家《よしいえ》が死んだ後、嘉承二年（一一〇七）に対岸の出雲に上陸して国衙を攻撃し、目代を殺した。しかし、翌年の正月には白河法皇の命令で派遣された因幡守平正盛《たいらのまさもり》によって討伐されたのである。これによって、武士の第一人者の地位は、河内源氏から伊勢平氏に移ることになる。白河法皇は平正盛に武功をたてさせ、その後の栄達のきっかけをつくらせた。

だが、これを河内源氏の脅威を感じた白河法皇や貴族による抑圧の結果であると見ることはできない。そもそも義家は白河院殿上人になっており、側近の武力であった。そのつながりは、白河の在位中にまでさかのぼるとみられる。義親の事件の際も、当初、官使とともに義家の腹心藤原資通《ふじわらのすけみち》を下向させ、義親の説得につとめようとしたのは、白河法皇その人であった。しかし、法皇の意に反して、資通は義親とともに官使を殺害し、事件を拡大させてしまう。

義親の死後、後継者となった弟義忠《よしただ》が暗殺され、その嫌疑をかけられたのは義家の弟義綱《よしつな》一族であった。河内源氏のなかでは、義家と義綱は常にライバル関係だったのである。白河法皇によって、この義綱追討に為義が起用されたが、それは源氏の内紛を煽ったのではなく、若い当主に武功をたてさせようとしたからであった。それは、最終的に平正盛に対して義親追討が命じられたのと、同様な意図であったと思われる。

しかし、為義自身の粗暴な行動やその家人の無法などによって、為義は白河法皇の信頼を失っていった。鳥羽院政期になっても、為義の不遇は変わらなかった。それは平正盛の子忠盛が受領として活躍し、天承二年（一一三二）に内昇殿をはたしたのと対照的である。そのような院政のなかでうだつのあがらない為義を、摂関家の忠実が直属の武力として拾ったことになる。康治二年（一一四三）には忠実の後継者として成長しつつあった頼長に臣従する。こうして、為義とその一族は、摂関家のもっとも中核をなす武力となったのである（元木泰雄『保元・平治の乱を読みなおす』上横手雅敬「院政期の源氏」）。

もう一つ、忠実・頼長方の大きな武力は、興福寺の悪僧たちであった。鳥羽院政期、興福寺悪僧たちは、院によるさまざまな政治介入などをきっかけに、しばしば大規模な紛争や強訴を繰り返していた。鳥羽院政開始直後の大治四年（一一二九）十一月、院近臣僧である長円《ちょうえん》が、興福寺末寺の清水寺別当、さらに南都大仏師に任命された。これに反発した悪僧たちが長円を襲撃したため、院が派遣した検非違使と衝突する事件が発生した。

また、保延三年（一一三七）東寺の定海《じょうかい》が、興福寺別当玄覚《げんかく》を越えて、僧正に就任した。これに不満をもった興福寺大衆は、宇治で院北面の平忠盛や諸国兵士とにらみ合った。二年後にも、院の意向で任じられた別当隆覚《りゅうかく》と争っていた悪僧らが、その追放のために上洛し強訴をはかった。こうした院と興福寺の対立の間にあって、関白で氏長者であった忠通は何ら有効な手立てをとることができなかった。

一方、白河院政末期に失脚し、鳥羽院政期に大殿として復権しつつあった父忠実は、息子の忠通に対抗するかのように大胆な方策に出た。大和源氏の出身で、興福寺悪僧の中心的存在であった信実《しんじつ》を組織したのである。為義などの有力な武士の組織化もほぼ同時期であり、武力を背景に興福寺を統制しようとしたと考えられる。

忠通はこの父の対応に焦ったようで、康治三年（一一四四）興福寺悪僧らの所領が多い大和を知行国として獲得し、それらの所領の検注を強行しようとした。しかし、これには悪僧らが激しく反発して、忠通は知行国を大和から石見に変更せざるをえなくなる。興福寺統制の完全な失敗である。興福寺問題を通じて、忠実と忠通との亀裂は深まっていく。

このように、河内源氏の為義一族および興福寺悪僧を中心に、権門摂関家の武力は侮りがたい成長を示していた。その関係は、ほぼ御恩と奉公にもとづく主従関係で、国家権力から相対的に自立していた。そのことが、後白河天皇即位によって、忠実・頼長らが事実上失脚した後も、その武力が維持された理由である。

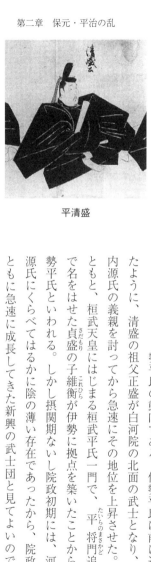

こうした状況のもとで、鳥羽法皇という大きな存在を失った後白河天皇方は、従来のように単に国家権力を掌握しているというだけで、反対勢力の動きを封じ込めることはできなくなった。かなり綿密な計画とその実行力が必要なのである。そのために、法皇が亡くなる前から、あらかじめ院北面の有力武士や河内源氏の義朝・義康らを動員しておく必要があった。

平清盛

平清盛の動向

ここでさらに問題があった。平清盛《たいらのきよもり》ら伊勢平氏の動向である。伊勢平氏は前に述べたように、清盛の祖父正盛が白河院の北面の武士となり、河内源氏の義親を討ってから急速にその地位を上昇させた。もともと、桓武天皇にはじまる桓武平氏一門で、平将門《たいらのまさかど》追討で名をはせた貞盛《さだもり》の子維衡《これひら》が伊勢に拠点を築いたことから伊勢平氏といわれる。しかし摂関期ないし院政初期には、河内源氏にくらべてはるかに陰の薄い存在であったから、院政とともに急速に成長してきた新興の武士団と見てよいのであ

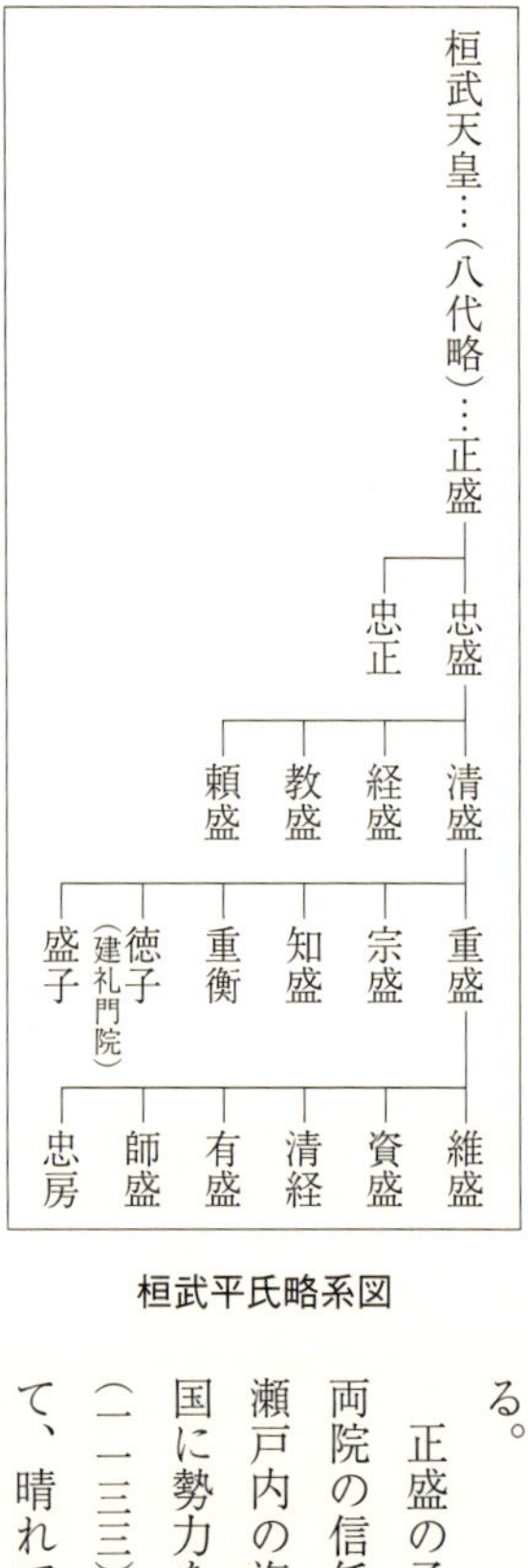

桓武平氏略系図

る。

正盛の子の忠盛《ただもり》も、白河・鳥羽両院の信任を受けて、受領を歴任、瀬戸内の海賊追討などを通じて西国に勢力を伸長させた。長承二年（一一三三）には内昇殿をゆるされて、晴れて殿上人の栄誉に浴した。そして、公卿直前の地位にまで至ったのである。こうして、伊勢平氏は、伊賀・伊勢の本領を中心に、畿内およびその周辺、そして瀬戸内海に大きな勢力をもつ軍事貴族となった。また、院北面の中心であり、受領としての経済力を背景に、もっとも有力な院近臣ともなったのである。

仁平三年（一一五三）に死んだ父忠盛のあとをついだ清盛は、正四位下で昇殿を許されており、安芸守という大国の受領となっていた。弟頼盛《よりもり》は常陸、教盛《のりもり》は淡路の受領であり、鳥羽法皇の信任も厚かった。清盛の叔父忠正《ただまさ》は右馬助という官職をやめさせられたあとは無官であり、河内源氏の為義と同様に忠実・頼長に臣従していた。忠正の子の長盛は崇徳上皇の蔵人にもなっていたから、頼長・崇徳側につくことは確実であった。

実は清盛も崇徳上皇との関係があった。清盛の継母で忠盛の正室であった藤原宗子《ふじわらのそうし》（池禅尼）が、崇徳の皇子重仁の乳母となっていたのである。重仁はまだ崇徳が在位中に生まれたわけで、王家の嫡男とみなされていたから、鳥羽の有力な院近臣であった忠盛の妻が乳母に選ばれたことになる（元木泰雄『保元・平治の乱を読みなおす』）。こうしたことから、王家あるいは院政を行っていた鳥羽法皇に従ってきた清盛一門が、王家が後白河と崇徳と分裂する中で、法皇死後どのような行動をとるのか不透明であった。

後白河側の主力である義朝の武力には、弱点があった。その多くが東海・東山道諸国、つまり東国の武士たちということである。河内源氏の本拠である河内の武士どころか、畿内の武士はほとんどいないことが『保元物語』からわかる。このことは京都にすぐ武士を集められないことを意味している。義朝は他の河内源氏、とくに父為義と対立していることからそうなったらしい。東国の武士たちのなかには、義朝が下向先の関東で組織した武士たちが多い。義朝は鳥羽院政末期に、待賢門院の側近であった熱田大宮司家藤原季範《ふじわらのすえのり》の女との間に頼朝《よりとも》をもうけ、その関係から急速に台頭した。そのような経緯から、鳥羽法皇との関係よりも、後白河天皇との個人的な関係が密であったと思われる（横澤大典「白河・鳥羽院政期における京都の軍事警察制度――院権力と軍事動員」）。

七月二日、鳥羽法皇は鳥羽殿にある安楽寿院御所で亡くなった。その葬儀は法皇の側近であった藤《ふじ》原公教《わらのきみのり》を中心に営まれた。入棺役は、左京大夫藤原信輔《ふじわらののぶすけ》、上総守源資賢《みなもとのすけかた》、伊予守高階盛章《たかしなのもりあき》、右馬頭藤原信隆《ふじわらののぶたか》、和泉守源光保、左少将藤原成親《ふじわらのなりちか》、右衛門権佐藤原惟方、信西《しんぜい》の八人であった。いずれも鳥羽院政を支えてきた主要な院近臣たちである。武士である源光保がいながら、それに匹敵するかそれ以上の院近臣平清盛がいないことはやはり不気味である。この段階では清盛などの平家一門の帰趨はいまだ不透明であった。

三日後の七月五日、後白河天皇の命令をうけた蔵人の源《みなもとのまさより》雅頼が、検非違使を動員し、京都の武士の行動を停止させる措置に出た。このときに動員された検非違使のなかに、清盛の次男平《たいらのもともり》基盛が加えられている。天皇による国家権力の発動によって、この時点でようやく清盛を中心とする平家一門を陣営に組み入れることに成功したようである。

『保元物語』によると、清盛を後白河陣営に招いたのは美福門院であるという。また、『愚管抄』には重仁の乳母であった宗子が、実子である頼盛に清盛と行動をともにするように諭したのだという。髙橋昌明氏が述べるように、この時期の清盛と頼盛との関係は微妙であり、場合によっては一門の分裂という事態も予想された（髙橋昌明『清盛以前』）。平氏一門の主流が味方についたことは、必然的であったとは言い切れない。平家一門がもしも宗子との関係から崇徳方につけば、勝敗はどうなっていたかわからない。宗子の判断は、後白河にとっては幸運であった。

七月八日、蔵人頭藤原《ふじわらのまさのり》雅教が奉じた後白河天皇の綸旨が下され、忠実・頼長が荘園から武士を動員することが禁止された。同日、蔵人高階《たかしなのとしなり》俊成と源義朝の随兵が、氏長者として頼長がもっていた摂関家正邸東三条殿を接収した。また、摂関家の宝物を納めた東蔵町に対しても同様な措置をとった。これらによって、忠実・頼長を謀叛人、つまり天皇に背いた逆臣として告知し、摂関家領荘園からの武士動員を阻止する意図をもっていたことは間違いない。

このように忠実・頼長方への圧迫と挑発が繰り返される一方、崇徳上皇に対しても同様な動きが示された。すでに、五日の段階で、後白河陣営は崇徳上皇と頼長が同心して、天皇打倒の陰謀を計画しているという噂を流している。頼長が謀叛人と決めつけられれば、当然崇徳も同じ立場にあると目されることになる。鳥羽法皇の死後一週間にして、崇徳と忠実・頼長はしだいに追いつめられていった。暴発は時間の問題となった。

2 保元の乱の勃発

崇徳上皇方の動き

鳥羽田中殿にいた崇徳は、わずかな供を連れて、密かに鴨川の東にある白河前斎院御所に移った。七月九日の夜のことである。前斎院とは崇徳の同母妹の統子内親王（上西門院）のことで、鳥羽法皇がなくなった七月二日に鳥羽殿に移って留守にしていた。『愚管抄』によると当主が留守の御所をこじあけて、崇徳は強引に入ったという。鳥羽殿には鳥羽院北面であった源光保や平盛兼らが集結していたため、忠実・頼長の謀叛に同心の疑いから、身柄を拘束される恐れがあった。宇治にいた忠実・頼長に合流するという方策もあったのだろうが、この時点で直属の武力をほとんどもたない崇徳はかえって危険だと判断したのかもしれない。しかし、この崇徳の前斎院御所への移動という行動が敗北への道を早める結果となった。

白河地区は、法勝寺を中心に、白河法皇がつくったものであった。崇徳は王家の正統な継承者が自分であることを、人々とくに武士たちに示すことが得策と考えた可能性もある。実際に崇徳側近の藤原教長《ふじわらののりなが》による、懇切なる誘引に応じて、義朝を除く源為義一族が崇徳のもとに参入した。元木氏は、崇徳の白河への移動は、白河に近い円覚寺付近を拠点の一つとしていた為義を合流させる意図があったとも推測している。摂関家に仕えていたとはいえ、為義は鳥羽院北面にも属していたから、逡巡していたのである。ちなみに崇徳はまもなく、前斎院御所に隣接する白河北殿に移ったらしい。

藤原頼長

ここへ、宇治にいた頼長が一日遅れで、十日に白河北殿に到着する。頼長の移動を警戒した天皇方も平信兼に頼長追討を命じたが、頼長は平忠正や源頼憲《みなもとのよりのり》らの武士団を率いており、簡単には手が出せなかったらしい。こうして、白河北殿を中心に上皇方の武力が集結し、鴨川の東河原に防御線が構築された。

『兵範記』によると、崇徳と頼長は額を合わせて密談におよんだという。そして、崇徳は、平家弘《たいらのいえひろ》と為義を院庁の判官代に、為義の嫡男ともいうべき頼賢を六位判官代に任じた。散位つまり官職をもたなかった彼らを、直接、崇徳が御前に召すためである。

『愚管抄』によれば為義は、無勢のままここで戦うのは得策ではなく、崇徳とともに一度宇治へ行って宇治橋を引き落として相手の攻勢をしばらく防ぐ、あるいは近江に下って坂東武士の到着を待つ、それがだめならば東国へ下向して源家累代の家人を組織して抵抗するべきだと述べている。もしそれらいずれもがだめだというのなら、一か八か天皇方に先制攻撃をかけたい。とにかく敵をここで迎え撃っても防ぐことはできないから、以上いずれかの手段をとるべきであるというのである。

これをすべて拒絶したのは頼長である。『愚管抄』では、大和の檜垣冠者という者や吉野の軍勢の到着を、ここ白河北殿で待つべきだと主張したとある。つまり、大和からの援軍、おそらくそこには信実らの興福寺悪僧らも想定されていたと思われる。現在はあまりに劣勢であるから、もう少しここにとどまって軍勢を集めてから戦おうというわけである。興福寺悪僧をあてにするならば、白河北殿ではなく、まずは奈良へ行くべきであろう。頼長にとっては予想外の崇徳の白河北殿参入に引きずられた恰好で、どうも作戦がちぐはぐになっていた。

後白河天皇方では、もっぱら義朝が先制攻撃を主張していた。崇徳と頼長の本陣である白河北殿の戦力と大和の興福寺悪僧や大和源氏などが合流すると大変なので、味方の戦力が圧倒的に優位なうちに、早くたたいておくべきだというのである。義朝は頭をかきむしりながら攻撃命令を待ち、高松殿の庭上にあった信西も関白忠通に決断をせまった。忠通は後白河天皇の御前に座って、目をぱちぱちしながら天皇を見上げるばかり。一言も発しない。十一日の明け方になって、ついに忠通が攻撃命令を下した。おそらく、忠通は天皇の最終的な決断を待っていたのである。

後白河方の先制攻撃

十一日鶏鳴、清盛、義朝、義康らの天皇方軍兵六百余騎が、白河北殿をめざして出陣した。清盛勢がもっとも多く三百余騎で二条大路、義朝勢が二百余

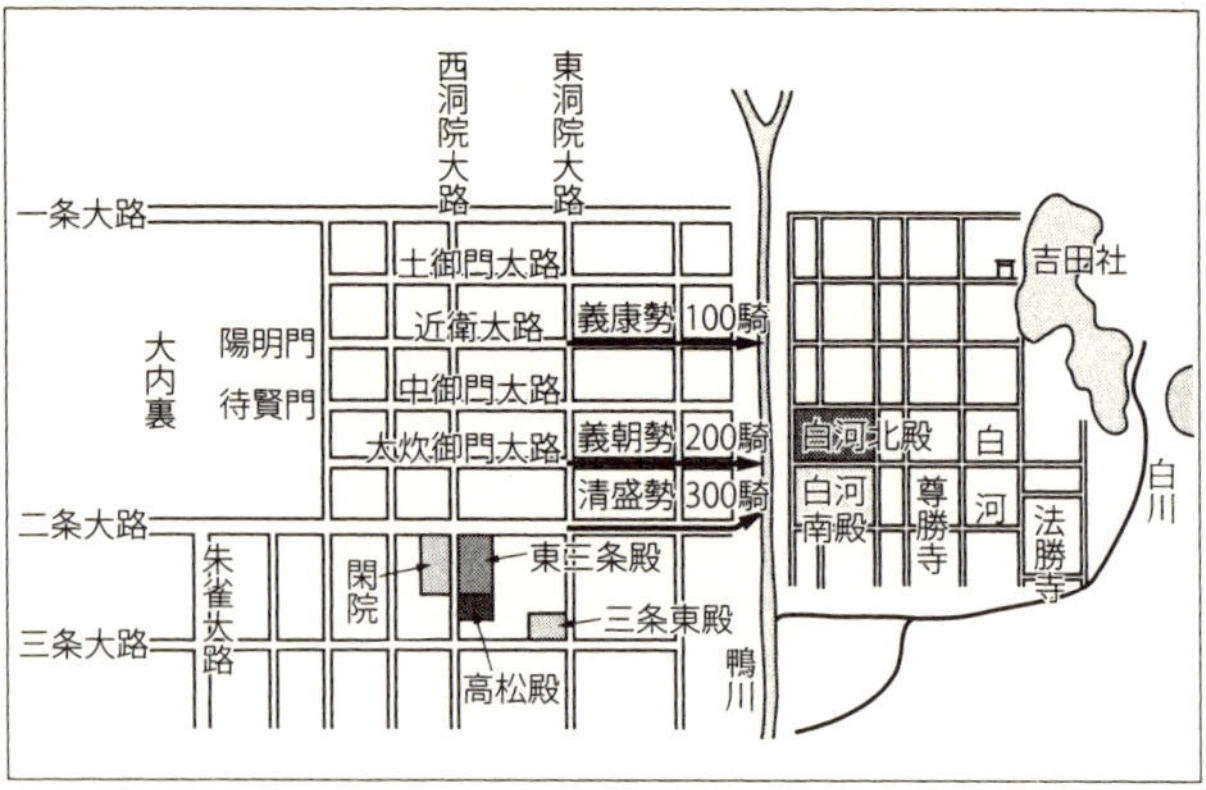

保元の乱の舞台

騎で大炊御門大路、義康《よしやす》勢が百余騎で近衛大路を東へ進んだと『兵範記』にある。白河北殿の場所は、大炊御門大路の末（鴨川の対岸の意味）と中御門大路（近衛と大炊御門の中間）の末との間にあった。大炊御門の末に南門が開いていたから、義朝が正面攻撃を担当したことになる。天皇方の武士では、義朝がもっともこの戦いに積極的であった。迎え撃つのが父為義および兄弟たちであるから、軍事的には河内源氏嫡流をめぐる争いの側面ももっていたのである。

　後白河天皇は、鳥羽院の正統な後継者であった皇太子守仁（二条天皇）への中継ぎであった。そのために、鳥羽院北面の武士たちの中には、たとえば源光保や平盛兼のように、美福門院と守仁のいる鳥羽殿の警備に専従する者がいた。また、清盛にしても、前に述べた関係から、崇徳上皇にも心を寄せていた。そのために、最大兵力の清盛勢よりも、義朝勢の方が、後白河にとっては頼りになる存在なのであった。

こうした中、天皇は高松殿から、北に隣接する東三条殿に移った。東三条殿は摂関家の正邸で、七月八日に頼長から接収したものである。合戦中のみ天皇は東三条殿にいて、終わると高松殿にもどっていることから、元木氏は防御のしやすさなどの軍事的な理由であろうと推定している（元木泰雄『保元・平治の乱を読みなおす』）。

東三条殿で後白河や忠通のそばにいたと考えられる平信範の『兵範記』によると、最初忠通とその子基実《もとざね》以外公卿はいなかったようだが、東三条殿に移ってからやっと内大臣藤原（徳大寺）実能《さねよし》が参入した。そうした中、武士による警備は厳重をきわめた。まず、東三条殿の三門を武士が警備し、門の内外を鎖で固めた。そして、甲冑を身につけた滝口が門ごとに二人ずつ配置され、それらの武士たちを押領使として統率していた。さらに、多田源氏の源《みなもとの》頼盛《よりもり》が天皇の召しによって南庭にひかえ、その配下の郎従数百人が陣頭を守っていた。「陣頭」というのは「陣中」ともいわれ、里内裏の周囲三町四方内の領域であることが、建築史の研究で判明している（飯淵康一「平安期里内裏の空間秩序について」）。そこは大内裏に擬せられて、車馬の通行が禁じられた。

なお、元木氏によれば、父の所領をめぐって争っていた弟頼憲が崇徳方についたため、頼盛は後白河方についたのだという。ともかく、こうした多くの武士による厳重な警備をするために、一町四方の高松殿よりも、南北がその二倍ある東三条殿の広さが必要だったのであろう。

さらに第二陣として、源《みなもとの》頼政《よりまさ》、源《みなもとの》重成《しげなり》、平《たいらの》信兼《のぶかね》が派遣された。頼政は、平氏政権下の治承四年（一一八〇）、以仁王とともに挙兵して敗死する摂津源氏の武士。重成は、源《みなもとの》満仲《みつなか》の弟満政《みつまさ》にはじまる系統で、近江・美濃付近を拠点として、京都で活動していた。信兼は伊勢平氏の傍流で、北面の武士盛兼の子である。白河北殿をめざす後白河方第一陣は、鴨川の河原を防御線とした崇徳・頼長方によって、かなりの激戦を余儀なくされた。めざす白河北殿にたどりつけないため、火を放つこともできなかったのである。こうして、第二陣が加勢した。この間、東三条殿の後白河は臣下とともに勝利をひたすら祈っていた。

辰の刻（午前八時頃）ついに東に煙が立ちのぼるのが見えた。白河北殿に攻め寄せた天皇方が火を放ったのである。清盛らは掃討作戦に入った。崇徳と頼長が姿をくらまし、前斎院御所と白河北殿はまもなく焼失した。四時間余りの激戦は終わった。

掃討と処罰

天皇方の武士たちは、まず白河法皇がつくった法勝寺《ほっしょうじ》になだれ込んで、寺内の検知を敢行した。また、ある一隊は為義の拠点であった円覚寺を焼き払った。後白河はそれらを聞くと、身の安全を確認したのか、高松殿にもどったのである。そして、午の刻（正午）には清盛を筆頭とする兵力も里内裏の高松殿に凱旋した。

崇徳と頼長は一時行方不明であったが、頼長は流れ矢があたって重傷であることがわかる。また、為義以下の武将たちも行方がわからなくなっていた。頼長方敗戦の情報をえた宇治の忠実は、急いで興福寺へと逃げたのである（『兵範記』）。頼長負傷の報は伝わってくるが、この時点で生死の情報までは聞こえてこない。

崇徳は戦場からの逃亡の途中に頼長とはぐれ、二日後の十三日、同母弟覚性《かくしょう》法親王を頼って仁和寺に出頭した。そこから当時鳥羽殿に滞在していた覚性を通じて、後白河天皇に書簡が送られた。天皇は、崇徳の保護を覚性に依頼したが、協力をえられず、寛遍《かんぺん》法務の土橋の旧房というところに崇徳の身柄を移した。そして源重成が後白河の命をうけて、保護することになったのである（『兵範記』）。もちろん、保護といっても、実際は拘束と監視であることはいうまでもない。

十日後の二十三日、すでに出家をとげて法皇となっていた崇徳が、讃岐に配流されることになった。後白河の命をうけた五位蔵人藤原資長《ふじわらのすけなが》が、仁和寺の崇徳住房に赴き、夕方になって女房同車の崇徳の網代車《あじろぐるま》が出発した。右衛門尉　源　貞宗《みなもとのさだむね》が後につき、重成が武士数十騎を率いて車を囲んだ。鳥羽で乗船後は、すべて讃岐国司が守護するようにという後白河の命令により、重成は乗船せず帰京した。淀川を下った船は一路、讃岐をめざしたのである（『兵範記』）。

一方、頼長の最期の様子が、興福寺の僧玄顗《げんけん》から伝えられたのは、二十一日のことであった。それによると、十一日の合戦において負傷した頼長は、十二日には京都西山を経由して、十三日に大井川（大堰川）で乗船、同日のうちに木津に着いた。船は、巨椋池《おぐらいけ》を通り、木津川を遡上《そじょう》したと考えられる。そこで、奈良の父忠実に使者を派遣して面会を求めたが拒絶された。その後千覚《せんかく》律師の房に担ぎ込まれ、一晩苦しみぬいたあげく、十四日に死去した（『兵範記』）。

『保元物語』には、頼長の使者に対して、忠実が「氏長者タル程ノ人、兵仗《へいじょう》ノ前ニ懸ル事ヤ有。サ様ノ不運ノ者ニ対面セン事、コツナカリナン。目ニモ見ヘズ、音ニモ聞ヘザラン方ヘ可行《いくべし》」と述べて、涙にむせんだという。藤原氏の氏長者となったほどの人間が、合戦で傷をうけるほど、神仏の加護を失った不運な者には会うことはできない、どこか私の知らないところへ行ってしまえというのである。

ここで謀叛人に会うことは、忠実自らが同じ立場にあることを公式に認めることになり、そのことは摂関家にとっては取り返しのつかないことになる。私は忠実の涙というのは、『保元物語』の著者の虚構であったと思っている。現実ははるかに苛烈である。頼長を庇護してきた父忠実にとっても、頼長への愛情よりは、摂関家を守るという目的の方がはるかに重要であった。

さて、藤原氏の氏長者はこれまで摂関家の家長が決めてきた。実際に久安六年（一一五〇）忠実が強引に忠通から頼長にそれを交代させたのである。今回は、頼長は謀叛人であり、その父忠実もそれに加担したと考えられていた。もはや氏長者を決める権限は忠実にはなく、それは後白河天皇がにぎることになった。ゆえに、合戦当日に、氏長者を忠通とすることが、天皇の宣旨で下されたのである。これはもはや、やむをえない事態であった。しかし問題は摂関家領荘園をどうするかであった。それが決着するまで、忠通は氏長者の宣旨を受けるわけにはいかなかった。この時点で、忠通は吉日に受けるといって、受諾を拒否したのである。

『保元物語』では、天皇が信西を使者に遣わし、配流のために忠実の身柄の引き渡しを忠通に強要したのに対し、忠通は父を配流に処するならば、自分は関白を辞任すると抵抗したと伝えている。忠実の配流をめぐって、天皇と忠通とのあいだに、激しいせめぎあいがあったことがうかがわれる。十七日に諸国国司宛てに出された綸旨でも、忠実がなお荘園から軍兵を動員しようとしているので、頼長の荘園と同じように、忠実の荘園も没収することが命じられている。まだ、忠実は頼長同様に、謀反人扱いなのである。また、所領の預所《あずかりどころ》の中で、公卿以外の預所は排除して、国司の沙汰とすることが命じられた。さらに、氏長者である忠通が管理する荘園は除外するが、忠通の知行以前はもとの沙汰を停止し、氏長者の判断を待てとした。

氏長者に付随する荘園が忠通に返還されるのだから、忠通は天皇の命令によって氏長者になる他はないのである。預所に対する措置は、荘園の管理者として預所の地位にあった武士・悪僧などが排除されたことを意味する。さらに、十八日には、忠実から没収された宇治の所領と平等院が、やはり天皇の綸旨によって、忠通に与えられた。摂関家領荘園の処分さえも天皇の命令で行われたのである。これをもって、独自の経済基盤と武力を擁した摂関家の自立性が完全に否定されたというのが元木氏の見解である（元木泰雄『保元・平治の乱を読みなおす』）。

二十日、忠実の荘園目録が忠通に送られた。かつては忠通領でありながら、久安六年（一一五〇）の義絶に際して頼長に与えられた荘園と、忠実が管理していた高陽院領《かやのいんりょう》の荘園が忠通に譲られた。摂関家領の大半はかろうじて忠通の手にゆだねられ、頼長の荘園のみが国家に没収されて、後白河天皇の後院領《ごいんりょう》に編入されることになる。こうした経過をへて、忠実は一応表向き国家的な処罰はまぬがれた。しかし、京都はおろか、宇治や南都での隠退もゆるされず、洛北知足院《ちそくいん》での幽閉生活が強いられることになる。

二十七日、乱についての罪名が宣下された。いずれも、崇徳上皇と左大臣頼長に同意し、国家つまり天皇を危うくしたという謀叛の罪である。その中で、権中納言で右大将の兼長《かねなが》、同じく権中納言で左中将の師長《もろなが》、左近権中将の隆長《たかなが》はいずれも亡き頼長の子であった。彼らはそれぞれ、八月三日に出雲、土佐、伊豆に流されていった。貴族は流罪にとどまったが、武士たちには苛烈な処罰が待っていた。乱後に権中納言忠雅《ただまさ》との同音を憚って平忠貞《ただざだ》と改名させられていた忠正とその子長盛《ながもり》・忠綱《ただつな》・正綱《まさ つな》、さらに忠正の郎等道行《みちゆき》が、忠正の甥の清盛によって二十八日、六波羅辺で斬られた。三十日には、平正弘《たいらのまさひろ》の一族が、源義康によって、大江山辺で斬られる。正弘の子家弘《いえひろ》・康弘《やすひろ》・盛弘《もりひろ》・時弘《ときひろ》、家弘の子光弘《みつひろ》・安弘《やすひろ》・頼弘《よりひろ》である。但し、正弘は八月三日に陸奥に配流となっている。同日、船岡山辺で、為義とその子頼賢《よりかた》・頼仲《よりなか》・為成《ためなり》・為宗《ためむね》・為仲《ためなか》が、為義の子である義朝によって斬られた。

為義については、検非違使源季実《すえざね》が後白河の命令で実検に派遣されている。敵味方に分かれたとはいえ、子による父の処刑はあまりに過酷であり、その確かに殺したかどうかの確認が必要であったのだろう。実際『愚管抄』によると、義朝が「ヲヤノクビ切ツ」と非難をうけ、それらの武士の死罪にも疑問の声もあがったという。朝廷における死刑は、薬子の変で藤原仲成《ふじわらのなかなり》が射殺されて以来、行われてこなかった。仲成も、射殺という変則的な処刑で、暗殺に近いものであった。今回の死刑も、朝廷による正式なもの、というより、武士の自力救済や一族内での私刑（リンチ）に準じた方法、形式をとっている。しかし、検非違使を派遣して、義朝が父を殺したかどうかの確認をするなど、実態は国家的刑罰としての死刑復活といえる。これらの処罰を後白河天皇の名の下に、徹底的に、かつ冷酷に行ったのが、その側近信西であった。

3　保元新制と信西

藤原通憲から信西へ

信西は出家前の名前を藤原通憲《ふじわらのみちのり》という。藤原南家武智麻呂《むちまろ》の子孫であり、実範《さねのり》のときから儒学を家学とする家に嘉承元年（一一〇六）生まれた。父は文章生《もんじょうしょう》実兼《さねかね》である。その父が天永三年（一一一二）に急死したため、祖父季綱《すえつな》のいとこにあたる高《たか》階経敏《しなつねとし》の養子となり、高階姓を名乗ることになった。高階氏は平安中期以来、諸国の国守に任じられ、その財力をもって頭角をあらわした典型的な受領層であった。とくに、院政がはじまると、院近臣として権勢をふるう者を多く輩出するようになった。通憲も最初、鳥羽天皇の中宮璋子に仕えて、璋子が女院になると待賢門院院司として判官代までつとめた。その後一時無官となったが、日向守に任じられたあと、鳥羽院の院司へと進んで判官代をつとめた。日向守を兼ねる院司受領としての活躍が中心であったのは、養子となった高階氏の立場の反映であるとされる（橋本義彦『藤原頼長』）。

通憲は学問の家を継ぐことができなかったとはいえ、「天下の才士」（『台記』）あるいは「学生抜群の者」（『愚管抄』）として、その学識は際だっていた。「くだんの人頗る才智有り。一見一聞の事も忘却せず。よって才芸は年歯を超ゆ」（『中右記』）といわれた父の才能を受け継いだのであろう。康治二年（一一四三）八月十一日の頼長の『台記』には、学才と不遇ゆえに出家を決意した通憲と、頼長との間の心の交流を記した名文がある。

夜に入り、通憲に逢ふ。相共に哭《な》く。通憲をして笙《しょう》を吹かしむ。帰らんと欲す。余に命じて云く「臣、運の拙きを以て一職を帯さず。已に以て遁世せり。人、定めておもへらく、才の高きを以て、天、之を亡ぼせりと。いよいよ学を廃《や》めんか。願はくは、殿下廃むなかれ。」余曰く「唯、敢て命を忘れざらん。」涙下ること数行。

保元の乱で敵味方となった二人のやりとりは、学者としての才能を認め合ったものである。頼長が通憲の出家の意志を知ったのは、これより以前八月四日のことであった。二十五日に出家したいという申し出をうけた鳥羽法皇は、院近臣の藤原顕頼《ふじわらのあきより》に諮問を行い、その並びなき「天下の才士」の出家を許すべきではないという回答をえた。そのことを耳にした頼長も、翌五日に使者を通憲邸に遣わし、その出家の意志を惜しんだ。十一日の対面でのやりとりは、それをうけたものである。四日条に「前日向守」（『台記』）とあるように、このとき通憲は無官であった。

鳥羽法皇の慰留の意向は強かったらしく、二十五日の出家は延期された。そして、翌天養元年（一一四四）二月七日に少納言に任じられ、それを機会に高階姓をもとの藤原姓に改姓し、七月二十日出家の意志を遂げたことが、自ら編纂した史書『本朝世紀』に記されている。こうして通憲の俗名を改め、信西とした。ときに三十九歳である。少納言は太政官に属する文筆の官であるが、所詮正五位相当の下級事務官僚にすぎない。とても政治の枢要に関われる地位ではないのである。そんな軽微な官職や位階をかなぐり捨てて、僧侶として政治の枢要に深く沈潜する道を選んだ。

後白河即位を推した信西

美福門院が生んだ近衛天皇が亡くなった久寿二年（一一五五）七月、鳥羽法皇、関白忠通、そして美福門院の意向が、後白河天皇の即位につながったことはすでに述べた。だが、崇徳上皇の皇子重仁を排除するという点では、一致していたとしても、なぜ美福門院が養子としていた守仁ではなく、その父が即位することになったのか。そこには信西の意向が大きくはたらいていたというのが、橋本義彦氏の考えである（橋本義彦『藤原頼長』）。

しかし『愚管抄』は、近衛天皇が亡くなったとき、後白河の即位を勧めたのは忠通であると述べている。すでに仁平三年（一一五三）九月、近衛天皇が眼病悪化のため、皇位を雅仁親王の王子（守仁親王）に譲りたい意向であると、忠通が鳥羽法皇に再三申し入れている。対して、法皇は、幼主をたてに威権をもっぱらにしようという関白忠通の策謀であると、その奏請を拒んだ（『台記』）。忠通が守仁を推したのに対し、中継ぎでの父の後白河を推したのが、この信西であったと考える橋本説がよいと思う。

鳥羽院政のもとで、実務官人系の院近臣として大きな力をもっていたのは、勧修寺流《かじゅうじりゅう》藤原氏の顕《あき》頼《より》であった。信西が出家を鳥羽法皇に申し出たときに、法皇の諮問をうけ、その否を主張したあの顕頼である。受領を歴任した富裕をもって、院に奉仕する近臣に対し、実務官人系の院近臣は多く弁官や五位蔵人・蔵人頭を経験した。弁官は太政官の実務を切り回し、蔵人は天皇の秘書官として活躍する。その立場は院の意向にもとづいて太政官と天皇を動かす政治的要にあった。顕頼は前権中納言でありながら、院の命令で公卿会議の席に特別の出席をもとめられたことさえある。

その顕頼が久安四年（一一四八）正月に死んだ。子の光頼《みつより》はいまだ左少弁の二十五歳、その一つ下の惟方《これかた》に至っては権右少弁となるのは八年後のことである。この間隙に、信西とその子俊憲《としのり》・貞憲《さだのり》たちが入り込む。とくに、俊憲は妻に顕頼の女を迎えるとともに、鳥羽院執事別当《しつじべっとう》として院中諸務執行の実質的責任者であった藤原公教の女とも婚姻関係をもっていた。それらの婚姻が信西の尽力によることは容易に想像できるが、当然鳥羽法皇の意向もはたらいていたことであろう。

こうして、信西は鳥羽院政のもとで、すでに中心的な院近臣となっていた。それゆえに、守仁親王を関白忠通や美福門院が推したのに対し、妻が乳母として養育した雅仁親王を即位させることに成功したのであろう。実際、父が天皇ではないのにその子が即位するのは異例であるし、いずれ近いうちに守仁が即位できるのならば、忠通や美福門院側に反対する理由はみつからない。論理明晰な信西の主張が説得力をもったことは容易に想像できる。

後白河天皇は、もともと即位が期待されていなかったことと、守仁への中継ぎとして政治的な活動に積極的ではなかった。保元の乱での指揮、乱後の一連の処罰などをもっぱら仕切ったのは、信西であった。実際、そこに天皇自身の意向が反映された形跡はない。五味文彦氏は、保元の乱後の信西が活躍した時期を、「信西政権」と呼んでいる（五味文彦「信西政権の構造」）。実際に、当時の状況をみれば、しばらくはそう呼んでもさしつかえない状況にあったといえよう。

保元新制と大内裏復興

この政権の政策基調は、保元の乱直後の閏九月十八日に出された保元新制《ほうげんしんせい》という七ヶ条の法令に、はっきり打ち出されている。そこには、（a）久寿二年七月二十四日の後白河践祚以後の、宣旨によらない新立荘園は停廃する、（b）それ以外の荘園でも、本免田以外の加納田《かのうでん》・出作田《しゅつさくでん》、あるいは荘民の濫行はきびしく停止する、（c）ただし、宣旨および白河・鳥羽両院の院庁下文《いんのちょうくだしぶみ》を帯するものは、証文を提出して天皇の裁許を待て、（d）大社寺の神人《じんにん》・悪僧らの濫行はきびしく停止する、（e）大社寺の所領および仏事・神事の費用を注進させるというものであった。

これは、後三条天皇のもとで出された延久《えんきゅう》の荘園整理令を彷彿とさせる、まぎれもなき荘園整理令である。しかも、延久令が「寛徳二年以降」という直近の整理令公布を基準としていたのと異なり、あえて後白河天皇の践祚以後という新基準が示されていることが注目される。そこには天皇という存在へのこだわりが強く感じられる。

また、「白河・鳥羽院庁下文」で立荘を認められた荘園に対して、それを特別視する可能性を打ち出している。このことは、白河・鳥羽・後白河三代の院庁下文によって承認された荘園では、以降「三代起請《きしょう》之地」として、一国平均役（荘園・公領ともにかかる重要な租税）であっても特別に免除される慣例が生まれていく。さらに、後白河天皇の権威が称揚され、それが白河・鳥羽両上皇の院政を超越するものとして位置付けられているのである。

そのことは、石井進氏が注目した、保元新制の第一条冒頭「九州の地は一人の有《たも》つところなり。王命の外、何ぞ私威を施さん」という文言にいかんなく示されている（石井進「院政時代」）。白河院政後半から鳥羽院政にかけて、多くの荘園が新たにたてられ、それを経済的基盤とする王家と摂関家、そして大寺社などの権門が形成された。それは、旧来の国家権力の分裂・解体、つまり分権化の進展を意味していた。保元の乱の本質は、王家と摂関家という二大権門の軍事衝突であり、それらの権門の上位に立つ高権再生への希求が高まっていたのである。それらの危機を論理的に回避するイデオロギーこそ、荘園がけっして権門の私的大土地所有ではなく、公の地、すなわち天皇の所有地であるという王土思想であった。その土地が荘園として存続するには、現天皇である後白河が特別に認めなければならない。

おそらく、当時そのような明晰な論理を提示しえたのは、信西自身以外には考えられない。人間的には頼りないこと、この上ない後白河天皇であった。しかし、信西はそれを熟知しつつも、あるいは熟知しているがゆえに、あらゆる手段を使って、後白河という人格を離れた抽象的な天皇の権威を極大にすべく奔走した。そこには信西自身の権力欲というよりは、時代の要請にこたえようというひたむきな政治家としての意志があったのだと思う。それは後白河の乳母の夫、後白河側近という立場をこえたものであった。

天皇の権威を高めるための、もっとも目に見える事業は、大内《おおうち》(平安宮)内裏と大内裏《だいだいり》復興である。後白河天皇は高松殿で践祚し、その後も日常の御所としては高松殿を中心とした里内裏《さとだいり》を多くもちいた。平安時代末期のこの時期、大内内裏は天皇が居住する空間から、その権威を示すための儀式空間に変化しつつあった。ましてや、大極殿《だいごくでん》と朝堂院《ちょうどういん》を中心とする大内裏は政務空間から儀式空間となってから、もはや久しい。それは白河・鳥羽院政をへて、院政という政治形態が定着し、天皇が聖的な性格を強めつつあることと照応するものである。

最近、その大内裏について、興味深い事実がわかってきた。それは考古学の上原真人氏による軒瓦の研究に負うところが大きい（上原真人「院政期平安宮――瓦からみた」）。まず、信西の大内裏復興が、後三条天皇による復興と同様に、内裏→大垣《おおがき》→大極殿・朝堂院の順に進んだ。大垣とは二条大路に面した大内裏の南側大垣のことである。そして、大極殿と朝堂院の復興といっても、大極殿は後三条のときの木製鴟尾《しび》を金銅製鴟尾に変更しただけであり、むしろ朝堂院南門にあたる会昌門《かいしょうもん》とその両側の瓦垣を修築することが中心であった。復興された大内裏南側大垣を越えて、会昌門前に立つと、新造の瓦垣越しに金銅製鴟尾が輝く大極殿屋根を望むことになる。

二条天皇即位式を大極殿で行うことをめざした信西にとって、南側からの正面観を整えることが復興事業の最大の眼目であったという。すでに大極殿と朝堂院が利用されるのは、ほとんど即位式のときだけであった。大内裏のすべてを復興することなど、当時の国家財政では不可能である。そうした状況の下で、いかに費用をかけずに、天皇の権威を高めるという目的をはたすのか。その課題は、演劇の舞台のような「張りぼて大道具」の役割を、大内裏に負わせることによって解決していった。宮廷儀礼というものが、朝廷の権威を創出する「演劇」であるならば、大内裏はそのための「劇場」であり、その「舞台装置」であった。そして貴族とはそこでの役を演じる「役者」なのである。信西はまさにその天皇劇場の名演出家であった。

荘園整理令の目的の一つは、荘園と公領との境界を明確にすることである。加納田とか出作田というのは、荘園が拡大する際に、そこが荘域なのか公領なのかあいまいな田地である。それゆえに、荘園領主と国司との間で紛争が生じやすい場所である。あるいは、すでに紛争がある場所の場合も多い。基本的に国家財政は公領からの税によってまかなわれる。国司がそれを少しでも減らそうと考えるならば、公領がいかに少なくなっているか、いいかえれば荘園となってしまっているかを主張すればよいことになる。内裏造営役などの場合、一国平均役として、荘園にも公領にも税がかかることになると、荘園からの税は荘園領主から、公領からは国司からということになるから、その境界となる場所が荘域なのか公領なのかでどちらから税をとるかが変わる。ともかく、荘園整理令というのは、この国家財政上の問題と不可分なのである。大内裏と内裏の復興を推進するためには、荘園整理を実効的な政策として進めなければならなかった。

そのための国家的機関として設けられたのが、保元の記録所である。設置は、保元元年（一一五六）十月二十日であり、上卿つまり最高責任者が藤原公教、弁として権左中弁藤原惟方、左少弁源雅頼、右少弁藤原俊憲、寄人《よりうど》は文章博士藤原長光《ながみつ》以下十二人で、彼らが運営した。いうまでもないが、これは荘園整理のための組織であった。公教は閑院流《かんいんりゅう》藤原氏、つまり後白河天皇の母、待賢門院の家系であり、鳥羽院庁の執権ともいわれた院近臣であった。しかも、その女は信西の息子俊憲と結婚していたから、信西の姻戚ということになる。惟方は勧修寺流《かじゅうじりゅう》藤原氏で、白河院近臣顕隆の孫、鳥羽院近臣顕頼の子という恵まれたる実務官人系院近臣家出身である。雅頼は村上源氏。すでに出家している信西こそ、そのメンバーではなかったが、息子俊憲を抜擢し、公教が相舅であることを見ても、この組織が事実上信西の支配下にあったことは間違いない。

この保元の記録所、五味氏も指摘するように、その活動が確認されるのは保元三年の前半までで、保元三年も後半になると全くみられなくなる（五味文彦「信西政権の構造」）。実は、このような記録所の臨時性は、延久の記録所でも天永の記録所でもみられる。そして、前者は内裏造営、後者は伊勢内外宮の式年遷宮と密接な関係がある。天皇の地位と深い関係のある国家事業を行うための臨時税、つまり内裏造営役や役夫工米《やくぶくまい》を徴収するにあたっての、荘園と公領の領域確定が目的であったと考えられる。今回の保元の記録所も、同様に大内裏や内裏造営にともなう組織なのである。五味氏は記録所活動停止後、その機能が後白河院庁に移るとされるが、そうではなく記録所が、二条天皇の即位に間に合わせる大内裏造営のための組織であるがゆえに、保元三年（一一五八）八月の二条即位後はその目的を終えるのである。訴訟の評定などの機能があったことは確かであろうが、それはあくまでも二次的なものに過ぎなかったと考えるべきであろう。

『年中行事絵巻』の背景

さて、大内裏という「舞台」がつくられていくと、そこでの「演劇」、つまり公事といわれる宮廷儀式の復興が進められる。そのことは『愚管抄』の「有職《ゆうそく》ノ人ドモハ、公事ハ大内コソ本ナレ、コノ二代はステラレテサタナシト歎キケレ」という叙述によく表れていると思う。この記事によれば、白河・鳥羽院政期には大内裏がうち捨てられて荒廃していたので、公事がまともにできなかったというのである。

『今鏡』や『平治物語』によると、内宴《ないえん》と相撲節会《すまいのせちえ》が復活されたとあり、『百練抄』によれば、「年来断絶」していた「漏刻器《ろうこくき》」が保元二年（一一五七）十一月十三日におかれ、「近来断絶」の「内教《ないきょう》坊《ぼう》舞姫」が同三年五月二十九日に興行されたという。

五味氏によると、この内宴は長元七年以後断絶していて、百二十年余りの再興であった。保元二年正月の復興第一回の内宴には関白忠通、太政大臣実行以下七人が文人となって詩をつくった。『古事談』にそのときの話が載っている。それによると、信西が序を準備したが、息子の俊憲がつくったものの方が優れていたので涕泣したという。翌年の内宴では前年はたせなかった舞姫の復活のために、信西は天皇の勅をえて、内教坊の伎女に練習させたという。これが『百練抄』の「内教坊舞姫」にあたるのであろう。

この舞姫については『今鏡』に「舞姫、今年はうるはしき女舞にて、日頃より習はせけるとぞ聞え侍りし、通憲大徳、楽の道をさへ好み知りて、さもありぬべき女ども習はしつつ、神の社などにも参りて、舞ひあへりと聞き侍りし」と伝えられており、その舞の華麗さと信西の入れ込みようが評判であったらしい。そのためもあってか、信西の死によって、再び廃絶の運命をたどったという。しかし、信西は芸能の世界で長く記憶され、伝説の人物となっていった。『徒然草』によると白拍子舞の起源が「通憲入道、舞の手の中にある興ある事どもを選びて、磯の禅師といひける女に教へて舞はせけり」であると伝えている。この有名な話は、内宴の舞姫養成と関係ありというのである（五味文彦「信西政権の構造」）。

さらに五味氏が指摘するように、この時の内宴の図が『年中行事絵巻』に描かれていることは興味深い。保元三年六月に復活した相撲節会も「保元相撲絵」に描かれ、保元三年四月二十九日に鳥羽殿で行われた競馬《くらべうま》も「保元城南寺競馬絵」というかたちで描かれたという（『玉葉』『実隆公記』）。後白河の命令によって作成された『年中行事絵巻』の出発点に、信西企画の絵図があるというのが、五味氏の推定である。十分あり得ることだと思う。

ここまで、保元新制の発布、荘園整理令、内裏および大内裏復興、記録所、宮廷儀式の復興といった信西が主導した保元の新政ともいえる政策をたどってきた。再びここで保元新制に立ち帰ると、大社寺の神人・悪僧らの濫行はきびしく停止する、大社寺の所領および仏事・神事の費用を注進させる、という条文の重要性はいうまでもない。

白河院政期以来、大寺社の強訴や騒乱に、朝廷は多くの労力を割いてきた。しかし、それらの難題はけっして自然発生的に生じたものではない。後三条親政以来の朝廷の仏教興隆策と寺社統制策によって、院と上級僧侶との人的つながりが拡大し、それがひきおこした問題という側面をもっている。かつて、白河法皇は、その在位中に獲得した人事権や軍事動員権をもとに、譲位後もウラの口入権力として大きな力をもったが、摂関家の弱体化をきっかけに、大寺社内部への強引な人事権行使に走り、それによってひきおこされた強訴・騒乱をてこにオモテの権力としての貌《かたち》も顕わにしたのである。

しかし、鳥羽院政期になると、忠実・頼長による荘園集積で、息を吹き返した権門摂関家は、もともと藤原氏の氏寺というつながりをもっていた興福寺との関係を深める。とくに、悪僧信実を中心に興福寺への影響力を強め、その武力を権門摂関家の強化に利用しようとしたのである。保元の乱の本質が、権門王家と権門摂関家との武力衝突という側面を有する以上、勝者が権門摂関家の解体を一番に指向することは当然であろう。その根幹に、荘園整理令とともに据えられたのが、この神人・悪僧統制令、権門寺社統制令であった。

4 反信西勢力の結集

後白河の譲位

信西が解体しようとした権門摂関家は、すでに保元の乱によって大打撃をうけていた。また、信西がその乳父《めのと》として支えようとした後白河天皇は、まことに頼りない存在であった。そもそも、後白河の母は乱で敗れた崇徳と同じ待賢門院であり、その待賢門院は美福門院の台頭によって急速に鳥羽法皇の寵愛を失い、失意のうちに世を去っていた。後白河が即位できたのは、その子の守仁を美福門院が養子としていたためであり、守仁への中継ぎの即位にすぎなかったのである。だから、信西もほんとうのところは、後白河よりも次の守仁即位をめざして、保元新制発布などの新政策をうちだして、天皇権威の上昇をはかっていたのである。

保元三年（一一五八）八月、既定の方針通り、後白河天皇は守仁に譲位した。これが二条天皇である。形式上は、後白河院政の発足となるわけだが、実際にはそれとはほど遠い事態であった。院政とは、王家の家長が、「王の人事権」を掌握すること、つまり自らの意志によって天皇を決めることが第一の条件となる。その意味では後三条の白河への譲位、白河の堀河への譲位、白河院政期の鳥羽・

崇徳の即位、鳥羽院政期の近衛・後白河の即位と、皆その条件を満たしていた。ところが、今回の譲位は「ただ仏と仏との評定」（『兵範記』）といわれたように、二つの「仏」、つまり信西と美福門院との相談によってなされたというのである。そこに後白河の意志はほとんど見られなかった。

こうした背景には、経済的要因もあった。亡き鳥羽法皇のもとに集積された王家領荘園の多くは、美福門院、そして鳥羽と美福門院との皇女八条院へと相続されていく。そのために後白河はほとんど鳥羽法皇から荘園を相続することができず、保元の乱で没収した頼長領が後院領というかたちで、かろうじて手に入ったにすぎない。その政治的弱体さには、こういった側面も大きかった。荘園という経済的な裏付けがない上皇には、院近臣も育たない。荘園の預所などの管理者をつとめることで、その中間搾取の旨みを享受することがなかなかできないためである。しかし、王家領の多くを相続した美福門院に院政ができるかというと、いくら経済的に富裕であるといっても、当時の女院にそこまでの政治力が発揮できる条件もなかった。貴族社会には女院が政治の前面に出ることを忌避する雰囲気があった。そこに「黒衣の宰相」ともいうべき信西が、非常に大きな権力をもつ理由があったのである。

藤原惟方と藤原信頼

しかし、信西の政治的基盤は、必ずしも強いものではなかった。藤原南家出身という家柄で、もっぱらその才能によって鳥羽院近臣として台頭し、出家によって家柄の限界を突破した信西に対する、貴族たちの警戒心や妬みは相当なものであったらしい。とくに、白河院政以来の伝統的な院近臣の家柄の廷臣たちに、その傾向が著しかった。

藤原信頼

たとえば、藤原惟方《これかた》という院近臣がいる。彼は、鳥羽院近臣として権勢をふるった顕頼の子であったが、いわゆる実務官人系の院近臣、勧修寺流藤原氏の出身であり、白河院政初期に台頭した為房《ためふさ》の子孫である。実務官人系というのは、蔵人や弁官になることによって、太政官を実務面からコントロールすることに長けた近臣グループである。また、惟方の母は二条天皇の乳母だから、惟方は天皇の乳兄弟ということになる。そうしたことから、惟方は一貫して二条近臣の立場をとることになる。

そして、もう一人、この後の政変に大きな影響を与えることになる院近臣がいた。藤原信頼《ふじわらののぶより》である。平治の乱で敗れて処刑されることになる信頼は、従来、無能でただ後白河との男色関係ゆえに台頭した取るに足らない人物と軽視され続け、研究も十分に行われてこなかった。しかし、最近、元木泰雄氏は信頼がけっしてそこまで無能な人物ではなかったことを明らかにし、その歴史的再評価を行った。その説によると、信頼の実像は次のようなものである（元木泰雄『保元・平治の乱を読みなおす』）。

信頼は道長の兄道隆《みちたか》流の藤原氏である。父兼家《かねいえ》の後継をめぐっての、道隆と弟の道兼《みちかね》との対立は熾烈なものがあった。道隆はようやく手に入れた関白を子の伊周《これちか》に譲ろうとするが失敗する。その道隆死後に道兼が関白となったが、まもなく道兼も病に斃《たお》れ、道長とその子孫が摂関の地位を継承して、摂関家になったのである。道隆の子の伊周・隆家《たかいえ》兄弟は、ある女性をめぐっての誤解から、花山上皇《かざんじょう》《こう》に弓を射て配流されたように、武張ったところがあった。とくに隆家は大宰権帥として寛仁三年（一〇一九）刀伊《とい》の入寇《にゅうこう》を撃退したことで、武勇をとどろかせた。その隆家の子孫が信頼なのである。信頼が平治の乱を引きおこすとともに、自ら甲冑を身につけて参戦したのは、そうした血を受け継いだためかもしれない。

院政期になって、道隆流の基隆《もとたか》、忠隆《ただたか》父子は有力な院近臣として台頭し、大国の受領を歴任するいわゆる受領層の近臣として名をはせる存在となった。そして、いずれも公卿の地位に昇ったのである。このことが、家柄が低く、とうてい公卿の地位を望むことができないので、出家した信西とは大きな違いといえる。また、鳥羽院近臣であった忠隆の妻が崇徳の乳母、妹が後白河の乳母をつとめていたため、信西の台頭がなければ、保元の乱の結果にかかわらず、政界枢要の地位をしめることが約束されていた信頼なのであった。また、摂関家忠通の子基実の妹婿にもなっていた。信西よりもはるかに名門の院近臣だったわけである。

惟方や信頼のような、白河院政以来の名門院近臣にとって、信西の台頭は将来に大きな不安材料であった。実務官人系の惟方らにとって、信西の子俊憲と貞憲がその一角を脅かしつつあったし、大国受領を手中にした信西の子成範《しげのり》と脩範《ながのり》は信頼のような近臣にとって、まことに憂うべき存在として映ったに相違ない。こうしたことから、しだいに信西一族対反信西連合ともいうべき構図が生まれつつあった。とくに、保元三年（一一五八）八月に信西と美福門院の話し合いで、後白河の譲位がきまったことは衝撃的なことであった。院政開始以来、天皇の地位の継承権を掌握することは院政を行う条件であった。そのような「王の人事権」をにぎった者が院政ができるのである。その意味からいえば、後白河は譲位して上皇になって、直系の皇子二条天皇が即位しても、院政を開始できたとはいえない。「王の人事権」を信西という院近臣と新天皇の養母がにぎるという異例の事態となったのである。

源義朝と源師仲

さて、保元の乱で東海・東山道諸国、つまり東国の武士たちを多くひきいて後白河方の勝利に大きく貢献した源義朝であったが、乱の後冷遇されて、大国播磨の国守となった清盛と対立を深め、それが平治の乱の原因といわれてきた。これは、乱直後に恩賞としてあたえられた右馬権頭《うまごんのかみ》という官職の低さに、義朝が不満を述べたので、左馬頭《さまのかみ》に転じたという『保元物語』の記事が根拠になっている。これには、古くからある源氏と平家をつねに対立的に見る考え方や、源氏を武家の棟梁としておそれた院や貴族が抑圧したという源氏抑圧説なども関係していると思われるが、ほんとうにそうなのであろうか。

元木氏によると、義朝が右馬権頭から左馬頭に転じたことは『兵範記』からも裏付けられるので、当時の官職に不満があったことは疑いない。しかし、清盛と比較して官職が劣るからといって、これを義朝への抑圧や不当な人事と見るのは間違っているという。

鳥羽院の最有力な院近臣の一人となっていた忠盛の子清盛は、すでに乱の前に大国安芸の国守であった。しかも、内昇殿《ないしょうでん》、つまり内裏の殿上人になっており、位も正四位下だったのである。それに対して義朝の下野守は東国辺境のもっとも低いランクの受領であり、位も従五位下という五位の末席にあった。ちなみに、当時は正四位上が原則として飛ばされることになっていたので、三位以上の地位つまり公卿直前であった清盛とは、もとの地位が違いすぎるのである。正盛、忠盛、清盛と、院近臣としての地位を順調に高めてきた平家に比して、義家の子義親の反乱、為義の失策など河内源氏の失敗続きは、当然そうした地位の差につながっていた。

義朝は、宮中の軍馬を管理する左馬頭という重職をえた上に、河内源氏はじまって以来の内昇殿まで許された。父為義をはじめ、一族のほとんどが崇徳上皇方について謀反人として処刑された立場を考慮すると、破格の厚遇と見るべきで、これが平治の乱の原因となったとは考えられないというのである。むしろ、長年の東国在住の経験から東国武士の多くを組織していた義朝は、こうして武家の棟梁と呼ぶにふさわしい存在となったという（元木泰雄『保元・平治の乱を読みなおす』）。もはや、白河院政期の義家が武家の棟梁であったという学説は過去のものになったと私は考えているが、保元の乱後の義朝の重要性はもっと評価されてもよい。

元木氏は、この義朝と信頼との密接な関係の原因を、両者の次のような東国での接点に求めている。久寿二年（一一五五）八月、義朝の子義平が頼長の腹心であった叔父義賢を、武蔵国比企郡大蔵館《おおくらやかた》で攻め滅ぼした。これは保元の乱での義朝の立場を示すことになるだけでなく、義朝の子頼朝と義賢の子義仲が約三十年後に抗争する原因ともなった。実は、この事件のときの武蔵守が信頼であった。しかも、信頼は保元二年、弟に武蔵守を譲って知行国主になったと考えられるから、一貫して武蔵国に強い影響力をもっていた。先に述べたように、義朝にとって相模と武蔵はもっとも重要な武力の基盤であった。義朝と信頼との関係は、第一にこの武蔵国で培われたものだというのである。

さらに、武蔵だけではなかった。義朝は陸奥国に近江の佐々木秀義を派遣して、矢羽《やばね》や駿馬《しゅんめ》を購入していたという（野口実『源氏と坂東武士』）。その陸奥には信頼の兄基成《もとなり》が住んでいて、奥州藤原氏の秀衡と姻戚関係を結んでいた。しかも、陸奥守に信頼の一族が相次いで任じられており、おそらく陸奥も信頼の知行国であったと推測される。奥州藤原氏や陸奥との交易を重視する義朝にとって、信頼との関係はなくてはならないものであった。信頼と義朝との関係は保元の乱以前にまでさかのぼり、かなり強固なものであったと考えられるのである。信頼にとって、義朝は自らに直属する武力といってもよい存在であった。平家に比べてはるかに地位の低い義朝は、院近臣の信頼に従属していたのである。義朝に、信西を打倒しようとか、平家に取って代わろうとかといった野心が強くあったとは思えない。もっぱら、信頼にひきずられる格好になっていったようである。

これまであげた二条天皇側近の惟方、後白河院近臣信頼、信頼に従う義朝以外にも、反信西連合に加わった貴族や院近臣はかなりの数にのぼっている。その中でもまず重要なのが惟方と同じく二条天皇派に属する権大納言藤原経宗《ふじわらのつねむね》である。経宗は、堀河天皇の関白をつとめた師通《もろみち》の弟経実《つねざね》の子にあたる。大殿忠実との従兄弟の関係であるから、摂関家にかなり近い血筋である。妹が雅仁親王、つまり後白河の妻となって、康治二年（一一四三）に守仁（二条天皇）を生んでいるので、外戚ということになる。『愚管抄』によると、経宗は保元の乱の後、幽閉されていた従兄弟の忠実から政務を学び、関白忠通から摂関への野心を疑われたという。

安元三年（一一七七）の鹿ヶ谷事件で、平家打倒の陰謀により処刑されることになる藤原成親が、信頼に加担していることも興味深い。『愚管抄』に「院ノ男ノオボヘニテ」とあるように、成親は後白河上皇と男色関係にあった。そのことにおいては、信頼と同じである。成親は鳥羽法皇の有力近臣家成の三男であった。家成は美福門院の従兄弟であったから、ちょうど甥ということになる。この一族は、末茂流とよばれる大国受領系の院近臣の家柄である。その意味でも、信頼とよく似ている。ただし、異母兄隆季《たかすえ》と家明《いえあき》が、父の立場を継承して、美福門院に接近したのに対し、成親は傍流として疎外されてしまったらしい。そこに、王家の傍流である後白河との関係がうまれる余地があったのであろう。十分な経済的基盤のない後白河は、富の分配という手段によって、近臣を拡大することがなかなかできない。となると、こうした男色が、人間関係拡大の手段として、重要性を増してくるのである。

次に、源《みなもとのもろなか》師仲である。師仲は、名門村上源氏の出身であるが、『平治物語』には「信頼、信西がかやうに讒言し申事をつたへききて出仕もせず、伏見源中納言師仲卿をあいかたりて、伏見なる所にこもりゐつつ、馬のはせひきに身をならはし、力わざをいとなみ、武芸をぞ稽古しける。これ、しかしながら、信西をうしなはんがため也」とあり、信頼が反信西の挙兵を目的に、源師仲の伏見邸で軍事訓練をしていたというのである。

信頼は後白河上皇の寵愛をうけて、急速に官位を上昇させていた。保元の乱以前は武蔵守であったが、保元二年（一一五七）左近衛権中将を兼ね、十月に蔵人頭、翌保元三年二月には参議、八月には早くも権中納言に昇進、十一月には検非違使別当を兼任するにいたった。位も従四位下から正三位にまでなっていた。参議以上の官職をえることができず散三位にとどまった祖父基隆や父忠隆の地位をはるかに抜きさっていた。信頼はこれを機に、信西にかわって政治の主導権をにぎる野心をもちはじめたらしい。

『平治物語』には、信頼を近衛大将に昇進させようとする後白河に対し、信西が信頼を安禄山《あんろくざん》にたとえた「長恨歌《ちょうごんか》」の絵巻を作成して止めたとある。ちなみに安禄山は、唐の玄宗《げんそう》皇帝と楊貴妃《ようきひ》に取り入って出世したが、宰相楊国忠《ようこくちゅう》と対立して反乱をおこし、玄宗を四川に追放して即位するのである。これによって、唐は衰退に向かうことになる。これがいわゆる安史の乱である。そうした中国の史実にかこつけた讒言に気がついた信頼が、信西を亡き者にしようと、伏見に別邸をもっている師仲を語らって軍事訓練をはじめたということになる。信西に気づかれないように、そこで義朝が武士を訓練させていたという元木氏の推測が、おそらく的を射ていると考えられる。

5 平治の乱

信西の自害

平治元年（一一五九）十二月九日深夜、信頼が率いる軍勢が院御所三条東殿に殺到した。主力は義朝の軍である。場所は、三条大路の北、烏丸小路の東に位置している。

『愚管抄』によれば、信西は息子たちとともにいつもこの御所にいるので、それらを皆殺しにしてしまおうという計画であったという。その際に、師仲が御所の門内に牛車を入れて、後白河上皇とその同母姉上西門院を乗せた。そのとき、信西の妻で上皇の乳母であった紀二位が、小柄であったため、上西門院の衣の裾にかくれて車に乗ってしまったという。牛車は、源《みなもとの》重成《しげなり》（満仲弟満政五代孫）・光基《みつもと》（美濃源氏光信子）・季実《すえざね》（文徳源氏季範子）らの武士に警護されて、内裏の一本御書所《いっぽんごしょどころ》に向かった。一本御書所とは、貴重本を書写して保管する書庫であり、そこに幽閉されたのである。

院御所にいた俊憲・貞憲はともに難を逃れた。俊憲は焼け死ぬ覚悟をして、北の対の縁の下に入っていたが、あたりを見回すとまだ逃げられそうだったので、炎の中を走り抜けたのだという。信西は、左衛門尉師光《もろみつ》、右衛門尉成景《なりかげ》、田口四郎兼光《かねみつ》、斎藤右馬允清実《きよざね》らとともに、密かに輿かき人夫の輿に乗って、南山城の田原に逃れた。そこで、地面に穴を掘ってすっかり埋まって隠れていた。しかし、輿かき人夫が秘密を他人に話したことから、隠れ場所が判明し、美濃源氏の光保が探索に田原に赴いたのである。にわかに出家して西光《さいこう》と名を改めた師光は大きな木の上で番をしていた。その耳に、地中からかすかに南無阿弥陀仏の念仏の声が聞こえた。しばらくして、光保に率いられた多数の武士が到着し、信西の隠れている穴が発見された。掘り出してみると、信西はすでに自害をしていた。武士たちはその首を切って、都大路を渡した（人目にさらして送る）のである。『平治物語』によると、信西が発見されたのが十二月十四日、その首が獄門にさらされたのは、十七日のことであるという。

獄門にかけられた信西の首

二条天皇のもとでの信頼

信頼は、大内裏の二条天皇のもとで、乱勃発の五日後の十四日に臨時の除目を行った。この除目で、義朝は四位に上って播磨守となり、その子頼朝は十三歳であったが、右兵衛佐に任じられた。乱がおきた翌日の十日には、信西の子すべて、参議俊憲、権右中弁貞憲、播磨守成範、美濃守脩範の配流が決定していた。すなわち、義朝の前任者はこの成範であり、彼の解任によって空いたポストに義朝が就任したことになる。頼朝はすでに上西門院蔵人《じょうさいもんいんくろうど》から、河内源氏初の六位蔵人になっていたが、今回任じられた右兵衛権佐という官職は院近臣の子弟にあたえられる由緒あるものであった。そのことは、頼朝が兄朝長《ともなが》に代わって、義朝の嫡男としての地位を確保したことを意味すると元木氏は解釈する（元木泰雄『保元・平治の乱を読みなおす』）。

ここで注目すべきは、信頼が一貫して二条天皇のもとで、人事をはじめとする政務をとりしきっていることである。もともと後白河の寵臣として急速な出世をとげた信頼が、当の後白河を内裏の一本御書所という書庫に事実上幽閉し続けていたことは、考えてみれば奇異なことといわねばならない。除目や叙位という朝廷の人事は、天皇が成人していれば天皇の御前で行われるのが通例である。だから、いくら権威がない後白河でも、鳥羽法皇が亡くなった保元の乱以降の在位中は人事権行使は可能であった。それゆえに、後白河寵臣信頼の出世もありえたのである。

ところが、保元三年（一一五八）八月、その譲位が信西と美福門院の間で決められたことは、後白河に「王の人事権」がないことをはっきりさせた。中継ぎの即位という現実をつきつけられた後白河にとって、当然それは屈辱であった。白河院政後半から鳥羽院政期、院政を行う上皇から、蔵人や院近臣などによって、口頭か差出人のない「任人折紙《にんじんおりがみ》」というメモが届けられ、それによって人事が進められるようになっていた。院御所の主役は、事実上信西に代わっており、人事の指示の主体も信西であった可能性が高い。その信西が死んだからといって、後白河が院政を行うことはできない。二条天皇による親政しかありえない。その雰囲気を利用して、信頼は後白河を排除し続けた。そのことは、かつて信西が「長恨歌」を使って讒言した、玄宗皇帝の寵臣安禄山と状況が一致する。安禄山が攻撃したのは玄宗皇帝その人であった。信頼の真の攻撃目標が後白河であることを、信西は見抜いていた。

信頼と義朝の挙兵が、清盛の熊野詣の途次をねらったことはよく知られている。信西の子の成範と清盛の女が婚約したという『愚管抄』の記事が重視され、普通は清盛が信西派であったと考えられている。だが、一方で信頼の子の信親《のぶちか》を婿にも迎えていたのである。清盛不在とはいえ、平家の拠点である六波羅にはかなりの兵力がいたはずで、もしも清盛が信西派であったならば、そこに逃げ込むはずである。実際、成範は六波羅に逃れたが、身柄を信頼方に引き渡されてしまうのである。そうしたことから、清盛が両陣営から距離をおいていたとする元木氏の見解が正鵠を射ている。信頼らにしてみれば、清盛の帰趨が不明瞭なために、妨害されることを恐れて、不在時の挙兵に踏み切ったことになる。

清盛の帰京

その清盛が十二月十七日に帰京した。次男越前守基盛《もともり》と三男で十三歳の淡路守宗盛《むねもり》とともに、侍わずか十五人をつれて熊野詣に赴く途中、紀伊田辺のあたりで乱の急報をうけた。急遽参詣を取りやめ、湯浅宗重《ゆあさむねしげ》をはじめとする紀州の武士や熊野別当湛快《たんかい》の助けをかりて、京都に戻ってきたのである。中立の立場であった清盛とはいえ、乱後の信頼の専横に不満が渦巻いていた宮廷に、あらたな動きが生まれてくる。

まず、内大臣藤原公教《ふじわらのきみのり》が、動き出した。公教は、閑院流藤原氏の出身で、太政大臣実行の長男であったが、母は院近臣藤原顕季の女、つまり美福門院の叔母にあたる。そのために、鳥羽院政末期の政治中枢に関わり、保元の乱の後も記録所上卿をつとめた。『愚管抄』によれば、信頼・義朝・師仲などのなかに、正しく政治ができるものはいないと嘆いていたというのである。公教は、二条天皇派の経宗・惟方に接近し、天皇を清盛の戻った六波羅に行幸させようという計画を話し合った。経宗や惟方にしてみれば、ほんらい二条天皇側近であった自分たちが遠ざけられ、もっぱら信頼・義朝・師仲らが天皇をとりこんでしまったことに我慢がならないのであった。

清盛も、熊野詣で京都を留守にした最中におきた、強引な信頼や義朝の行動に反発を感じていたことは間違いない。しかも、三条東殿を包囲したにもかかわらず、信西をはじめその一族の逃亡を許してしまったように、もともとその武力はそれほど大きなものではなかった。義朝の武力の中心は関東であり、それらの上京はすぐには困難であった。その点、清盛の武力の中心は伊勢・伊賀、そして西国であり、義朝にくらべて、京都への迅速な武力召集は容易であった。条件さえ整えば、義朝の打倒はさほど困難なことではなかったのである。条件は、二条天皇を手中にし、官軍となることであった。その点で、二条天皇派の経宗や惟方は天皇をとりこんでしまった信頼・義朝・師仲らに反発を強めている、彼らの力を利用する方策が有益であった。

もちろん信頼・義朝方は、清盛の動きを警戒していた。そのため、まず天皇脱出計画が実行に移される十二月二十五日の早朝、清盛が信頼に名簿《みょうぶ》を提出することになった。この名簿というのは、自分の名前を書いて、主君に提出するもので、主従関係をむすんだことを示すものである。『愚管抄』によると、公教が作成して、第一の家臣である平家定《たいらのいえさだ》が持参したという。

信頼と義朝の敗北

夜になると、後白河のもとに惟方が参入し、上皇はだれにもとがめられることもなく、用意してあった車で、あっさりと脱出に成功した。だれもあまり後白河の存在を重視していなかったらしい。脱出先を『百練抄』は仁和寺とし、『愚管抄』は六波羅とするが、おそらく仁和寺を経由して最終的に六波羅に行ったと考えられる。

後白河が脱出した後、懸案の二条天皇の脱出が行われた。密命をうけた非蔵人藤原尹明《ただあき》が内裏に参入した。尹明は惟方の妻の兄弟であり、天皇に祇候してきた人物なので、怪しまれることはなかった。紫宸殿《ししんでん》の廻廊に、二枚の筵《むしろ》を交互に敷いて、その上を天皇が進んでいった。計画を事前に知っていた伊予内侍《いよのないし》と少輔内侍《しょうゆうのないし》が、三種の神器のうちの神璽の箱と宝剣を車に運んだ。あらかじめの計画通り、大宮二条の火災に警備の武士たちが気をとられている隙に、天皇を女房車に乗せて内裏を脱出させたのである。車はそのまま六波羅に向かった。尹明は長櫃《ながびつ》を用意させ、琵琶の玄象《げんじょう》、和琴の鈴鹿、御笛の箱、大刀契《だいとけい》という鈴の入っている唐櫃《からびつ》、昼御座《ひのおまし》の御太刀、殿上の倚子《いし》などを入れさせて、天皇の車の後を追った。払暁、六波羅に二条天皇、後白河上皇、上西門院、美福門院らが皆そろう。さらに、大殿忠通と関白基実も六波羅にやってきた。

明るくなって、我が手のもとから天皇を失ったことに気づいた信頼と義朝は、茫然自失となった。信西を攻撃してからわずか二週間、権力の正当性を完全に失ったのである。『平治物語絵巻』には事態の展開に驚く二人の姿が描かれており、印象深い。『愚管抄』によると、信頼も鎧などの武具を身につけて、武装して義朝とともに出陣したという。この時代、貴族は戦闘に参加しないことが一般的だが、このような劣勢となった場合、例外的に戦うのである。しかし、そのことが後、信頼の身に悲劇を招く結果となる。一方、源師仲は三種の神器のうちの神鏡を密かに懐に入れ、さらに信頼から大刀契の唐櫃の鍵を奪った。降伏したときに、その身の保身に役立てようとしていた。

義朝につき従う郎等たちは、しだいに複雑に入り組んだ京の小路で主人の馬を見失った。それにもかかわらず、義朝はそのまま六波羅へ向けて攻めていったのである。一方、六波羅勢も時を移さず、

二条天皇の行幸に驚く信頼

内裏へと攻め寄せた。清盛の嫡男重盛《しげもり》は、馬を射られても臆することなく、堀川の材木の上に弓を杖にして立ち、代わりの馬に乗り換えた。六波羅方には十分な兵力があり、余裕の戦いを続けていた。義朝も、一度は六波羅の板塀まで攻め込んだが、従う郎等わずか数人となった。東国へ逃げ延びて再起を期そうと、大原経由で近江へと落ちていった。

信頼と藤原成親は仁和寺に逃れ、覚性《かくしょう》法親王《ほっしんのう》（鳥羽院第五皇子）に助けを乞うが、翌日に六波羅に引き渡された。清盛の前に引き出された信頼は、清盛の命令でただちに六条河原で斬首された。保元の乱で処刑されたのはすべて武士であり、貴族は一人もいなかった。貴族が処刑されたのは、薬子の変での藤原仲成以来である。信頼が武装して戦闘行為に参加したために、武士社会の慣

習によって殺されたのである。しかし、信頼に従っていたため、同じように清盛の前に出された成親は、配流にもならず単なる解官にとどまった。『愚管抄』はとるにたらない人物であったからとし、『平治物語』は妹が重盛の妻であったからだという。ともかく、この成親はわずか二年後の永暦二年(一一六一)右近衛中将に復帰し、後白河の院近臣として、のちに再び重要な歴史的場面に姿を現すこととなる。

逃げる義朝の前途には悲劇が待っていた。『平治物語』によると、嫡男頼朝とはぐれ、長男義平は甲斐・信濃の武士を組織するために、父とは別行動をとることになった。さらに、美濃国青墓《あおばか》の宿で、足を負傷して歩けなくなった次男朝長を殺した。ようやく尾張国内海荘《うつみのしょう》司《じ》長田忠致《おさだただむね》のもとにたどりついたのが、京都を逃れて三日目の十二月二十九日のことであった。忠致が、京都から義朝に従ってきた鎌田正清《かまたまさきよ》の舅であったためである。しかし、主従二人ともここで最期をむかえる。『愚管抄』では、湯殿で忠致の裏切りに気がつき、主従はともに自害したとし、『平治物語』では主従が忠致の家人に討たれたとする。二人の首が京都で獄門にさらされたのは、翌年正月九日のことであった。

一時、平家の六波羅に集まっていた二条天皇、関白基実、後白河上皇らは、乱が一段落するとそれぞれ他の場所へ移っていった。天皇は十二月二十九日に、美福門院が御所にしていた八条殿へ、上皇は明けて正月六日に八条堀川の参議藤原顕長《ふじわらのあきなが》邸に移った。顕長とは、院近臣として有名な顕隆の三男にあたる。いわゆる大国受領系の院近臣の家柄である。

後白河が移った顕長邸には、大路を見物するための桟敷があった。上皇はそこから八条大路を見物し、そこに気に入った庶民を呼び集めたりなどしていたという。後白河が「十余歳」のときから庶民の歌謡である今様に熱中していたことはすでに述べた。棚橋光男氏は、践祚以前から、後白河の居所は「上達部・殿上人は言はず。京の男女・所々の端者・雑仕・江口神崎の遊女・国々の傀儡子《くぐつ》」の往来・交流・交感の《場》であったことを強調している（棚橋光男『後白河法皇』）。

八条堀川での後白河の行為が、どこまでその権力への指向を意図していたかはわからない。単に、庶民のさまざまな生活への並外れた好奇心だけであったかもしれない。しかし、結果的にそれが政治的な影響力をもってくることは、貴族たちの目にもあきらかであった。二条天皇による親政を推進し、政治を上皇に渡してはならないと考えていた経宗と惟方は、とくにこの動きに敏感であった。彼らは、上皇の行為を妨げるために、桟敷に板をびしびしと打ち付けさせ、外が見えないようにしてしまったのである。これは単なる嫌がらせを越えて、後白河の「幽閉」といってもよい行為であった。

ここで、後白河は一気に反撃に打って出る。清盛を呼びつけて「自分の政治生命はこの経宗・惟方の掌中に握られている。二人を思う存分に縛ってひっぱってきてくれ」と涙ながらに訴えた。清盛は、郎等の平忠景《たいらのただかげ》と為長《ためなが》に命じて、二人を逮捕させ、後白河が内裏の陣頭まで牛車ででかけてくると、その前で二人を拷問したという（『愚管抄』）。権大納言と参議というれっきとした公卿が、地べたの上で拷問をうけて、わめき声をあげるなどという事態は、おそらく前代未聞である。まもなく、経宗は阿波国、惟方は長門国に流されることになる。

私が注目したいのは、『愚管抄』に、後白河が涙ながらに二人の逮捕を命じた場に、大殿忠通がいたと記していることである。経宗は二条天皇の外戚であり、天皇との外戚関係を復活させたい摂関家の事実上の当主忠通にとっては、実に由々しき相手なのである。私は、後白河をあやつっていたのが、この忠通であるように思えてならない。このままでは、摂関の地位まで経宗に奪われてしまうかもしれないという危機感が、この後白河の思わぬ反撃劇を生み出す引き金になったのではないかと思う。

この二条天皇側近の配流は永暦元年（一一六〇）三月のことになるが、二人が逮捕された直後、信西の子俊憲らが召還されて、もとの地位に復帰している。このことから、二人は信西殺害の首謀者としての責任をとらされたという元木氏の見解を支持したい（元木泰雄『保元・平治の乱を読みなおす』）。たしかに、この事件によって、平治の乱の最終的な決着がついた。しかし、これによって、二条親政が挫折し、後白河の院政が確立することにはならなかった。この事件は後白河がはじめて政治的な発言と行為を示したものとして画期的なものである。にもかかわらず後白河の権力は、この時点ではまだ実質的な院政の段階には達していなかった。

第三章　清盛との連携のなかで

1　二条親政の成立

有職公卿への在宅諮問

『愚管抄』は、平治元年（一一五九）から応保二年（一一六二）まで三、四年は、院と天皇が申し合わせて、同じ気持ちで政治を行っていた、と述べている。その様子を、当時蔵人頭であった中山忠親の日記『山槐記』にみてみると、次のような具合であった。

たとえば、永暦元年（一一六〇）十二月に、時の太政大臣藤原伊通《ふじわらのこれみち》が、皇太后宮少進良清《こうたいごうぐうしょうしんよしきよ》という者を、非蔵人に推薦したことがあった。このとき蔵人頭忠親が関白基実の指示を求めたところ、院に申すべしと命じられたため、院に奏上したところ、前関白（大殿）忠通に意見を聞けということになった。そこで、忠通に諮問すると、自分は良清という者をよく知らないので、もう一度院に申し上げろということになり、再び忠親が院に参上すると、院はさらに天皇に申すべし、ということになった。そこで、内裏の天皇に奏聞すると、現在は非蔵人は三人おり、新たに任命すると人数が多くなるが、過去に四人の例もあるので、さらに院の仰せによるべし、ということになる。

最終的な結論がどうなったかは、史料が欠けていてわからないのだが、同様な四者のやりとりが他の案件にも見えることが重要である。つまり、かつて龍粛氏が指摘したように、当時の政界中枢の意志が、天皇・上皇・前関白忠通・関白基実の四者の手をへて、決定されていたのである（龍粛『平安時代』）。ただ、この四者のうちの誰がもっとも決定権をもっているのか、さっぱりわからない。さらに、場合によっては、「有職の公卿」と呼ばれる物知りの公卿たちに、意見を求めることもある。私はこれを「在宅諮問」などと名付けたのだが（美川圭「院政をめぐる公卿議定制の展開——在宅諮問・議奏公卿・院評定制」）、こうなるとますます複雑怪奇というべきであろう。

こうした、あいまいな政治状況が大きく変わるきっかけとなったのが、応保元年（一一六一）九月、後白河上皇と平滋子《たいらのしげこ》とのあいだに憲仁《のりひと》（高倉天皇）が誕生したことである。最近の下郡剛氏の研究によると、この時期以降になると、多くの問題が二条天皇と前関白忠通との間で決定されるようになり、時の関白基実が関与することもあるが、後白河上皇がそれに加わった事例がないというのである（下郡剛「院政下の天皇権力」）。

この変化は、憲仁誕生が関係しているのではないか、という。龍粛氏以来指摘されている、憲仁誕生を契機に、後白河上皇が政治決定から排除され、二条親政が開始されたという見解とぴったり一致する。すなわち、二条天皇によって、この憲仁を東宮にしようとした平清盛の異母弟教盛や滋子の兄時忠《ときただ》など、さらに藤原信隆や成親など六名の院近臣も解官された。

翌年になると、三月には流されていた二条側近の藤原経宗が召還される。ちなみに、経宗は長寛二年（一一六四）正月にもとの権大納言に復帰し、その十月には右大臣にのぼっている。さて、応保二年六月には、天皇を賀茂社に呪詛したという嫌疑で、上皇の近臣 源 資賢《みなもとのすけかた》・通家《みちいえ》父子が流罪となる事件もおきている。『愚管抄』には「サテ主上、世ノ事ヲバ一向ニ行ハセマイラセテ、押小路東洞院ニ皇居造リテヲハシマシテ、清盛ガ一家ノ者サナガラ其辺ニトノ居所ドモ造リテ、朝夕ニ候ハセケリ」とあって、清盛が応保二年三月に新造された二条東洞院殿（押小路東洞院殿）の天皇のもとに朝夕祗候《ちょうせきしこう》していたという。この記事によると、清盛は弟の教盛や妻の兄時忠などとは、異なった立場をとっていたことになる。

憲仁誕生がなぜ二条親政樹立につながったのか。まず、憲仁という異母弟の誕生は、二条天皇にとってあきらかに不利な事実であった。二条院政の可能性がなくなるのだから、二条自身が憲仁の即位を望まないのは当然である。さらに佐伯智広氏はつぎのような理由を推測する（佐伯智広「二条親政の成立」）。憲仁が即位すれば、その外伯父にあたる平時忠の勢力拡大が予想される。時忠は清盛の妻の兄でもあったが、それよりも桓武平氏高棟流という実務官僚の家柄出身であった。平治の乱以降の院近臣相互の紛争によって、摂関家の忠通・基実父子が復権しつつあったが、それが時忠の台頭によって潰えてしまう可能性も高いというのである。

二条天皇

また、閑院《かんいん》流《りゅう》徳大寺家《とくだいじけ》の公能は女の忻子《きんし》を後白河に入れて中宮とし、外戚の地位にあったが、譲位後は忻子と後白河の同居も絶えて、ほとんど顧みられることがなくなっていた。こうした中で、滋子所生の憲仁が即位すれば、時忠は強力な競争者となる。ここに、摂関家と徳大寺家の利害が一致するのである。

二条親政の開始

二条天皇は政権を掌握すると、まず以前から忠通の養女となっていた徳大寺家の実能《さねよし》（公能の父）の女育子《いくし》を、応保元年十二月、忠通の子基実の養女というかたちで入内させた。こうして二条天皇の皇子を育子が産めば、摂関家と徳大寺家は外戚としての地位をえることができる。こうして、二条天皇と摂関家、徳大寺家の提携が成立するのである。

また、二条天皇の養母であり最大の庇護者であった美福門院が永暦元年（一一六〇）に亡くなったため、その女で天皇の中宮であった姝子《しゅし》に高松院という院号を与えた。これは在位中の天皇の皇妃が院号宣下をうけた最初の例である。佐伯氏はその理由を、姝子が後白河の同母姉統子（上西門院）の養女として、それまで二条の後宮を支配していたため、その排除を意図したとする。つまり、二条と後白河との決別を意味しているというのである。そして、姝子に代わって中宮となり、後宮支配をゆだねられたのが育子なのである。そしてそれらは二条天皇の意志というより、摂関家と徳大寺家の利害がより深く関わっているのである。

ここまでのところで、とくに私が注目したいのは、忠通である。すでに述べたように、後白河の即位をめぐって、崇徳が鳥羽法皇の子ではなく白河法皇の子であるという噂を流したのが忠通ではないかと推測した。愛宕山の天狗像を利用した近衛天皇の呪詛という噂を流し、頼長の失脚を謀ったのも忠通であったという。後白河を利用して、二条側近の経宗と惟方の配流を謀ったのも、実は忠通ではないかとも述べた。そして今回の育子入内と立后、姝子への異例な院号宣下、いずれも忠通の隠微な動きを背景にもっているのではないか。王家の家長が政治の実権をにぎる院政という政治形態が定着したなかにおいて、忠通は王家家長権をめぐる争いに暗躍し、摂関家の衰退に歯止めをかけ、その復権をはかったと考えられる。それは、父忠実が白河法皇との対立から長く籠居の立場に追い込まれたり、保元の乱で忠実・頼長が武力で王家に対抗して敗北したのとは異なった方法である。後白河即位から二条親政成立にかけての忠通の動向については、もっと注目されてもよい。

二条親政は、太政官での裁判機能再建策を行った（美川圭「院政における政治構造」）。また、『山槐記』応保元年十一月十八日条によると、天皇御前に参上できる蔵人が源雅頼・藤原行隆などに限られていたのを改め、すべての蔵人が参上できるようにした。すなわち、蔵人と太政官を中心とする旧儀復興をはかったのである。しかし、親政を定着させるには、二条天皇はあまりに病弱であった。永万元（一一六五）年、二条は六条に譲位して、二十三歳の若さで亡くなる。すでに前年に忠通は死去していたが、しばらくはわずか二歳で即位した六条を摂政基実、左大臣経宗、徳大寺家の権大納言藤原実定（公能の子）らがささえる体制が維持される。しかし、翌仁安元（一一六六）年に六条天皇の後見役であった摂政基実が二十四歳の若さで死去し、その直後に憲仁の立太子がなされる。三歳の天皇と六歳の皇太子という関係は異例であり、憲仁の即位への方向はここに決まった。

2　後白河院政の確立と清盛落胤説

高倉天皇即位の背景

後白河にとって、自らを排除して、親政を行った二条天皇の路線は許し難いものであった。だから、二条の意向によって即位した六条天皇を認めず、平滋子とのあいだに生まれた憲仁を即位させようとしたと、普通考えられている。だが、二歳の幼い孫の帝は後白河にとって、それほど都合の悪い存在ではない。かつて、皇子の堀河天皇と対立しつつあった白河法皇が、堀河が死ぬとその皇子の鳥羽を即位させ、院政を確立させたのと変わらないのである。後白河にとって、すでに二条がいない以上、孫の即位は院政を確立させる好機であったはずなのである。

しかし、六条天皇を庇護する勢力はきわめて脆弱であった。そもそも摂関家の忠通・基実や徳大寺家が二条親政を支持したのは、忠通の養女となっていた徳大寺家の藤原実能（公能の父）の女育子が二条中宮となり、そこに生まれた皇子を即位させる目論見があったからである。その可能性が潰えた以上、もはや二条の子六条を支える立場にはなかったのである。六条天皇の母は伊岐致遠《いきむねとお》の女といわれており、その地位はきわめて低かった。鳥羽天皇の母が閑院流藤原実季《ふじわらのさねすえ》の女であったのと、そこが大きく違う。あまりに母の出自が低いと、その天皇を支えることは難しいのである。

また、他に即位の候補者が皆無であったかというとそうではない。憲仁立太子の年に十六歳となっていた第二皇子以仁王《もちひとおう》がいた。以仁王は幼くして天台座主《てんだいざす》最雲《さいうん》の弟子とされたが、出家を拒み俗人のまま元服していた。即位したいという気持ちは、以仁王だけのものではなかった。その背後に彼を猶子としていた八条院、および母成子《なりこ》の一族があった。八条院は父鳥羽法皇から膨大な王家領荘園を相続し、最大の荘園領主であった。以仁王の母成子は、権大納言藤原季成《ふじわらのすえなり》の女である。季成は閑院流藤原公実の子であるから、後白河の母待賢門院の異母弟にあたる。このような有力皇位候補者がこれまで退けられてきたのは、まず皇子に皇位を継承させたいと思っていた二条にとって、異母弟である以仁王がとても邪魔な存在であったからである。二条の後に以仁王が即位すれば、自分の子孫に皇位が伝わらなくなる。親政を行っていた二条とはいえ、院政の論理から外れたことを考えていたわけではない。親政には父後白河排除という目的もあり、父後白河が亡き後はわが子に皇位を伝え院政を行えるはずだったのである。以仁王をもっとも皇位から遠ざける必要があったのは、この二条天皇であった。

後白河にとって、以仁王はその母が同じ閑院流であるから、二条天皇ほどに排除すべき皇子ではないように思える。ここでひっかかるのが、以仁王と八条院との関係である。以仁王を猶子としていた八条院は、鳥羽法皇と美福門院の正統を受け継いだ女院であり、王家領の大半を相続していた。以仁王は、二条天皇と同じように、わが子でありながら、八条院という王家正統を継承した女院の猶子という立場にあり、後白河の傍流的な立場を浮き立たせる。以仁王が即位すると、後白河の存在は二条在位後半期と同様に、その存在を薄れさせる可能性が高いのである。いうことを聞かなくなってしまった二条天皇という存在の記憶が、後白河による以仁王排除につながったことになる。こうして、以仁王は親王宣下も受けることもなく、いっそう政界中枢から排除されることになった。この以仁王の存在が、のちに政界の激震を生むことになる。

憲仁が即位する理由には、その母が妻の妹滋子であった平清盛の意向が大きい。清盛は後白河と二条の対立の中で、これまで微妙な政治的立場にあった。八条堀河での上皇幽閉事件では、後白河の命令で二条側近の藤原経宗・惟方を逮捕・拷問した清盛であったが、親政開始後、平家一門が朝夕二条天皇の内裏押小路東洞院御所の警固にあたっていたのである（『愚管抄』）。これが後年の鎌倉幕府による内裏大番役のもとになったという見方がある（五味文彦「院支配の基盤と中世国家」）。

一方で、後白河は千手観音を千体安置する蓮華王院《れんげおういん》（三十三間堂）を現在の東山七条の地に造営する。その落慶は長寛二（一一六四）十二月十七日、つまり二条天皇が亡くなる前年のことであった。そして、この大堂の造営を、清盛は自らの知行国であった備前国の費用を使ってなしとげたのである。これはかつて父忠盛が、鳥羽法皇の命令で白河の地に造営した得長寿院《とくちょうじゅいん》にならった堂舎であり、そのノウハウが生かされたものなのである。清盛はこうした経済的奉仕を行うことによって、後白河との関係を保っていた。『愚管抄』はこのような清盛の当時の動きを「清盛ハヨクヨクツツシミテ、イミジクハカラヒテ、アナタコナタシケルニコソ」と印象深く語っている。

とはいいながら、従来の清盛の立場は、後白河とは経済的な関係にとどまり、二条との関係が中心であった。政治的には二条親政派といってもよい立場にあった。一方で、清盛の妻の兄で、後白河が寵愛する滋子の兄でもあり、憲仁の外戚にもなる時忠は、後白河派であった。そのことは、応保元年（一一六一）年九月、憲仁の立太子をはかったとして解官され（『山槐記』『百練抄』）、翌年六月には天皇呪詛の疑いで後白河近臣の源資賢・通家父子、源頼朝の母の兄藤原範忠《ふじわらののりただ》らとともに、時忠も配流されたことによく示されている（『愚管抄』）。また、清盛の異母弟である教盛も応保元年に、時忠とともに解官されているので、後白河と二条の対立の中で平家一門は一枚岩ではなかったのである。

清盛による摂関家領支配

なお、清盛は長寛二年（一一六四）四月、二十二歳の関白基実のもとに、まだ九歳の娘盛子《もりこ》を入れ、その正室としたのである。直前の二月に基実の父忠通が亡くなったので、清盛には基実の後見という役割も期待された。そして、清盛は天皇を補佐する基実と提携して、二条天皇のもとで軍事的奉仕をする立場にあった。二条天皇が亡くなったことで、基実はそのまま六条天皇の摂政に就任した。清盛もしばらくは基実のもとで天皇を支えることになる。しかし、そのわずか一年後、仁安元年（一一六六）七月に、その基実が二十四歳で急死した。基実には基通《もとみち》という七歳の子がいたが、この年齢では摂政をつとめることはできない。新しい摂政には基実の弟基房《もとふさ》が就くことになった。

新摂政との関係が薄い清盛は、憲仁との関係を重視し、後白河と提携する道を選んだ。それによって、従来の平家一門内部の分裂もいちおう解消されることになった。さて、この摂政交代の問題で、重要なのは摂関家領の伝領であった。清盛には、以前から女婿の基実を通じて、摂関家領を支配しようという目論見があった。しかし、基実の夭折によって、この計画は雲散霧消《うんさんむしょう》となりそうであった。このとき、清盛に入れ知恵をしたのが、藤原邦綱《ふじわらのくにつな》である。

摂関家領は基房ではなく、摂関家嫡流として将来摂関となる基通が相続すべきものである。だから、その成人になるまでは、亡き基実の後家盛子が管理すべきではないか、と邦綱は清盛に述べたという。清盛は喜んで邦綱の意見を取り入れた。そして、まず摂関が管理すべき殿下渡領《でんかわたりりょう》という所領などだけが、基房に与えられた。それは、興福寺・法成寺《ほうじょうじ》・平等院といった寺院、藤原氏の学問所である勧学院、鹿田荘《かだのしょう》・方上荘《かたかみのしょう》などであった。そして、九州の大荘園である島津荘をはじめとする家領の大部分、代々の日記や宝物、摂関家の本邸というべき東三条殿などが、盛子の管理下におかれたのである（『愚管抄』）。

こうして、清盛は摂関家の家産機構の中枢を掌握し、事実上摂関家領の大部分を独自の経済基盤とするに至った。清盛を中心とする平家一門が、一個の権門として自立した動きを示すことができるようになったのは、こうした巨大な経済基盤をえたためである。ここに至って、平家は鳥羽院政期の王家に従属した状況から脱却することに成功した（元木泰雄『平清盛の闘い――幻の中世国家』）。清盛が二条天皇と後白河上皇の間で「アナタコナタ」しなければならなかった状況、平家一門の時忠や教盛とは異なった路線をとらざるをえなかった環境は、ここに大きく変化したのである。

それではなぜ、邦綱はこのような入れ知恵をしたのであろうか。父盛国《もりくに》は左馬介という低い地位にしか昇れなかったが、邦綱は近衛天皇の蔵人として頭角を現し、その後摂関家の忠通家家司となって、摂関家の家政を運営した。また、受領として富裕となり、内裏再建などにも尽力した経済官僚なのである。そして、二条天皇と後白河上皇の対立の中では、それにまきこまれずに、摂関家領の維持につとめた。おそらく、忠通とその嫡子基実の絶大な信頼を勝ち得ていたのであろう。しかし、忠通、基実が相次いで死ぬと、彼自身の立場も動揺する。そこで頼ったのが清盛というわけである。

こうして摂関家領を事実上支配し、権門となった平家と後白河上皇が提携する政治体制が生まれた。それは二条天皇の死だけではなく、摂政基実の死という事態がもたらした。仁安元年（一一六六）に東宮となった後白河と平滋子との間の子憲仁は、仁安三年（一一六八）二月十九日、六条天皇から位を譲られた。これが高倉天皇である。譲位して上皇になってから十年。ここにおいて、やっと後白河院政が確立することになった。

清盛落胤説の背景

もう一つ、この時期に重要だった問題がある。清盛が仁安元年（一一六六）十一月に内大臣となり、翌年二月には太政大臣に昇進し、貴族社会での地位を著しく上昇させたことである。それは単に、平家が軍事力を独占したとか、経済的に富裕であったといった理由ではない。元木氏の研究によれば、大納言までならば、院による人材抜擢のかたちで、院近臣が昇進できない地位ではない。しかし、納言から大臣に昇ることは、何かそれ以上の要因がなければ無理だというのである。そこに、忠盛の子として育てられた清盛が、実は白河法皇の子であったという落胤説が関わる。清盛は落胤であったからこそ、大臣の地位に就くことができた。その意味でこの内大臣昇進という問題は、非常に大きいというわけである。

清盛落胤説というのは、かなり古くからある。そもそも、『平家物語』の巻第六「祇園女御」というところに「又ある人の申しけるは、清盛は忠盛が子にはあらず、まことには白河院の皇子也」とはっきり書いてある。忠盛のふるまいに感じ入った法皇が、寵愛する祇園女御《ぎおんのにょうご》を忠盛に下賜《かし》し「うめらん子、女子ならば朕が子にせん、男子ならば忠盛が子にして、弓矢とる身にしたてよ」と仰せられたという話になっている。

また、滋賀県の多賀に胡宮神社《このみやじんじゃ》という神社があるが、そこに『仏舎利相承系図《ぶっしゃりそうしょうけいず》』という史料が伝わっている。そこには祇園女御の妹という女性が記されており「院に召されて懐妊の後、刑部卿忠盛に之を賜い、忠盛の子息となし清盛と言う、仍て宮と号せず、女御殿、清盛を以て猶子となし」とある。つまり、祇園女御の妹が産んだ白河法皇の子が清盛であり、祇園女御が猶子にしたという。

『中右記』によると、保安元年（一一二〇）七月十二日、忠盛の最初の妻が死んだことが記されており、そこには「仙院の辺」つまり白河法皇に仕えていた女性だとある。この「仙院の辺」の女こそが清盛の母であり、祇園女御やその妹が母であるとは考えられないというのが、ほぼ通説となっている。ただ、ほんとうにその女が忠盛に下されていたときに、法皇の子を孕《はら》んでいたかどうかについては、歴史家の意見は分かれている。

崇徳上皇の場合も同じなのだが、私はその真相自体についてはそれほど強い関心はもっていない。落胤の真相など、そう簡単には分からない。落胤などいくら存在しても、それ自体は驚くに足らない。

問題は、落胤説が、いつ公認されるかというところにある。崇徳の場合は、後白河即位の直前ぐらいと推定したが、清盛についてはこの大臣昇進以前の、それほど前ではないと思う。そしてこの落胤説を触れまわったのが、清盛の周辺、さらにいえば清盛本人であったのではないかと考えている。

しかも、清盛がなぜそうまでしても、内大臣の地位に執着したのかについては母の家柄の問題が潜んでいる。清盛の母が祇園女御、あるいはその妹であるという説は、最近はかなり旗色が悪い。そうなるとおそらく「仙院の辺」の女ということ、つまり白河法皇に仕えていた女性というぐらいしかわからない。清盛の母は、清盛を生んでわずか二年後には亡くなってしまった可能性が高いのであり、彼が母方の一族から支援をうけることが皆無であったことは容易に理解できる。

忠盛の正妻は藤原宗子《ふじわらのむねこ》という、出家後は池禅尼《いけのぜんに》という名前でよく知られた女性である。なぜそれほど知名度が高いかといえば、平治の乱で敗れた義朝の子、とくに頼朝を助けたためである。彼女が産んだ男子に家盛《いえもり》と頼盛《よりもり》がいる。家盛は清盛の五歳ほど年下と推定されているが、祇園闘乱事件で清盛が正四位下で足踏みをしている頃、家盛は久安四年（一一四八）従四位下右馬頭となり、その地位がしだいにせまりつつあった。その翌年に早世しなければ、清盛にかわって嫡子の立場となった可能性も十分にあった。

頼盛は、清盛とは十五歳離れた長承二年（一一三三）の生まれである。親子に近い年齢差だから、普通ではほとんど対抗馬にはなりえない頼盛であったが、一門のなかではかなり特殊な立場をとっていく。保元の乱直前に、清盛と頼盛の関係が微妙であったことはすでに述べた。頼盛の母宗子が崇徳の皇子重仁の乳母であったため、頼盛が崇徳側につき、平家一門の多くも崇徳方につく可能性があった。このときは、宗子が後白河につくことを決断したために事なきをえた。治承三年（一一七九）のクーデターのときは清盛との合戦の噂が流れ、平家一門のはずなのに解官されている。また、寿永二年（一一八三）の平家都落ちにも同行せず、頼朝からも旧領を安堵され、処罰をうけなかったどころか、元暦元年（一一八四）には元の官位である正二位権大納言に復帰している。

頼盛がなぜ清盛に対してこれほど独自行動をとれたかは、むろん八条院に近かったということもあるが、母の地位の高さも大いに影響している。元木氏によれば、母の宗子は院近臣藤原宗兼《ふじわらのむねかね》という人物の女であった。この宗兼の甥が鳥羽院のもっとも有力な近臣である藤原家成《ふじわらのいえなり》であり、家成の父の家保《いえやす》は美福門院の叔父にあたる（元木泰雄『平清盛の闘い』）。こうしてみれば、頼盛は美福門院からその女八条院につながる王家の主流に近かった理由もよくわかる。逆にいえば、家盛が死んだあと、清盛は兄弟の中で年長というだけで、その立場は意外に脆弱であった。こうした一門内での弱さが、落胤説の喧伝ということにつながった要因の一つではないかと推測される。

3　法住寺殿と蓮華王院宝蔵

権門都市法住寺殿

永暦元年（一一六〇）十月十六日、七条末（七条大路の鴨川を越えた東）の地に新《いま》日吉《ひえ》・新熊野《いまくまの》両社が勧請《かんじょう》された（『百練抄』）。日吉神社とは、比叡山延暦寺の鎮守社である。普通「ひよし」とは読まずに「ひえ」と読むのは、比叡山（ひえいざん）からきている。外来宗教である仏教の寺院を建立するにあたって、在来神である比叡の山神を祀った社である。熊野神社とは、いうまでもなく紀伊国熊野神社のこと。十一世紀末に白河上皇が御幸して以来、たびたび院政をおこなう上皇・法皇が参詣してきた霊地である。それ以来、院や貴族の信仰対象として重視され、清盛が参詣途次に平治の乱が勃発したことはすでにのべた。

勧請というのは、遠方の神社がいわば京に出店を出すことである。本社にお参りするのが一番よいにきまっているが、それがなかなかできないとき、京都の出店ですませようとする。これはいささか横着な仕法といえよう。とはいっても、別に院政期にはじまったことではない。すぐに思い出すのが、清和天皇の貞観二年（八六〇）九州宇佐八幡宮が、平安京南郊にある男山に勧請されて、石清水八幡宮となったことである。八幡神というのは、武神、つまり戦いの神であるから、天皇の住まいする平安京を守らせようとして呼び寄せたということになる。だから、清和源氏の頼信《よりのぶ》が祖神として崇拝し、頼義《よりよし》・義家も大いにそれを尊んだ。頼義は康平六年（一〇六三）さらに、石清水八幡宮の分霊を鎌倉に勧請し、由比若宮《ゆいわかみや》とし、それが治承四年（一一八〇）に鎌倉入部をはたした頼朝によって、鶴岡八《つるがおかはち》幡宮《まんぐう》とされたのである。

話が、いささか横道に逸れたが、それが神社の勧請というものである。新日吉と新熊野は、こうして後白河上皇にとって、重要な精神的拠り所となった。この二つの神社勧請とともに行われていたのが、後白河上皇の院御所法住寺殿《ほうじゅうじどの》の造営であった。この新しい院御所に、法住寺という寺院名が冠

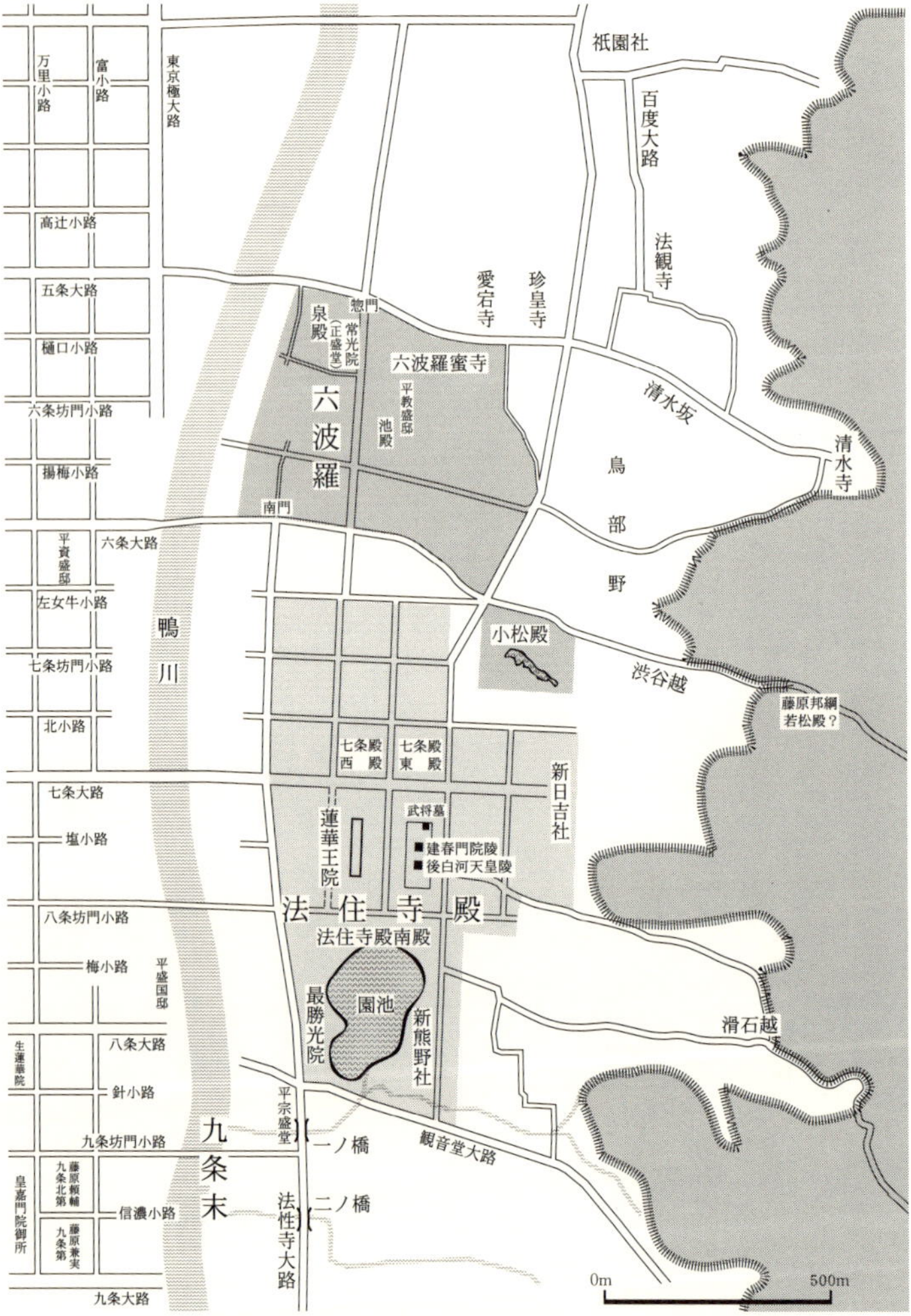

六波羅・法住寺殿復元図（作図・提供　山田邦和）

されているのは、もともとここに法住寺という寺があったからである。その法住寺とは、永延三年（九八八）に右大臣藤原為光《ふじわらのためみつ》が建立したのだが、長元五年（一〇三二）に全焼してしまったという。そして、その後再建されたという形跡はない。

法住寺があった辺りは、東山阿弥陀ヶ峰《あみだがみね》山麓であり、鳥戸野《とりべの》（鳥部野、鳥辺野とも記す）といわれる葬地であった。名前からして想像できるように、古くから鳥に遺体を食べさせる、いわゆる鳥葬《ちょうそう》、ないしは遺体を放置する風葬《ふうそう》が行われていた場所とも考えられる。平安京に限らず、古代の都城というのは、京内に墓地をもうけることができなかった。それには、死のケガレを避けるという意味があったのだろうと思う。ともかく、平安後期のこの時期に至っても、その法というか原則は守られていた。墓地は京外にもうけられたのである。平安京の葬地として代表的であったのが、西の化野《あだしの》や北西の蓮台野《れんだいの》とともに、この鳥戸野であった。

天長三年（八二六）淳和《じゅんな》天皇の皇子恒世親王《つねよしんのう》の葬送が行われたのをはじめとして、貴族たちはさかんに鳥戸野で遺体を荼毘《だび》に付した。天暦八年（九五四）に没した醍醐天皇中宮で朱雀《すざく》・村上《むらかみ》天皇の母藤原穏子《ふじわらのおんし》は鳥辺山すなわち阿弥陀ヶ峰で火葬されて、藤原氏の一族が多く眠る宇治の木幡《こばた》に納骨された。長保三年（一〇〇一）の円融《えんゆう》天皇女御で一条天皇の母東三条院詮子《ひがしさんじょういんせんし》（道長の姉）や万寿四年（一〇二七）の藤原道長の場合も、同様であった。また、長保二年（一〇〇〇）の一条天皇皇后藤原定子《ふじわらのていし》の場合は、ここで荼毘に付された後、鳥戸野陵に葬られた。

新日吉・新熊野両社勧請の翌年応保元年（一一六一）四月十三日、法住寺南殿が完成する。このときできた南殿は、平治の乱で焼失した信西邸の跡に、その敵方であった藤原信頼の中御門《なかみかど》西洞院邸《にしのとういんてい》を移築したものであるという（『法住寺殿御移徙部類《ごいしぶるい》』所収『重方記《しげかたき》』）。また『山槐記』応保元年四月十三日条には「件殿の四郭、十余町を籠めらる。其内堂舎大小八十余宇、壊《こぼ》ち棄らる。衆人怨み有りと云々」ともあり、信西邸跡をはじめとして、十余町の敷地を囲い込み、そこにあった堂舎を立ち退かせたというのである。当初人々の反対を押し切って十余町の土地を囲い込んだということは、院御所法住寺南殿を一つつくるのではなく、以後も御所や堂舎の造営を継続しようという都市域建設の意図があったことを示している。私は法住寺殿を平安京外に営まれた後白河の権門都市であると考えている（美川圭「京・白河・鳥羽——院政期の都市」）。

その法住寺南殿の北側には天台座主最雲の住房があり、法住寺殿造営中、後白河はここを七条御所としたという。この七条御所は、「東山七条末御所」「法住寺七条上（北）御所」「七条殿」「法住寺北御所」「法住寺北殿」「七条殿」「北殿」などさまざまな名称でよばれているが、いずれも同じ院御所であるという。その北殿はその中が、東御所と西御所の二つに分かれており、馬場と桟敷が設けられ、承安二年（一一七二）には小御所も建てられ、萱御所《かやのごしょ》とよばれる御所もあった（江谷寛「法住寺殿の考古学的考察」）。

北殿と南殿以外に、蓮華王院と最勝光院《さいしょうこういん》があり、それらを含めて法住寺殿は大きく四つの区画からなっている。南殿が完成したのは応保元年四月十三日であったが、北殿もそれを遅れること四ヶ月の八月には完成している。南殿は仁安二年（一一六七）に一度取り壊され新築される。従来の南殿が手狭になったことが理由とされているが、後白河と対立してた二条が前々年に亡くなって、前年に六条天皇の東宮に後白河と滋子との間の皇子憲仁が立てられたことと関係があるだろう。後白河と東宮憲仁はこの南殿に同居していた可能性が高いのである。院御所と東宮坊《とうぐうぼう》が同じ場所にあれば、手狭になるのは当然といえる。

さらに、この南殿改築の原因としては、後白河と清盛との提携が関係しているのではないかと思う。それまでの南殿の建物は、後白河の寵臣であった藤原信頼の中御門西洞院邸を移築したものだというわけだが、その信頼を平治の乱で破って処刑したのは、清盛である。そのような人物の邸宅が後白河と清盛の提携にはふさわしいとは思えない。亡き信頼との後白河の決別が、この改築のもう一つの原因であると考えたい。そして、南殿の西側に蓮華王院が完成したのは、長寛二年（一一六四）のことである。この三十三間堂の名前で有名な寺院は、二条が政治的主導権をにぎっていた時期、清盛の後白河に対する経済的奉仕として造進されたことはすでに述べた。

蓮華王院宝蔵の絵画群

この蓮華王院に関して、注目すべきなのは、その宝蔵の存在であろう。しかし、宇治の平等院や鳥羽の勝光明院《しょうこうみょういん》の宝蔵を模して、あるいは意識して建てられた宝蔵が、いったい、いつ創建されたものなのかについてはよくわからない。また、その構造・規模・所在などについてもわからない。まず、所蔵品の特徴から確認しておきたい。それは絵画、とくに絵巻物が目立つことである。現在までに、宝蔵への所蔵がほぼ判明しているのは、次の作品である。『銀薬師像』『不動明王像』『法然上人画像』『当麻新曼陀羅《たいましんまんだら》』『年中行事絵』『八幡宮縁起三巻』

『長恨歌絵六巻《ちょうごんかえ》』『後三年合戦絵四巻』『御禊行幸絵七巻《ごけいぎょうこうえ》』『六道絵《ろくどうえ》』『西京竪（賢カ）女絵』『唐本孔雀明王曼陀羅《とうほんくじゃくみょうおうまんだら》』（竹居明男「蓮華王院の宝蔵――納物・年代記・絵巻」）。このうち、『年中行事絵』と『後三年合戦絵』は後白河が製作に関与したことが確実であり、『御禊行幸絵』と『六道絵』もその可能性が高い。また、『長恨歌絵六巻』は信西が製作に関与した作品である。このように、王家の重宝として以前から継承されてきた作品を所蔵していたというよりも、後白河およびその周辺がその文化創造に積極的に関与していたことが、特徴なのである。

とくに、棚橋光男氏が強調するのは、それらの絵画群の量もさることながら、その質の問題である。絵画の領域における、より前衛的な「表現の可能性」への挑戦、王朝美術の達成をふまえながら、さらにその正統的な美意識を乗り越えようとする試みである。それを「反・王朝美」の世界への大胆な斬り込みとして、その代表を『六道絵』なかでも『病草子《やまいのそうし》』に見いだす（棚橋光男『後白河法皇』）。

佐野みどり氏は、美術史家らしく「屎《くそ》を吐く男」「歯槽膿漏《しそうのうろう》の男」「毛虱《けじらみ》」などに二者一対の造形感覚の妙、「不眠症の女」「あざのある女」「口臭の女」「嗜眠癖《しみんへき》の男」などに端正で厳格な画格をみる。「尻ヨリ口ヨリコク病」（倭名類聚抄《わみょうるいじゅしょう》）である「霍乱《かくらん》」に苦しむ女や「痔瘻《じろう》の男」といったおぞましいモチーフを淡々と描き出す、その優れた線描、清新な色彩感覚、機智に富む構図などが、十二世紀後半の代表的宮廷画家常盤光長《ときわみつなが》の画風を継承するものであるとする。テーマやモチーフは何であれ、そこには一級の芸術のみが持ち得る真の炫耀、美の光輝がみられるという。

「病の苦痛に悶絶転倒する病者への同情心の欠如、不眠症や譫妄《せんもう》症といった心の病に対する冷徹なアイロニー、或いはアルビノやヘルマアフロデッテに対する俗物根性紛々たる窃視《でばがめ》趣味、背筋の曲がった男達に対する酷薄さ、確かにそこには偉大な人道主義のかけらとて感じることはできないが」(佐野みどり「病草子と後白河の時代」)という佐野氏の指摘が、そのまま後白河という人物の強烈な個性につながっているというのが、棚橋氏の見立てのようである。

霍乱の女

六道とは、『大智度論』にいう天・人・阿修羅・地獄・畜生・餓鬼道のことだが、狭義の『六道絵』は『地獄草子《じごくぞうし》』、『餓鬼草《がきぞう》子《し》』の二点にとどまる。それらは、地獄の苛烈さ、餓鬼世界のあさましさを生々しく描くことで、仏の道への入信を誘う絵解きであった。『病草子』も、そうした中世的仏教観に通じ、その中世的発想の顕現であり、そこに院政後期という時代精神の一つの方向性をみる佐野氏に対し、『病草子』はそれを越えて、あさましく・悲しく・苛酷で・赤裸々な人間存在そのものの図像的表現であり、人間存在そのものの「業」の直視を通じて宗教的救済への回路につながっていこうとする後白河の個性をみるのが棚橋氏である。そのような特徴に異論があるわけではないが、「王権」の宝物としては、あまりに正統からはずれ、異端的な蒐集であると感じるのは私だけであろうか。

宝蔵収蔵品の全体像

そこで、この宝蔵の全体像を少し客観的に見てみたい。現在までの研究によって、その宝蔵に納められたさまざまな物品については、ある程度全体像が判明してきている（竹居明男「蓮華王院の宝蔵――納物・年代記・絵巻」）。

まず、珍奇なものとして「鬼の帯」と「横川《よかわ》の柿の木」があげられる。「鬼の帯」とは、承安元年（一一七一）七月八日、伊豆国奥嶋に上陸した鬼が遺棄し、十月十四日に国司に献上されたものだという（『古今著聞集』）。「横川の柿の木」というのは、比叡山横川の僧坊の柿の木を切ると南阿弥陀仏の六文字が現れたので、横川の長吏《ちょうり》から上西門院統子（後鳥羽院の同母姉）を経て、後白河に献上されたのだという。また、近江守源仲兼《みなもとのなかかね》が僧形の変化《へんげ》と戦ったときの太刀で、やはり後白河に献上されたもの（『古今著聞集』）をはじめ、装束や武器がいくつか。楽器としてはもっとも多いのは琵琶だが、笙《しょう》や箏《そう》、笛なども含まれる。

そして、典籍類も多く収蔵されていた。『懐風藻《かいふうそう》』『経国集《けいこくしゅう》』といった有名な漢詩集をはじめとして、紀貫之自筆の『土左日記』、『部類万葉集二帖』『拾遺《しゅうい》和歌集』『後拾遺《ごしゅうい》和歌集』『千載《せんざい》和歌集』（奏覧本《そうらんぼん》）『堀河院御時百首和歌』、『紀貫之自筆自撰歌集』、承香殿女御《しょうきょうでんのにょうご》筆『躬恒集《みつねしゅう》』といった国文学の世界では重要な作品が確認される。空海筆『聖教《しょうぎょう》二合』『鳥羽勝光明院供養文書』などは、もと鳥羽勝光明院宝蔵にあったが、後白河の命令でここに移されたという記録からすると、鳥羽殿の宝蔵からの多少の流入も考えられる。他に、『官曹事類《かんそうじるい》』『删定律令問答《さんていりつりょうもんどう》一巻』、中山忠親《なかやまただちか》の日記『山《さん》槐記《かいき》』、『御書五合及び日記十三巻』、『御禊行幸記文一巻』、『菅原道真筆跡』などもあった。

あるいは源氏に伝わった郢曲《えいきょく》に関する秘伝を書き留めた『源 通家記《みなもとのみちいえき》』、二条天皇の手を経て、その没後に宝蔵に納められた『うちぐもり』という琴の楽譜もあった。守覚法親王《しゅかくほっしんのう》撰の『糸管抄《しかんしょう》』、『催馬楽譜《さいばらふ》』もあったという。今様に熱中した後白河だけに、音楽関係の書籍が目立つ。

『毛詩《もうし》』『旧唐書《くとうじょ》』『群書治要《ぐんしょちよう》』といった漢籍も納められていたが、『吉記』承安四年（一一七四）八月十三日条によるとこの年の八月から九月にかけて「御書目録」が作成されたとき、「本朝書籍及び諸家記」を中心とし、漢籍については「証本《しょうほん》」のみとする後白河の方針が示されていた。その理由を、漢籍については「儒家」や「他の御倉」にあることとしている。

「儒家」とは当時すでに失われていたが、大江匡房《おおえのまさふさ》の江家文庫《ごうけぶんこ》のようなもの、「他の御倉」というのは藤原頼長の書庫、信西の文庫、あるいは宇治の平等院宝蔵のようなものをさすと考えられている。儒家の大江匡房のところに、漢籍が多かったことは当然だが、頼長や信西の文庫・書庫においても、漢籍が占める割合は圧倒的であったようである。

これらに比べると、蓮華王院の宝蔵においては、漢籍はそれほど重視されていなかったといわれている。だが、漢籍は「証本」のみでよいという『吉記』の記事はどこかひっかかる。「証本」とは唯一無二の貴重な本のことだからである。竹居氏の研究よっても、典籍はかなりの部分を占めていた。最近、田島公氏は、東山御文庫本「蓮華王院宝蔵（御経）目録」「宝蔵御物御不審櫃目録」などを紹介し、前者に経典・聖教、後者に漢籍が多く収蔵されていた可能性を指摘している（田島公「中世天皇家の文庫・宝蔵の変遷——蔵書目録の紹介と収蔵品の行方」）。蓮華王院の宝蔵も、宇多上皇の仁和寺宝蔵《にんなじほうぞう》、鳥羽上皇の鳥羽勝光明院宝蔵などの王家の伝統にのっとり、発展してきた王家宝蔵の一つという位置づけも可能なのである。漢籍の蒐集方針も、その軽視と読むべきではなく、王権にとって重要な希少性の高い物を集めると読むことができる（美川圭「後白河院政と文化・外交――蓮華王院宝蔵をめぐって」）。

宝蔵と王権

もう少し蓮華王院の宝蔵のなかに「王権」の宝蔵というものの特徴を、宇治と鳥羽の宝蔵からの流れのなかで見てみたい。最初に述べたように、蓮華王院宝蔵が模した宝蔵は、宇治の宝蔵と鳥羽の宝蔵である。まず、宇治の宝蔵にさかのぼって、その王権との関わりをみてみよう。宇治の宝蔵とは、平等院内にあった宝物庫であるが、田中貴子氏によると、特定の蔵をさすものではなく平等院内の宝物庫群についての巷間《こうかん》の噂が肥大化した結果、一つの象徴的な宝蔵像に結晶したものであるという（田中貴子「宇治の宝蔵――中世における宝蔵の意味」）。複数存在したらしい宝物庫のうち、もっとも中心的な存在が一切経蔵《いっさいきょうぞう》である。一切経蔵は、毎年二月二日の一切経会、上皇御幸や天皇行幸、藤氏長者《とうしちょうじゃ》が就任後初めて平等院を訪れる「宇治入り」という儀式の日以外は、余人の立ち入りが許されない聖域であった。

宇治の宝蔵に伝わるとされる宝物には、記録類からその存在が確認される収蔵品の他に、説話伝承のレベルで語られる宝物も数多い。それらの実在の疑わしい品々には、その不可思議な由来を説く説話が付加されたり、けっして世人の目に晒《さら》されることなく秘蔵される旨が添付されるのが特徴であるという。「幻の宝物」という伝承発生の原因は、人目に触れない宝物の風聞が巷間に流布するうち、「世間に存在して然るべきものが伝わっていないのは、あの宇治の宝蔵に秘蔵されて門外不出とされているからだ」という確信が生じたというのが、田中氏の見解である。秘蔵されるがゆえに世間には流布しない、という言説は、逆説的に架空の品々の実在感を高めるための修辞なのであった。

ここで注目したいのは、仏舎利《しゃり》が変じたとされる如意宝珠《にょいほうじゅ》を本尊にした真言密教の修法《しゅほう》である。中世文学研究ではこの如意宝珠という奇妙な宝物が、中世王権を象徴するものとされ、その説話に大変関心が高い（阿部泰郎「宝珠と王権——中世王権と密教儀礼」、田中貴子『外法と愛法の中世』など）。

上川通夫氏によると、この如意宝珠という宝物を本尊とした修法の最初の例は、承暦四年（一〇八〇）に白河天皇の六条殿で範俊《はんしゅん》が修した如法愛染王法《にょほうあいぜんおうほう》というものである。その後、天仁二年（一一〇九）の如意最勝法《にょいさいしょうほう》も、この宝物を本尊としていたらしい。そして、大治二年（一一二七）に如意宝珠法という新しい法会を行うにあたって、亡き範俊の弟子である東寺長者の勝覚《しょうかく》だけが本尊の如意宝珠のことを知っていたため、かろうじて挙行できたのだという。かなり急ごしらえの新法会だったのである。だが、その背景がたいへんおもしろい。

白河法皇は、三つの「珠」をもっていた。一つは、かつて範俊が献じた如意宝珠、他の二つは甲斐国の法勝寺封戸沙汰男なる者が落雷した木から得た「玉」と院近臣藤原顕季《ふじわらのあきすえ》が護符として身につけていた「雷玉」であった。ところが、この年に、あらたに一つ如意宝珠が手に入ったのである。大外記《だいげ》中原師遠《なかはらのもろとお》の日記の逸文として残る『鯨珠記《げいしゅき》』という史料に次のような経緯が記されている。

この年の前半、院領荘園である肥前国神崎荘《ひぜんのくにかんざきのしょう》に打ち寄せられた鯨の腹から「珠」が見つかり、それが法皇に献じられた。法皇から書籍にもとづく調査を命じられた師遠は、王者の徳が普及した証拠として、海中より「珠」が出現するのであり、殺生禁断《せっしょうきんだん》などの仏教政策を推進した法皇の徳に応じて、このたび「如意珠」が現れたという解釈を報告する。法皇は、自らの徳を証明する新しい如意宝珠の出現であると最終的に意味づけた（上川通夫「如意宝珠法の成立」）。

さらに、この背景には当時の東アジア情勢が存在する。肥前国神崎荘といえば、のちの鳥羽院政期に平清盛の父忠盛が預所職《あずかりどころしき》をつとめ、その地に宋人の船が来着して、大宰府との間にトラブルが生じたことが知られている（『長秋記』）。神崎荘は大陸との交流の最前線なのである。一一一五年に遼《りょう》の支配から脱して金を建国したツングース系遊牧民の女真族《じょしんぞく》が、しだいに北宋への軍事的圧力を強め、一一二六年ついに都開封《かいふう》を陥落させ、翌一一二七年に北宋を滅亡させる。しかし、南遷した高宗が即位して南宋を建国し、一一二九年に杭州臨安府《こうしゅうりんあんふ》を都とした。また、一一二六年には高麗が金に服属した。如意宝珠出現は正統仏教の担い手の地位を、白河法皇が北宋皇帝から継承したことを象徴している。このように法皇によって、如意宝珠出現の過剰な意味づけが行われたと上川氏は解釈するのである。

また『鯨珠記』には、範俊が法皇に献じた如意宝珠について、彼の師が宇治の宝蔵から盗み取ったという特異な由来に触れており、上川氏はその真偽の判定は困難とはいえ、摂関家への対抗がうかがわれるという（上川通夫「院政と真言密教」）。『百練抄』には、後三条天皇が宇治に臨幸し、頼通から如意宝珠を献じられたが、その形は鶏卵の如きであり、頗る大きかったという「夢想」を記している（『百練抄』）。はたして、宇治の宝蔵に如意宝珠はあったのであろうか。私はなかったのではないかと推測する。しかし、宇治の宝蔵から後三条天皇あるいは白河法皇のもとに献じられたという「伝説」が、かえって院政期王権にとっての如意宝珠の重要性を物語っている。

さて、この白河法皇がもっていた如意宝珠が、鳥羽殿の勝光明院宝蔵に納められていたことは確実である（『吉部秘訓抄』）。院近臣僧範俊が献じた如意宝珠は、もともと空海が唐から持ち帰って、高野山に埋められていたものとされている。そして、白河法皇から祇園女御にしばらく預けられ、鳥羽院のときにこんどは院近臣藤原家成に預けられた。そして家成が亡くなったとき、子の隆季が強引に手に入れたが、鳥羽殿の北門より持ち出してはならないという「鳥羽院御起請文」が守られたという。鳥羽院政期の鳥羽殿建設の中心人物は家成であったから、勝光明院宝蔵にとどめられたのであろう。ちなみに家成が亡くなったのは、仁平四年（一一五四）のことである。

ここで少し気になるのは、如意宝珠を一時祇園女御が預かっていたことと、家成から如意宝珠を継承した隆季が平家と親しい貴族だったことである。前に述べたように、滋賀県の胡宮神社に伝わる『仏舎利相承系図』は、『平家物語』巻六「祇園女御」にある平清盛落胤説、つまり父は白河法皇、母は祇園女御とする伝承と関わりの深い史料として有名である。『仏舎利相承系図』によれば、祇園女御の妹が白河法皇に召されて懐妊ののち、平忠盛に下されてから清盛が生まれたという。この仏舎利と如意宝珠が同じ物であったなどという大胆なことを主張する自信はない。しかし、両者に何らかの関係があったぐらいのことはいえるのではなかろうか。何らかの関係とは、天皇の直系尊属である院の権威の源泉が、天皇の権威それのみではなく、白河法皇が重視した一切経や如意宝珠、あるいは仏舎利という宝物によっており、その一端が確実に清盛に継承されていると考えられていたこと。一方で、傍系、ないしは中継ぎの後白河にとって、それらが自らに継承されておらず、蓮華王院宝蔵には後白河自身の発想による絵画類あるいは新奇なものなどが、まさに「新宝物」としてあらたに蒐集されねばならなかった。以上のように考えることも可能でないだろうか。後白河による「文化創造」とはこのような弱点を背景に有していた。

4　日宋貿易と阿育王山舎利殿

独自の動きの大宰府

後白河上皇と二条天皇との対立は、永万元年（一一六五）二条の死によって解消した。死の直前に二十三歳の天皇は生後わずか七ヶ月の六条天皇に譲位するが、後白河と滋子のあいだに生まれた憲仁（高倉天皇）に、六条天皇が譲位したのが仁安三年（一一六八）のことである。こうして、二条天皇の皇統が院政を行う可能性は消え、後白河院政が確立することになった。二条天皇に近かった清盛も、後白河と提携することになる。

清盛と後白河、その二人の提携をもっともよく示すのが貿易である。平安時代の中国との貿易は、九世紀末に菅原道真の建議によって遣唐使が廃止されたために、衰退したと一般に考えられていた。しかし、その後も北九州の大宰府を中心に行われ、その外港である博多には多くの中国人海商《かいしょう》が居留する唐人町《とうじんまち》まで形成されていたことがわかってきた。榎本渉氏のいい方では、むしろ、海商がさかんに日中間を往来するようになって、遣唐使など不要になってしまったのが真相であるという。

しかし、保守的な京都の貴族のなかには、排外的な意識も強かった。朝廷自体は対外孤立策をとるようになったのである。そのことは、国家の管理下にあった僧侶の出入国について、九世紀後半以降許可しなくなり、僧侶の往来頻度が激減した事実に端的に表れている（榎本渉『僧侶と海商たちの東シナ海』）。そのために、ほんらい朝廷の管理下にあるはずの大宰府が、朝廷とは異なった独自の動きをする傾向も、十一世紀以降目立つようになっていた。

長元元年（一〇二八）宋商周良史《しゅうりょうし》の船が博多に入港した際、大宰大弐藤原惟憲《だざいのだいにふじわらのこれのり》との間に紛争がおきた。そこから、大宰府貿易の責任者と宋の海商とが結託して不正貿易が常態化していたことがわかる。貿易の利潤を最大限にえる方法として、大宰府が宋船の来着を朝廷に報告せずに、大宰府の役人が唐物取引を独占することも行われた。大宰府の役人は並の受領をはるかに上回る経済的利潤を手中にしていたのである。

朝鮮との関係でも、承暦二年（一〇七八）頃、病を患った高麗国王が、海商王則貞《おうそくてい》を通じて日本に医師派遣をもとめる牒《ちょう》を送ってきた。大宰府はそれを朝廷に送る際「商人の高麗国《こうらいこく》に往反するは古今の例也」と付したが、朝廷は医師派遣を拒絶するとともに、先例通り海外渡航の禁止という処分を課した。

平家の日宋貿易

十二世紀になっても、朝廷自体は対外孤立策を容易に変えられなかったが、荘園の治外法権的な性格を利用しつつ、宋商たちは経済的利潤を優先する権門の本音に食い込んでいった。長承二（一一三三）年「宋人周新船《そうじんしゅうしんのふね》」が王家領の肥前国神崎荘に来着した。このとき、鳥羽院近臣であった預所の平忠盛が、大宰府の存問を拒否する下文を作成して、これを院宣と称した（『長秋記』）。忠盛は、院―預所―王家領荘園のルートによる対外貿易を、太政官―大宰府ルートの規制から切り離そうとしていた。このことから、平忠盛が鳥羽上皇のもとで、王家領での日宋貿易に積極的であったことがわかる。

その忠盛の子の清盛が大宰大弐となったのが保元三年（一一五八）、ついで清盛の弟頼盛が大宰大弐となり、先例をやぶって現地に下向したのが仁安元年（一一六六）である。大宰大弐の現地赴任はきわめて異例であった。さらに清盛は、有力な大宰府の府官であった原田氏を家人として、大宰府を掌握しようとした。大宰府への影響力を強めた清盛は、後白河とともに朝廷の中枢を担うようになると、主体的に貿易を推進できる立場に立つことになった。朝廷の対外孤立策は、たんなるたてまえにすぎないものとなった。まさに、律令制の公地公民制をたてまえとしては維持しつつ、荘園制が成立したこの時期の特徴と歩調をあわせている。

こうして、宋銭と陶磁器輸入を軸に、貿易がにわかに活性化されたといわれる。さて、この宋銭輸入であるが、輸入というよりも、貿易対価として宋側が日本に支払った貨幣であるというのが、小島毅氏の見解である（小島毅『義経の東アジア』）。確かに、宋銭輸入というのはおかしいのであって、当時の東アジアにおける世界通貨であった宋銭による貿易の支払いであったと考えた方がよい。世界通貨といっても、当時の日本では十世紀なかばに皇朝十二銭《こうちょうじゅうにせん》が断絶した後、独自の通貨は鋳造《ちゅうぞう》されていないので、宋銭は日本国内でも流通する通貨だったのである。

そうすると、日本から宋に輸出したのは何なのか。それは金・水銀・硫黄《いおう》などの鉱物、真珠、螺《ら》鈿《でん》・蒔絵《まきえ》・扇子・日本刀などの工芸品といわれている（森克己『新訂　日宋貿易の研究』）。工芸品の主産地は京都であろうが、前者の鉱物はいったいどこで産出され、輸出品となったのであろうか。硫黄は火山の多い日本では至る所で産出したとも考えられるが、実際には薩摩南方の硫黄島産出のものがおもに輸出されたらしい（山内晋次『日宋貿易と「硫黄の道」』）。

水銀は古代以来伊勢国がもっとも代表的な産地であった。そして、鉱物ではないが真珠も伊勢や志摩が主産地である。清盛は伊勢平氏の出身であるから、この重要輸出品である水銀や真珠と関わりがあるに相違ない。のちの鹿ヶ谷事件で平氏によって後白河院近臣の俊寛《しゅんかん》、平康頼《たいらのやすより》、藤原成経《ふじわらのなりつね》が流罪となったことは有名だが、その先が喜界島であるという伝承とともに、硫黄島という伝えもある。喜界島というのが硫黄島のことを指すともいわれる。このことも、輸出品硫黄との関係が考えられる。

もっとも宋への輸出品として重要だったといわれているのが、金である。そして、金といえば「金《かね》売吉次《うりきちじ》」の逸話で有名なように、奥州の砂金にほかならず、京都の商人たちがさかんに奥州に下って大量の金を京都に輸送していた。のちの文治年間に藤原秀衡《ふじわらのひでひら》が東大寺大仏滅金料《めっきんりょう》として砂金三万両の貢納を命じられたとき、これを拒む理由として近年商人が多く奥州に入り込み、砂金を売買するので大半が掘り尽くされてしまったとするのも（『玉葉』）、いかにその産出量が多かったかをものがたる。

すでに、遣唐使派遣において、唐の皇帝への贈物、遣唐使一行の旅費、留学費用などとして、陸奥の金が海外に流出していた。渤海《ぼっかい》への使節派遣にも使用された。遣唐使や渤海使が十世紀初頭までに派遣されなくなると、唐からの海商の船が大宰府外港の博多にやってきた。そして、博多の鴻臚館《こうろかん》で朝廷に必要な輸入品が優先的に買い上げられ、その後民間との交易がゆるされた。朝廷買い上げ品の代価は、大宰府の倉庫に納められた金、水銀、錫《すず》、綿、絹などによって支払われたというが、なかでも金がもっとも一般的であったという（森克己「日宋貿易と奥州の砂金」）。

後白河と清盛の「外交」

唐が滅亡し五代五十年あまりの混乱の後、宋による統一がなされた。宋では国内産業が著しく発達し、輸出用の精巧な絹織物や陶磁器がさかんにつくられていた。諸外国の欲する銅銭の鋳造も著しく増えた。だが、北方の民族がたびたび襲来し、それに対抗するための軍拡は、朝廷の財政を逼迫させた。また、今の北京や大同などがある「燕雲《えんうん》十六州」は、五代の一つ晋《しん》が北方契丹族《きったんぞく》の援軍をもとめた代償として、契丹族のものとなっていた。宋はここを回復したかったが、遼を建国した契丹の軍事力に圧倒されてそれをなしえなかった。さらに、遼の北方にいた女真族が金という国を建て、遼の都を陥落させ、宋の都開封をも包囲する。結局、靖康二年（一一二七）徽宗《きそう》とその子欽宗《きんそう》という二代の皇帝が金に拉致されてしまう。これがいわゆる「靖康《せいこう》の変」とよばれている大事件であり、こうして一度宋は滅亡する。

その後、欽宗の弟高宗が南京応天府《なんきんおうてんふ》で即位して、宋を復興する。これ以後を一般に南宋と呼び、以前を北宋と呼ぶ。その後も宋と金との長い戦乱が続く。両国は、紹興十一年（一一四一）にいったん条約を結んで平和を回復するが、二十年後の紹興三十一年（一一六一）金の海陵王《かいりょうおう》が一方的に条約を破棄し宋に侵攻する。軍事的には金がはるかに優勢で、当時の都臨安（現在の杭州）は陥落寸前となる。しかし、金国内の分裂が影響し、宋は長江南岸の采石磯《さいせきき》で金を破って窮地を脱した（小島毅『義経の東アジア』）。こうした情勢のもとで、宋と後白河・清盛との「外交」が実現したのである。

嘉応二年（一一七〇）九月、後白河が清盛の福原山荘に御幸し、宋人と謁見、承安二年（一一七二）九月には、宋から「日本国王」後白河と「太政大臣入道」清盛宛に供物が贈られ、翌年三月、返礼として返牒と答進物《とうしんもつ》が送られた。その答進物は後白河から色革三十枚を納めた蒔絵厨子《まきえのずし》、砂金百両を納めた手箱、清盛からは剣一腰と甲冑などであった。清盛から武具が贈られたことは、もちろん清盛が武士であるということもあるが、金との厳しい軍事的緊張下にある宋の現状とも関わりがある。

この福原での「外交」は、交渉を担当した明州の沿海制置使《えんかいせいちし》趙伯圭《ちょうはくけい》が、綱首荘大椿《ごうしゅそうだいちん》・張守中《ちょうしゅちゅう》の船を利用し、水軍使臣《すいぐんししん》施閏・李忠を派遣したものであった。実はその予備交渉は、嘉応二年の後白河の宋人謁見以前、仁安二年（一一六七）に日本から明州《めいしゅう》（寧波《にんぽう》）に使僧が赴いた頃から開始されたと考えられている（榎本渉「東シナ海の宋海商」）。

当時、約八十年ぶりに日本僧が入宋した。このときの僧として、のちの東大寺復興に大きな役割をはたす重源《ちょうげん》や栄西《えいさい》が有名だが、栄西とともに入宋した唯雅《ゆいが》は播磨随願寺《ずいがんじ》の僧であった。この寺は清盛から金堂・法華三昧堂造改料として播磨国を賜っており、平家ときわめて深い関係にあった。そのことから、これらの僧の入宋が予備交渉のために平家が派遣したものとも推定されている。さらに、その前提として、宋がすでに一〇七〇年代から海商を通じて外交文書をたびたび送って来ており、日

阿育王山舎利殿

本の入貢をもとめていたのである。仁安元年（一一六六）から仁安三年にかけて大宰大弐としては異例の現地赴任を行った平頼盛の目的は、この予備交渉と関係があったと思われる。

阿育王山舎利殿建立

実は、この後白河の宋人謁見の背景となる問題が、最近の研究で注目されている。それは、宋の明州（寧波）にある阿《あ》育王山《いくおうざん》舎利殿建立である。この舎利殿については、後白河が材木を送って援助したことと、その材木が周防のものであり重源が関わっていたことが以前からあきらかになっていた。しかし、その時期は後白河が出家した嘉応元年（一一六九）から妙智禅師《みょうちぜんじ》が亡くなった南宋の淳熙七年（日本の治承四年、一一八〇年）まで、諸説があり、はっきりしなかった。

ところが、最近横内裕人氏はこの舎利殿建立が、仁安三年（一一六八）在宋中の重源と栄西が請け負い、帰国して後白河に進言して実現したものと指摘したのである（横内裕人「重源における宋文化――日本仏教再生の試み」）。これによって、後白河の宋人謁見が阿育王山舎利殿建立と関わりがある可能性が強まった。さらに渡邊誠氏は、重源と栄西は天台座主明雲を通じて後白河と清盛の援助を獲得したのであって、嘉応・承安年間の後白河と清盛の宋人との関わりはこの事業を推進するなかでうまれたとした。また、『平家物語』巻三には平重盛が多額の金を阿育王山の僧に分配するとともに、皇帝に金を奉って田地を阿育王山に施入したという話がある。この話は従来作り話と考えられてきたが、渡邊氏はこれも舎利殿建立と関わるとするのである（渡邊誠「後白河法皇の阿育王山舎利殿建立と重源・栄西」）。

考えてみれば、後白河の出家は嘉応元年、清盛はその前年の仁安三年（一一六八）である。清盛の出家は、前年からの命も危ぶまれる大病が理由であった。後白河は法住寺殿で出家したが、戒師の覚忠《かく ちゅう》をはじめ八人の役僧はすべて園城寺の僧であった。このように後白河の園城寺への帰依は著しいものがあった。重源は醍醐《だいご》寺で修業した真言僧、栄西は比叡山で修業した天台僧である。そして、明雲は清盛と親しいとされる天台僧ということになると、阿育王山舎利殿への寄進事業は、後白河という偏執狂的な国王を園城寺から少し引き離し、比叡山や真言宗に目を向けさせることになる。

ともかく、福原における外交は新たな海上の道を切り開いた。従来は、外国船（唐船）は博多で応対させ、瀬戸内海に入ることは許されなかった。後白河が会った宋人が、外国船に乗ったまま福原にやってきたか、それとも博多で日本船に乗り換えたのかはあきらかではない。しかし、清盛が有名な大輪田泊《おおわだのとまり》を修築したきっかけは、この外交にあったことは確実である。砂浜の停泊地でしかなかった場所に大型の外国船を着けることは難しかった。そのため、波よけや風よけの役割をはたす「経《きょうが》嶋《しま》」を造り始めたのが承安三年（一一七三）なのである。（『帝王編年記』）。しかし、せっかく築いた島も翌年風波で崩れ去ったという。そのため石の表面に一切経を書いて船に積み、船ごと沈めたのだという。「経嶋」の名前はこのためである（『延慶本平家物語』）。一切経が王権を荘厳する役割をはたしてきたことを考えると、ここで港湾修築に一切経が登場する意味は大きい。大輪田泊修築は、後白河と清盛による一大国家事業であり、当時の日宋関係とも深い関係があったと考えるべきであろう。

宋からの船は船底にバラストとして大量の銅銭を積んできたと考えられる。その船が宋に向かうときには金や硫黄、そして水銀などが積み込まれた。だが、それらが船の安定をもたらすバラストの役割をはたしえたとは考えにくい。おそらく船底には日本列島の木材を大量に積んでいったのである。阿育王山舎利殿に寄進されたものに、木材が含まれたことは確実であろう。そして、それを機会に日本の木材が、木を切り尽くしてしまった明州周辺の木材需要を満たしたと考えられるのである。

また、嘉応元年（一一六九）から、後白河と建春門院が参加するようになった福原の千僧供養《せんそうくよう》という大法会も、後白河と清盛の提携を示している。この毎年三月と十月の二回行われる仏教儀礼は、海上交通の安全と貿易の発展を祈るものであった。しかも、この権門寺院の高僧を動員した大法会は、後白河と清盛が宗教界に君臨する姿を、人々にみせつけた。後白河がこの千僧供養で僧官を授与していたことから、僧侶の人事権を通じて僧侶の統制を行っていたことになる。清盛の本拠となった福原での大法会のもつ意味は大きい（髙橋昌明『平清盛　福原の夢』）。そして、承安元年（一一七一）清盛と時子《ときこ》の女である徳子《とくこ》が、高倉天皇のもとに入内した。後白河と清盛の協調体制は盤石に思われたのである。だが、けっして一枚岩とはなりえない仏教界。二人の協調体制に矛盾を生みだす種をすでにいくつも蒔いていたのである。

5 後白河と清盛の亀裂

後白河は早くから園城寺に深く帰依し、常にそれを支援する立場をとっていたため、延暦寺と園城寺との宿命的ともいえる対立に、しばしば火に油を注ぐようなことになってしまう。以下田中文英氏の研究によって、経緯を述べていきたい（田中文英「後白河院政期の政治権力と権門寺院」）。

嘉応の延暦寺強訴

永暦二年（一一六一）園城寺長吏《ちょうり》行慶《ぎょうけい》によって宇治の平等院に建立された祈願所が落慶供養を迎えた際、後白河がそこに御幸すると、延暦寺衆徒は寺門にも戒壇を建立する法会ではないかと疑って蜂起し、東坂本に陣を布いて発向の構えをみせた（『山槐記』『百練抄』）。

応保二年（一一六二）園城寺の覚忠《かくちゅう》を後白河が天台座主に任命すると、延暦寺衆徒は、南都で受戒した小乗戒の僧を座主にすることはできないと蜂起した。覚忠はわずか三日で座主を辞任したが、延暦寺衆徒は納得せず、座主補任の宣旨自体を撤回するように求めた。また、園城寺の僧が南都で授戒することを禁じ、必ず延暦寺での受戒を義務づけること、もし認められないならば、従来隔年でつとめてきた北京三会《ほっきょうさんえ》の講師、尊勝寺《そんしょうじ》・最勝寺《さいしょうじ》の小灌頂阿闍梨《こかんじょうあじゃり》、総持院阿闍梨《そうじいんあじゃり》八口を補任する権限をすべて延暦寺が掌握し、園城寺僧の武装を禁止することなどを、後白河に認めさせた。しかし、これらは延暦寺への園城寺の従属を決定づけるだけではなかった。国家的な法会の役から寺僧が排除されるならば、権門寺院としての根幹をおびやかされることになる。南都興福寺の協力をえて、園城寺ははげしく抵抗した。事態は、延暦寺と園城寺との武力衝突に発展し、長寛元年（一一六三）延暦寺衆徒は園城寺を攻撃、房舎の破壊と焼却にいたるのである（『百練抄』『天台座主記』『寺門高僧記』）。

後白河と清盛との提携によって、後白河院政が確立した後も、権門寺院への後白河の介入は続いた。延暦寺との関係では、さらなる大事件に発展する問題を生みだした。嘉応元年（一一六九）後白河の院近臣藤原成親が知行国主をつとめる尾張で、目代藤原政友《ふじわらのまさとも》が延暦寺の美濃国平野荘《ひらののしょう》の神人《じんにん》と衝突した。平野荘は延暦寺領であったため、十二月十七日、延暦寺所司と日吉社所司が、最初成親の遠流と政友の禁獄を朝廷に訴えようとする。しかし、追い返されたため、二十二日夕刻から延暦寺衆徒たちが延暦寺末寺の京極寺《きょうごくでら》に集まって、強訴を辞さない態勢を示した。この事態に、京中は大騒ぎとなり、後白河は院御所に公卿会議を召集するとともに、検非違使や武士たちに院御所の警備にあたらせた。このため、太政大臣藤原忠雅《ふじわらのただまさ》以下十数人の公卿が院御所に馳せ参じると共に、平家一門の重盛・宗盛・頼盛らがそれぞれ二百騎、百三十騎、百五十騎を率いて、強訴に備えた。一方高倉天皇の内裏には、摂政基房や天台座主明雲が詰めていたが、平経正《たいらのつねまさ》や源重定《みなもとのしげさだ》に率いられた軍勢は院御所よりはるかに手薄であった（『玉葉』『兵範記』）。

延暦寺衆徒は、そのことを知っていたかのように、院御所ではなく警備の手薄な内裏に強訴をかけて、待賢門・陽明門などに神輿をかつぎあげた。後白河は使者を内裏に派遣し、内裏への群参は不当であり、衆徒が皆帰山して、天台座主明雲が僧綱《そうごう》・已講《いこう》らのみを率いて院御所に訴えれば、裁定すると伝えさせた。衆徒はこれを拒絶し、宮中に乱入して、建礼門・建春門などに神輿をすえて、さらなる気勢をあげた。後白河は二度にわたって、同じ方針を衆徒に伝えたが、衆徒らは承伏しなかった。成親の遠流と政友の禁獄の裁許がなければ、われわれは帰山せずに神輿をうち捨てて逐電する。そうなれば、国家鎮護の天台仏法は滅亡するであろうと威嚇したのである（『玉葉』『兵範記』）。

二十三日の夜に入ると、院御所では公卿会議が開かれた。後白河は、衆徒の要求を裁許するべきか、あるいは裁許しないならば武士を内裏に派遣して追い払うべきか、と公卿たちに諮問した。公卿たちは、夜陰のもとで武士による追却を強行すれば、神輿《しんよ》に危害が生じて大事にいたる可能性が高いので、派兵はやめるべきだという結論となった。つまり、消極的ながら、衆徒の要求を認めようというのである。これをうけた後白河は、政友の解官・禁獄のみを認め、座主明雲を通じて衆徒の説得にあたらせた。しかし、衆徒は成親の遠流を要求して譲らず、座主や僧綱を追い返して、予定通り神輿を内裏に放置したのである（『玉葉』『兵範記』）。

明くる二十四日、後白河はやむなく成親と政友の解官、成親の備中国配流、政友の禁獄を決定した。衆徒は歓喜して、神輿を帰坐させたのである。ところが、怒りのおさまらない後白河は、座主明雲が衆徒に加担しているとして、二十七日護持僧《ごじそう》の地位を止《とど》めた。さらに翌二十八日、権中納言で検非違使別当の平時忠と蔵人頭の平信範《たいらののぶのり》を解官し、時忠は出雲国、信範は備後国に配流、かわって成親には召還の決定を下すのである。「朝令暮改」とはまさにこのことで、九条兼実は「今日の沙汰、そもそも天魔の所為なりと云々」と述べている。さらに、三十日には、成親を権中納言にもどし、翌正月六日には右兵衛督・検非違使別当にしてしまう（『玉葉』『兵範記』『百練抄』）。

後白河の屈服

延暦寺衆徒は、この措置に当然憤慨し、ふたたび発向するという噂が流れた。後白河は検非違使に命じて、防御体制をとり京中は緊張した。実際には、衆徒はすぐには強訴を行わず、僧綱を通じて二ヶ条の要求を後白河に対してせまった。二ヶ条とは、成親の再配流、時忠・信範の召還である。情勢の緊迫を感じた後白河は、僧綱に対して、この二ヶ条の受け入れを回答した。しかし、衆徒は後白河の「朝令暮改」に不信感をもっており、文書による正式な宣下をもとめる。後白河がやっと、この二ヶ条に応じる旨の宣下を命じたのは、二月六日のことであった。こうして事態は収拾された（『玉葉』『百練抄』）。

ここで後白河が延暦寺僧徒の圧力に屈した理由は何であろうか。最大の原因は、後白河と平家との関係にあった。強訴が行われた十二月二十三日、平重盛は後白河の僧徒追却命令に対して、夜陰の内裏での追却は思わぬ大事になるといってなかなか従わず、三度目にやっと翌朝出動すると返答した。また、院近臣成親の政界復帰に憤激した延暦寺衆徒の再強訴が噂される中、正月十三日の夜、平頼盛が一門総帥の清盛の命令をうけるべく、福原山荘へ下った。また、翌日には重盛も福原に向かったという（『玉葉』）。強訴に対抗する武力の中心は、平家であった。その平家の軍事行動は、後白河の命令ではなく、総帥清盛の指示によるのである。そして、清盛は平家が延暦寺衆徒と衝突することを回避しようとした。このことが、衆徒の要求への後白河の屈服につながった。

後白河と清盛との関係は、あくまでも「提携関係」であって、平家の軍事的立場はいうまでもなく、政治的立場さえも格段に強化されていた。そもそも、延暦寺と園城寺は、天台系の主導権をめぐって常に抗争をくりかえしてきた。こうした中で、園城寺に加担してきた後白河に対し、延暦寺は敵対的だったのである。このあらそいに、平家がまきこまれる政治的理由はなかった。そのため、後白河の命令には消極的な対応をとったのである。それは独自の政治的判断によるもので、後白河に従順に従う存在ではなかった。換言すれば、ほぼ京都の武力を平家に独占されたこの状態に、確立したはずの後白河院政の脆弱性が潜んでいた。

承安の興福寺強訴

承安三年（一一七三）興福寺が多武峯《とうのみね》と争って、多武峯廟《とうのみねのびょう》を焼き払ったことに端を発し、興福寺と多武峯の本寺である延暦寺との対決に発展した。この事件で延暦寺は、興福寺をはじめとする南都七大寺の北陸荘園を押領する。この二大権門寺院の抗争に介入した後白河は、延暦寺僧綱を召集して衆徒蜂起を止《とど》めさせるとともに、興福寺別当などにも衆徒の蜂起を止め多武峯を焼かないように、強く命じた。ところが、興福寺衆徒はその命令を無視して多武峯を焼き、僧綱以下の召喚にも応じない。これに怒った後白河は、法勝寺と最勝寺の八講への公請停止、つまり興福寺僧の参加を止め、別当尋範《べっとうじんはん》・法印玄縁《ほういんげんえん》・法橋覚興《ほっきょうかくこう》を解官あるいは流罪としたのである。また、僧綱らが召喚に応じず張本人を召し進めないないならば、今後一切興福寺からの訴訟を朝廷では取りあげない。僧侶の昇進もさせない。所領も没収するといった。これは権門寺院興福寺の存立を左右するきびしい決定である（『玉葉』）。

この後白河の決定を、延暦寺への制裁がなくあきらかな偏頗《へんぱ》であると主張した興福寺は、たとえ勅宣であっても応ずることはできないと抵抗した。しかし、後白河が一向に方針を変えなかったため、南都諸大寺によびかけて朝廷への強訴の態勢をとるとともに、延暦寺攻撃の準備をはじめた。こうして、衆徒が奈良から木津に至ると、後白河の命令をうけた平重盛らの官兵が入京を阻止すべく出動した。ここに至って、春日祭《かすがさい》が延期を余儀なくされ、後白河の熊野御幸出発も危ぶまれることになる。すると、後白河はこれらを「謀叛《むほん》」と決めつけ、もしも熊野御幸が阻まれるならば、それは「違勅《いちょく》之罪《のつみ》」にあたると断じた。これにびびった興福寺衆徒らは、春日神木《かすがしんぼく》を奈良に帰したが、後白河は追い打ちをかけるように、東大寺・興福寺以下南都十五大寺ならびに諸国末寺の荘園をすべて没収、仏聖《ぶっしょう》油料《ゆりょう》と恒例《こうれい》寺用《じよう》徴収《ちょうしゅう》を国司の権限とすると宣言した(『玉葉』『百練抄』)。

興福寺以下に対する後白河の厳しい措置が成功した背景には、重盛らの平家の武力が強訴の制止に本腰を入れたからである。これは、嘉応の延暦寺強訴での平家の消極さと大きく異なる。この間、承安元年(一一七二)に清盛と時子の女徳子が高倉天皇に入内し、後白河と清盛との政治的関係が深まったことが大きいであろう。これを実現したのは、後白河の寵愛を受けて、高倉の国母《こくも》となっていた建春門院《けんしゅんもんいん》である。建春門院は、時子の妹であるから、後白河と清盛との関係を調整することが、非常に重要であった。清盛が、後白河を福原に招いて、日宋貿易や千僧供養を演出したことは、その提携関係を象徴するものであった。

既述のように、清盛出家の戒師《かいし》をつとめた明雲が、当時の天台座主であったという個人的に延暦寺を贔屓する要因もあった。また、仁安元年（一一六六）の藤原基実の急死をきっかけとした平家による摂関家領押領問題という、治承三年（一一七九）の後白河幽閉や治承四年末の南都焼き討ちにもつながる根の深い問題が存在した。この問題が、摂関家と密接な関係にあった興福寺と平家との対立を生みだし、興福寺などへの後白河の強硬な措置をささえる平家の立場につながる。これも、権門化した平家の私的利害と深く関わるのである（元木泰雄『平清盛の闘い――幻の中世国家』）。

建春門院との厳島御幸

承安四年（一一七四）三月、後白河は建春門院とともに、安芸の厳島御幸におもむいた。院近臣の源資賢、平康頼、西光なども供奉していたが、平家一門も宗盛・知盛《とももり》・重衡《しげひら》らが、ともに京都から従い、途中の福原からは総帥の清盛が同行した。

清盛は平治の乱後の永暦元年（一一六〇）八月に厳島に行った。これは「年来の宿願」であったとし、これ以降急速に自らの厳島信仰を強めていった。長寛二年（一一六四）の華麗な『平家納経』は観音信仰にもとづいて製作されたものであり、同じ年に後白河のために蓮華王院を建立したのもけっして偶然ではないだろう。ありったけの富を『平家納経』や千体の観音菩薩像につぎこむことによって、一門の繁栄を祈ったという信仰心の背景に、清盛の将来に対する不安というものも読み取れるかも知れない。十年前の後白河上皇と二条天皇との対立は、一門の将来を左右しかねない、それほど深刻な問題であった。

今回の厳島御幸には、かつてのそのような不安はみじんもない。その最大の理由は、後白河と清盛の提携が盤石なものになっていたからである。その要にあったのが、この建春門院という美しい女性であった。後白河の生涯において、この建春門院こそもっとも愛した女性であった。

建春門院、すなわち平滋子は、兵部《ひょうぶ》権大輔《ごんのたいふ》平時信《たいらのときのぶ》と権中納言藤原顕頼《ふじわらあきより》の女祐子《ゆうし》との間に康治元年（一一四二）生まれた。顕頼は白河院第一の近臣といわれる顕隆《あきたか》の一男であり、白河・鳥羽両院のもっとも有力な近臣であった。勧修寺流《かじゅうじりゅう》藤原氏といわれ、弁官や蔵人をつとめる実務官僚系の院近臣である。一方、時信の方は、桓武平氏ではあるが、高棟流《たかむねりゅう》平氏といわれ、代々太政官の事務局である弁官をつとめてきた。桓武平氏といっても、清盛などの武士とは違う家柄である。父知信が摂関家の忠実に仕えて以来、もっぱら摂関家家司として活躍していた。時信には信範という弟がいるが、信範は『兵範記』という十二世紀後半の歴史には必須の日記をのこしているように、朝廷の実務や儀式に詳しい貴族なのである。

滋子はもともと後白河の同母姉上西門院《じょうさいもんいん》に仕えていた女房であったが、美貌故に後白河に見初められ、応保元年（一一六一）に憲仁を生んだわけであり、この皇子が高倉天皇ということになる。もちろん、ただ美貌だったから、というだけではなく、彼女が実務官僚系の最有力院近臣と摂関家側近との間の女であったから、彼女を通じて政治的基盤の脆弱な後白河が、朝廷の実務に影響力をおよぼそうという意図が含まれていたと考えるべきであろう。

建春門院の死の衝撃

また、建春門院の異母姉が平時子、つまり清盛の妻となった女性である。時子の母は大膳大夫右少将家範《いえのり》の女である。右近衛少将の相当位階は正五位下。滋子の母は権中納言藤原顕頼の女であるから、父は公卿、つまり三位以上である。すなわち、滋子に比べて家柄は相当に見劣りする。清盛の二男宗盛を生んだのが久安三年（一一四七）というから、建春門院とはかなり年の離れた姉だったようである。

時子と滋子の父平時信の官職、兵部権大輔というのも、ほぼ正五位下程度とみてよいから、時子が生まれるときよりも、滋子が生まれたときのほうが、その母の地位がかなり高い。その間、この家がかなり家格を上昇させていたと考えられる。おそらく時子が清盛と結婚し、清盛の父忠盛が鳥羽院近臣としてめざましい出世をしたために、その後この家が繁栄したと考えるべきであろう。そして時信とやはり鳥羽院近臣の最有力者顕頼の女との婚姻が成立した。もともと勧修寺流藤原氏と高棟流平氏とは、実務官僚という共通した性格をもっていたのだが、勧修寺流が院との結びつきを強めたため、両者の家格が大きく開いた。ところが、その高棟流が院近臣として急速に台頭した平忠盛と結んだため、院近臣顕頼の家との婚姻関係が結べるまでになったのである。

また、清盛の長子重盛の母（高階基章《たかしなのもとあき》女）は、すでに他界していたから、平治の乱をへたこの時期、時子は平家一門のなかで大きな力をもっていた。後白河が建春門院を愛した背景には、清盛との連携を模索する政治的意図があったと考えるのが自然であろう。しかしそれだけではなく、彼女は鳥羽院近臣との関係を継承する存在でもあった。建春門院が産んだ高倉天皇が即位した仁安三年（一一六八）に後白河院政が確立したことは、いかに彼女の存在が後白河にとっても大きかったかをものがたる。

承安元年（一一七一）十二月、清盛は時子との間に生まれた徳子を、高倉天皇に入内させた。これには、時子の妹で天皇の母である建春門院のはたらきかけが大きかった。清盛はすでに出家しているので、徳子はまず清盛の嫡子重盛の養女となり、さらに後白河の養女として入内させるという手続きをふんでいる。天皇と徳子とは母が姉妹だから、いとこということになるが、義理の姉弟ということにもなるのである。

後白河の院御所法住寺殿の南部に建立されたのが、この建春門院の御願寺、最勝光院《さいしょうこういん》である。法住寺殿には蓮華王院（三十三間堂）が現存するが、その南に法住寺南殿があり、さらにその南西部に最勝光院があったと推定されている。最近、元京都市立一橋小学校跡の発掘調査が行われ、平安後期の整地層や建物基壇後、整地層下層に大規模な濠跡がみつかった。濠跡はもと運河ではないかと考えられ、最勝光院がつくられるときに、一気に埋められたと推定されている（「二〇一二年三月十日財団法人京都市埋蔵文化研究所現地説明会資料」）。

最勝光院は徳子入内の翌承安二年（一一七二）上棟され、翌年後白河と建春門院が移徙し、高倉天皇の行幸と関白以下の列席のもと、盛大な供養が行われた。造営責任者は建春門院の兄平時忠である。そして、その翌年の後白河と建春門院の厳島御幸へとつながる。こうして、後白河院政は安泰とみられたのである。ところが、その建春門院が、にわかに病を発し、安元二年（一一七六）七月、三十五歳の若さで亡くなる。後白河と平家を強く結びつけた女院の死によって、後白河院政の前途に暗雲がたちこめはじめるのである。

第四章　平氏政権の成立

1　鹿ヶ谷事件

安元の延暦寺強訴

安元二年（一一七六）、院近臣西光《さいこう》の子である加賀守藤原師高《ふじわらのもろたか》とその弟の目代《もくだい》師経《もろつね》が、所領問題を発端として涌泉寺《ゆうせんじ》という寺を焼いた。この寺は白山宮加賀《はくさんぐうかがの》馬場《ばば》中宮《ちゅうぐう》の末寺であった。そのために中宮惣長吏智積《ちしゃく》・覚明《かくめい》らが張本となって、中宮三社八院大衆の総力が結集され、目代師経を京都に追い返してしまったのである。しかも、その白山宮加賀馬場中宮の本寺が延暦寺という風に、この田舎寺は中央の権門寺院である延暦寺の末につながっていた。当初は消極的であった延暦寺大衆も、中宮三社八院大衆が白山権現の神前で一味神水《いちみしんすい》し、神輿を延暦寺に振り上げる決意をし、京都へ向かって出発したため、その勢威に屈した。こうして、延暦寺衆徒の態度もあらたまり、朝廷への強訴へと進んでいくのである（田中文英「後白河院政期の政治権力と権門寺院」）。

あけて安元三年（一一七七）延暦寺の強訴の噂が高まると、後白河は三月二十八日、目代師経だけを備後に流して、事態を収拾しようとした。しかし、延暦寺はこれに納得せず、国守師高の処分を要求して、四月十三日ついに強訴を敢行した。後白河は、これを「訴訟」ではなく「謀叛」であると断じ、武士に撃退させたが、その際に神輿に矢が当たる事態が発生する。激高した大衆が、甲冑を身につけて再度下山すると威嚇したため、禁中は大混乱におちいり、高倉天皇と中宮徳子は院御所に難をさけ、そこで公卿会議が開かれた。しかし、賢所《かしこどころ》の移転、京中潜伏の悪僧対策、延暦寺大衆の要求の可否、警備の武士の問題などをめぐって、議論は紛糾した（『玉葉』『百練抄』）。

十四日、神輿に矢が当たったことは、恐れ多いことなので、下手人を罪科に処すという譲歩を示唆する院宣が天台座主明雲に送られた。しかし、大衆の怒りはおさまらなかったため、十六日になってさらに後白河は譲歩し、悪僧の行為は「反逆」「謀叛」ではあるが、近日中に師高の流罪と神輿を射た下手人の処罰を行うという内意を明雲に伝えた。だが、それでも事態はおさまらなかった。実は、さきの嘉応の事件と同じように、ここでも平家は対延暦寺については、きわめて消極的であった。後白河は、賢所の警備を平経盛《たいらのつねもり》（清盛の弟）に命じたが、経盛は清盛に一の所の守護を命じられているといって、ついに動かなかったのである。四月二十日、ついに宣旨が出され、師高は解官され尾張国に配流されることになり、神輿を射た下手人六名の禁獄も決定された。これによって、事態は収拾するかに見えた（『玉葉』『百練抄』）。

だがその約半月後の五月五日、後白河は突如として座主明雲を解任し、身柄を逮捕監禁した。十一日には明雲の罪名を勘申《かんじん》（前例などを調査し申し上げること）するようにという宣旨を出すとともに、その所領三十九か所を没収し、後任の天台座主に覚快法親王《かくかいほっしんのう》（鳥羽院第七皇子）を任命した。その罪科についての宣旨の内容としては、まず悪僧と協力して前座主快修《かいしゅう》を延暦寺から追放したこと、また嘉応の事件で悪徒を宮中に乱入させ狼藉をおこさせたこと、さらに今回の事態においても、大衆強訴をそそのかしたのは座主明雲その人であると断じた。これにもとづき、明雲の罪名を諮問する陣定《じんのさだめ》が二十日に開かれた。公卿の多くは、明雲の行動が「謀叛」つまり反国家的なものとまでは見なしがたいとし、その還俗《げんぞく》・配流には否定的であった。だが、後白河はこの陣定での議論を「時議《じぎ》に叶わず」として無視し、翌二十一日、明雲を還俗させたうえで、伊豆国に配流することを決定した（『玉葉』『百練抄』）。

二十二日夜、明雲の護送が源頼政《みなもとのよりまさ》に命じられた。頼政が当時の伊豆知行国主《ちぎょうこくしゅ》だったからである。頼政には国兵士《くにへいし》を召して護衛するようにとの命令であったが、わずかに「異様郎徒一両」が付けられるばかりであった。二十三日、延暦寺大衆が瀬田の辺りでその途をさえぎり、明雲の身柄を奪取して比叡山に登った（『玉葉』）。噂では、もし明雲奪還が現実となり撃退不可能になったら「ただ明雲の首を切るべし」と後白河が命じていたというから（『愚昧記』）、頼政がこの護衛に消極的であったことがわかる。明雲は、逮捕後、後白河の近習の検非違使らのもとで、きびしい拷問を受け続けていた（『顕広王記』）。後白河と延暦寺との対立は、頂点に達しつつあった。

後白河は、二十三日のうちに比叡山の東西坂下を固め、攻撃をかける方針をうちだし、平重盛と宗盛（ともに清盛子）に出動を命じた（『玉葉』）。しかし、かれらは福原の清盛の指示にしたがうと称して動かなかった（『顕広王記』）。後白河は、五月二十九日、さらに兵器を帯びて京中を往還する輩の逮捕を命じ、延暦寺領没収のための準備として国司にその末寺荘園を注進させた。そして、近江・美濃・越前の国内武士を、それぞれの国司に注進させ、あらたな軍事動員の準備に入った（『玉葉』）。

二十四日の早朝、事態の緊迫をうけて、伊賀平内左衛門家長《いがへいないさえもんいえなが》という者が、後白河の使いとして騎馬で福原に向かった。家長は知盛《ともも り》（清盛の子）の「一二の者」といわれた人物で、筑後守《ちくごのかみ》平家貞《いえさだ》の子ではないかという。そして二十五日午後遅くには清盛入洛の情報が入った（髙橋昌明『平清盛　福原の夢』）。清盛が後白河に対面したのは、二十八日のことである。清盛は、比叡山の東西坂下を固めて攻撃するという後白河の意向をしぶしぶ承諾するにいたった（『玉葉』）。清盛の説得に成功したことに自信を深めた後白河がとったのが、先の延暦寺領没収や近江以下三カ国の武士動員令なのである。こうして、延暦寺攻撃の態勢は整ったかにみえた。

後白河近臣の逮捕と処刑

六月一日、事態は急変する。延暦寺大衆が一貫してその処罰を要求していた加賀守師高の父で、後白河の第一の近臣西光が、突如として逮捕されたのである。また、八年前の嘉応事件で、延暦寺大衆が遠流を要求していた院近臣の権大納言成親も捕らえられた。成親は、公卿の身でありながら、ほとんど面縛《めんばく》、つまり両手を後ろで縛られてた。西八条邸《にしはちじょうてい》にいた清盛の怒りはすさまじく、院近臣はすべて逮捕されるという噂が広まっていった。そして、この日の晩には西光は首を刎ねられた。場所は「五条坊門朱雀」（『愚昧記』）というから、平安京朱雀大路という京都のど真ん中であり、みせしめの要素がきわめて強い。成親も武士二三人を付けられて早くも備前国に流されてしまったのである（『玉葉』）。いわゆる鹿ヶ谷事件の始まりであった。

西光の尋問で、後白河と近臣たちが清盛を討とうと謀議をめぐらしていたことがあきらかとなり、その会合に参加していた者の交名、つまりリストも提出された。それによって、逮捕される者がどんどん増えていく、あるいは成親は流される途中で殺されたという話も飛び交っていた。そして実際に配流先で殺される（『愚管抄』）。とにかく、何が事実で何が虚説か、まったくわからない。院御所にいる人々は、もう顔色を失い、涙を流す者も現れる始末であった。後白河の近習らは、皆ことごとく妻子・資財を他所に逃れさせ、その身のみ院中で恭順の姿勢を示していた。一方、延暦寺大衆は、敵を討ってくれた清盛に使者を出して、その喜びを伝えた（『玉葉』）。

まず、『平家物語』の伝える多田行綱らの武力のみによる平家打倒計画があったとは考えにくい。ただ、行綱が謀議に加わり、それを清盛に密告したこと自体までは、否定する必要はないと思う。おそらく、行綱の密告内容、あるいは西光が拷問のすえに白状した内容は、清盛にとってかなり深刻なものであった。元木泰雄氏も述べるように、清盛を延暦寺との衝突に追い込み、両者の提携を破壊するとともに、平家の武力を損耗させ、清盛の名誉や政治的地位を失墜させせようとするものであった（元木泰雄「藤原成親と平氏」）。また、すでに述べたように、後白河は五月二十九日に近江・美濃・越前三か国から武士の交名つまりリスト注進を命じている（『玉葉』）。これらの武力は平家に向けられる可能性があった。

しかも、三か国のうちの越前は平重盛の知行国であり、重盛は成親の妹婿である。成親は平治の乱のとき信頼とともに武装して出撃し、重盛の嘆願によって助命された。平治の乱で武装蜂起に加わりつつも、事件の謀議などでは重要な役割を果たしておらず、事件に関して積極的な供述をしたことから、処刑や流罪をまぬがれたらしい（元木泰雄「藤原成親と平氏」）。成親は平家に対して挙兵する可能性が十分あるとみなされたのであろう。そうでなければ、れっきとした「権大納言」の殺害はありえない。

また、後白河が越前からの武士徴発を命じていることは、清盛の疑いの目は、嫡男重盛にも向けられた可能性がある。つまり、平家の分裂を画策しているのではないか。こうしたことが、清盛の危機感を増幅させた。近臣といってもよいほど後白河に親しい重盛が、成親との関係もあるがゆえに、父清盛に弓を引く事態も想定可能であった。

そこまで疑心暗鬼となった清盛が、この時点で後白河の幽閉や配流という手段に出なかったのは、かえって意外でさえある。高倉天皇は平家にとってもっとも重要な存在であった。その父後白河を処分することは、院政停止を意味する。院政という政治形態が定着していたこの時点では、それは困難であった。清盛といえども、そこまでは踏み込めなかったのであろう。こうして、鹿ヶ谷事件では、後白河の関与は確実でありながら、院近臣の処刑・処罰にとどまり、後白河院政自体の停止にまではいたらなかった。

2　安徳誕生と後白河幽閉

安徳の誕生

成親配流の数日後、重盛は左近衛大将を辞任し、翌治承二年（一一七八）二月八日内大臣の上表《じょうひょう》、つまり辞表を提出した。実際の内大臣辞任は翌治承三年のこととなるが、この時点で辞任の意志を示したのである。二月二十日には、弟の権大納言宗盛が大納言になり、すぐに内大臣に昇進するという噂が流れていた（『玉葉』）。人々の目に、後白河と成親に近い重盛の平家内での劣勢に対して、宗盛の隆盛は明白なものとなっていた。

治承二年五月二十四日、中宮大夫であった平時忠が、高倉天皇に中宮徳子の懐妊を伝えた。その後の様子を、詳細にたどった髙橋昌明氏の研究によると次のようになる（髙橋昌明『平清盛　福原の夢』）。

六月二日には、清盛が福原から上洛する。六月二十八日には、閑院内裏に重盛以下が出席して着帯の儀が行われ、宗盛が腹帯を進め、宗盛妻が乳母として参入した。安産の御祈、諸社寺への奉幣《ほうへい》および誦経《ずきょう》などが開始され、その大部分を清盛の妻時子が差配した。清盛と同じく祖父となるはずの後白河は、わずかに薬師法《やくしほう》一回の沙汰に止まったという。

七月二十八日、中宮徳子は重盛の六波羅泉殿《ろくはらいずみどの》に移り、そこを産所とすることになった。清盛も十年ぶりに六波羅を訪れた。従来、出家後の清盛は福原から上洛すると、ほとんどの場合、六波羅ではなく西八条邸《にしはちじょうてい》に入っていたのである。これ以後、徳子の出産関係行事の中心になるのは、重盛と頼盛であった。清盛の異母弟である頼盛は、八条院に近かった。十一月十三日、待望の皇子が誕生する。重盛や頼盛は、宗盛とあらそうかのように、皇子に奉仕した。乳母《めのと》になる予定であった宗盛妻が七月十六日に死去したため、平時忠の妻が幼子を養育した。

十二月九日、親王宣下がなされて、皇子の名が言仁《ときひと》と定められる。しかも、清盛の強い要請で、十五日には早くも立太子の儀が執り行われるのである。後白河は、皇太子の指導補佐役としての東宮傅《とうぐうふ》に重盛をあてたいという意向であったが、けっきょく重盛の推薦で左大臣の藤原経宗が就任することになった。経宗はかつて藤原惟方とともに二条親政派の中心人物であり、永暦元年（一一六〇）八条堀川の桟敷を打ちつけて後白河を幽閉しようとし、逆に後白河の命令で清盛の拷問をうけて配流された人物である。惟方と異なり、その後ゆるされて政界復帰をはたし、有職故実に通暁した上級貴族として、永万元年（一一六五）以来十年以上も議政官のトップの左大臣をしめてきた。今や貴族社会の重鎮という立場にあったのである。他に東宮大夫として宗盛、権大夫に清盛の女婿藤原兼雅《ふじわらのかねまさ》、亮《すけ》に重衡、権亮《ごんのすけ》に重盛長男の維盛《これもり》が就任し、平家が東宮坊の要職をかためている。だが、後白河の近臣は新しい皇太子の周辺に見ることはできなかった。

清盛のクーデター

治承三年（一一七九）二月二十八日、高倉天皇の第二皇子が生まれる。この皇子は承久の乱の後、子の後堀河《ごほりかわ》天皇が即位したため、自らは即位経験もないままに、後高倉《ごたかくら》法皇として異例の院政を行うことになる人物である。母は修理大夫坊門信隆《ぼうもんのぶたか》の女藤原殖子《しゅし》（七条院）であったが、その養育は重盛・宗盛の弟知盛《とももり》にまかされた。髙橋昌明氏は、言仁になにかあった場合の控えの皇子として確保されたのだと推定している。院が天皇の後宮《こうきゅう》を支配し、皇子誕生の過程に深く介入して、その後の皇位選定権も掌握するのが院政である。その権限は、ここにいたって平家に握られることになった。後白河院政はすでに有名無実の状態となっていた。

治承三年（一一七九）三月、病の重くなった重盛は内大臣を辞任した。鹿ヶ谷事件以降、後白河と父清盛の間の対立のはざまで、その政治的立場を悪化しつつあった重盛であったが、もはやその余命はいくばくもなかった。六月十七日には、重盛よりも先に、白川殿とよばれた清盛の女盛子が死去した。この女性は摂関家の故基実の妻であったが、仁安元年（一一六六）わずか十一歳で夫に先立たれ、けっきょく夫と同い年の二十四歳でこの世を去ることになった。そして重盛が死んだのは、盛子の死から約一ヶ月を過ぎた七月二十八日のことである。

平重盛

まず、盛子の死は新たな波紋をひきおこした。彼女は幼い基通の後見人として、摂関家領を管理していた。といっても、盛子自身が若かったから、実際には清盛が管理していたことになる。平家の経済基盤には、この摂関家領も含まれていた。二条天皇の死後の平家の高い政治的地位には、この事実上の摂関家領押領という経済的な背景もあったと考えられる。

盛子死去の日には、この摂関家領を高倉天皇に献上し、後院《ごいん》領《りょう》に編入するという噂が飛び交っていた。盛子は天皇の准母《じゅんぼ》という地位にあったことから、この噂は事実を伝えたものと考えられる（元木泰雄『平清盛の闘い――幻の中世国家』）。清盛は、後院領とすることで、実質的な摂関家領支配を継続しようとしたのである。

ところが、後白河は白川殿倉《しらかわどのくら》預《あずかり》、つまり故盛子領を管理する役に、前大舎人頭藤原兼盛《さきのおおとねりのかみふじわらのかねもり》という人物を任じた（『玉葉』）。兼盛は院近臣藤原能盛《よしもり》の弟でもあった。後白河は、この兼盛を通じて、清盛からの摂関家領没収をはかったと考えられる。はっきりと、清盛の前に、後白河が立ちはだかったのである。

また、重盛が長年知行してきた越前国を没収し、近臣藤原季能《すえよし》を国守に任じて、自分の院分国としてしまった。後白河に近かった重盛は、死を前にして後白河と清盛との対立のなかで政治的に埋没していたから、これは摂関家領問題と同様に平家一門の経済的権益への攻撃という意味が大きい。さらに、平家が庇護してきた基通を超越して、松殿基房の子師家《もろいえ》を権中納言に任じたことも、清盛を怒らせた。

清盛は十一月十四日、数千騎の武士を率いて福原から入京し、西八条邸に入った。後白河の挑発に清盛の堪忍袋の緒が切れた。いわゆる治承三年のクーデターの始まりである。翌十五日、関白松殿基房を罷免して、その子の権中納言師家も解官した。直前の除目で、師家は従兄弟の基通を超えて権中納言に就任していたが、清盛は今回、非参議であった基通をいっきに内大臣とし、基房にかわって関白に就任させた。この背景には「上皇と関白、平氏党類を滅ぼさしむべきの由、密謀」したという情報があったという（『百練抄』）。基房は十八日に大宰権帥となり、事実上鎮西《ちんぜい》に配流されることになる。

十六日になると、安元三年（一一七七）の延暦寺強訴の際に、後白河によって配流された明雲の天台座主復帰が決定される。そして、太政大臣藤原師長、権大納言源資賢ら三十九人の廷臣を解官し、師長や資賢などの有力者は京都から追放する。院近臣の大量解官によって、彼らが受領をつとめていた後白河の院分国も多くが没収され、それらに平家一門が任じられた。ここに「日本秋津島は纔《わずか》に六十六箇国、平家知行の国、卅余箇国、既に半国にこえたり」（『平家物語』）といわれる状況がうまれたのである。

また、注目すべきなのは、清盛の女婿権中納言兼雅が東宮大夫を解かれ、義弟（妻時子の弟）右中弁親宗《ちかむね》、時忠の子時家《ときいえ》など、一部の平家一門も解官されていることである。とくに、右衛門督を解かれた異母弟の頼盛については、清盛と戦うという噂が流れている（『玉葉』）。頼盛の母は、院近臣家出身の藤原宗子（池禅尼）であり、忠盛の正室であった。清盛の母に比して、はるかに身分が高かったため、清盛とは十四歳も差がある弟であったが、一門の中でしばしば清盛の家督をおびやかす立場にあった。もともと八条院に近い立場であったが、清盛と後白河の亀裂が深まると、後白河にも接近していたと考えられる。『愚管抄』には、これ以降「ナガク弓箭ノミチハステ候ヌル由」を清盛に申し入れ、屈服したとある。この頼盛しかり、故重盛しかり、平家一門と後白河との関係は、そうたやすく切り離せない関係にあったことを、ものがたっている。

最大の問題は後白河の処遇である。清盛入京の翌日、後白河は今後政務に介入しないことを清盛に申し入れ、亡き信西の子で清盛とも親しい法印静賢《ほういんじょうけん》を使者として弁明につとめた。後白河は、鹿ヶたのである。

鹿ヶ谷事件の経緯から、近臣への弾圧がいくら厳しくとも、自らの身に累が及ぶとは考えていなかったらしい。しかし、すでに高倉皇子で皇太子の言仁がいるから、言仁への譲位を急げば高倉院政というかたちをとれる。このことは重要であった。鹿ヶ谷事件のときとは違って、後白河はいなくてもよかったのである。

鳥羽殿幽閉

後白河は京都の南郊にある鳥羽殿に幽閉されることになった。鳥羽殿は武士によって堅く守られ、信西の子の藤原成範・脩範・静賢らと女房以外の出入りは止められた。もはや清盛は、鹿ヶ谷事件以後の経験から、後白河の自発的な政務不介入など信用しなかった。物理的に後白河と外部との関係を断ち、その政治介入を排除したのである。院政停止が武力を背景にしてなされたことは、画期的なことであった。

鳥羽殿は、白河天皇が譲位したときに造られた離宮であったが、その後王家の拠点として成長した。その地には、白河・鳥羽・近衛三代の天皇陵が営まれた。とくに鳥羽法皇は、その追号からわかるように、晩年はほとんど鳥羽殿ですごした。その鳥羽院の菩提を弔うために建立されたのが安楽寿院《あんらくじゅいん》であり、王家領荘園の多くが、この安楽寿院に寄進される形態をとった。そのため、鳥羽殿は全国に広がる王家領荘園を支配するための拠点の役割をはたしたのである。こうしたことから、私は鳥羽殿を王家の権門都市と呼んでいる。院御所の周辺に院近臣たちの宿所《しゅくしょ》とされる邸宅が並ぶなど、都市的な景観をもっていたからでもある。

ところが、これらの王家領荘園のほとんどは、鳥羽法皇の死後、美福門院が相続し、さらに鳥羽法

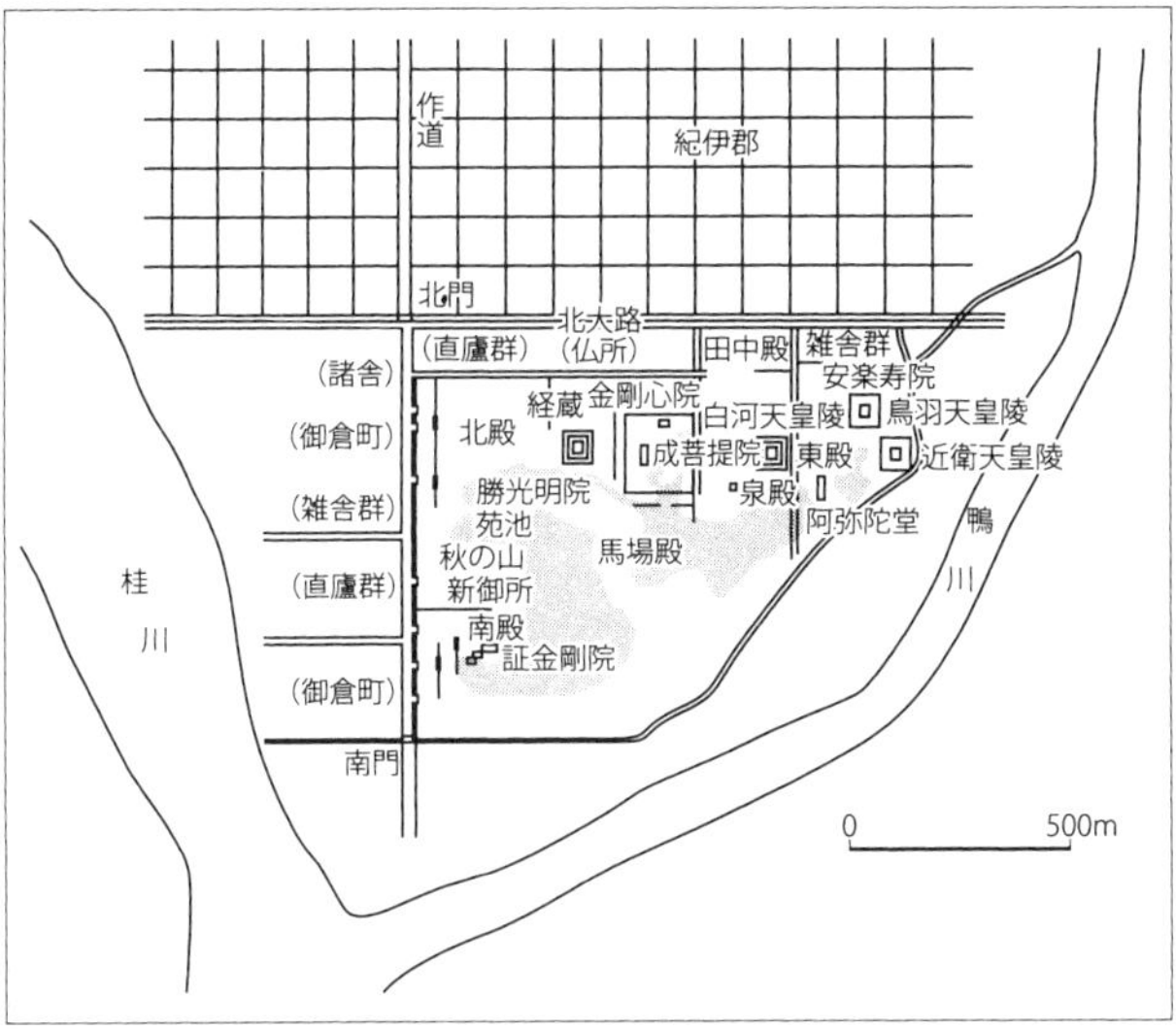

鳥羽殿図

皇と美福門院のあいだに生まれた八条院が継承した。後白河の母はその美福門院によって失脚させられた待賢門院であり、そうした事情から後白河はほとんど王家領を継承できなかったし、鳥羽殿との関係も希薄であった。後白河にとって鳥羽殿はほとんど利用したことがなく、おそらく居心地のよい場所ではなかっただろう。後白河がおもに利用していたのは、鴨川の東の一郭につくられた法住寺殿である。そこには最愛の配偶者であった建春門院の墓があり、後白河もその隣に眠る予定であった。

なぜ、清盛は後白河を鳥羽殿に幽閉したのであろうか。そもそも、平家は白河・鳥羽院政のもとで、有力な院近臣に成長した。とくに、鳥羽院と清盛の父の忠盛との関係は特別なものがあった。また、清盛自身が落胤説を流布させていた可能性もある。鳥羽院政期に、鳥羽殿の管理者である「鳥羽殿預《とばどのあずかり》」という役職についていたのは、王家領荘園立荘の中心的存在であった有力近臣藤原家成《ふじわらのいえなり》であった。そして、後白河院政期の永暦年間（一一六〇〜六一）には、家成の子の家明《いえあき》がその役職を継承していた。しかし、承安二年（一一七二）に家明が死去したあと、「鳥羽殿預」に誰がなっていたかがわかる史料はない。

これについて、大村拓生氏の推定は興味深い。鎌倉後期には、幕府と朝廷の窓口である関東申次《かんとうもうしつぎ》になっていた西園寺家《さいおんじけ》が、鳥羽殿と院御厩《いんみうまや》、さらに左馬寮《さまりょう》をまとめて管理していた。それ以前に、平家が院御厩と左馬寮を管理していたことも確認される。そこから、西園寺家の立場を平家のときまでさかのぼらせることができるのではないかというのである。つまり、家明のあと、平家一門の誰かが「鳥羽殿預」となったのではないか。後白河が鳥羽殿に幽閉された理由は、平家がそこを管理していたからではないかというのである（大村拓生「中世前期の鳥羽と淀」）。

3　平氏政権と以仁王挙兵

安徳の即位

後白河を鳥羽殿に幽閉した清盛は、その日の午後には京都をあとにした。福原山荘にもどったのである。清盛は後白河院政を停止させたが、ただちに平家による軍事独裁政権を樹立しようとしたわけではない。そもそも、当時の京都周辺に、軍事独裁を必要とするような、軍事的緊張があったわけではないからである。清盛は後白河の政治的排除という目的を達すると、ふたたび政治とは距離をおいて福原での生活をとりもどそうとした。政務は高倉天皇と摂政近衛基通にまかせ、軍事警察権は自らの後継者となった平宗盛に行わせる体制をとった（元木泰雄『平清盛の闘い』）。もちろん、軍事クーデターによる院政停止という前代未聞の大胆な行動の背景には、清盛「落胤説」の定着があった。ここに、後白河院政を停止させることによって、平氏政権が成立する。

あくる治承四年（一一八〇）二月、清盛は女徳子が生んだ安徳天皇（言仁）を即位させ、天皇の外祖父となった。この清盛の外戚政策については、昔からきわめて評判が悪い。武士なのに、藤原氏のように外戚となるとは、なんと貴族的な一族であろうかと。鎌倉幕府と異なるこうした平家の貴族的、あるいは古代的な、時代遅れの政策が、その早い滅亡を招いたとするのである。だが、鎌倉幕府を開いた源頼朝は、のちに女の大姫を後鳥羽天皇に入内させて外戚になろうとさまざまに画策した。清盛と違うのは、その企てが失敗したことなのである。外戚になることに失敗した頼朝が新しく、それに成功した清盛が古いなどとどうして言えるのか。院政期になると、摂関期にくらべて、外戚の重要性は低くなっていた。それでも、外戚でないよりは、外戚である方が、政治的に有利であるに決まっている。外戚政策だから時代遅れとか、古代的とか、貴族的とかいう議論は、ものごとの一面しか見ていないことになる。

安徳が即位すると、高倉上皇による形式的な院政が発足する。高倉院政の開始によって、清盛は高倉の父である後白河による院政は復活しないという宣言をしたことになる。軍事権門として確立していた平家が、国政を動かす方法として選んだのは、すでに定着している院政という政治形態を利用して、それを外からあやつることであった。天皇のもとに編成されている朝廷を外からあやつるのが院政であるが、清盛はそれを既存の体制として認めて、それをさらに外側からあやつる体制を構築しようとしたのである。実はこのやりかたは、文治元年（一一八五）廟堂粛清《びょうどうしゅくせい》の後、源頼朝が後白河院政を議奏公卿制《ぎそうくぎょうせい》によって制約しようとした方法につながる。さらにいえば、承久の乱後の幕府による院政のコントロールにも継承されたと考えられる。その意味で、けっして歴史的に古くさいとはいえないのである。

以仁王の挙兵

だが、ここで真っ向うから清盛に武力で対抗しようとする人物が登場する。後白河の皇子で、高倉上皇の異母兄、以仁王《もちひとおう》である。以仁王は、高倉上皇よりも十歳年上でありながら、高倉―安徳王統と平家の力によって、親王宣下さえ受けられなかった。鳥羽法皇と美福門院の間に生まれた皇女八条院の養子となっていたのだから、むしろ王家の本流ともなりうる立場にあった。二条天皇の死後、即位する可能性もあったのである。それが、後白河と清盛の提携によって、はからずも弟の高倉に皇位が回ってしまう。高倉の母が清盛の妻時子の妹建春門院であったため、父後白河にさえ疎んじられたのである。

以仁王の立場は、清盛によるクーデターの後、さらに悪化した。新たな高倉―安徳王統を支えていこうという清盛にとって、以仁王は目障りな存在であった。父後白河が幽閉されると、以仁王の所領は没収されてしまった。四月九日に発せられた有名な以仁王令旨には、挙兵の理由としてはっきりと清盛・宗盛による後白河の幽閉が掲げられている。自分の不遇に対する憤懣よりも、後白河院政停止を挙兵の理由としているのである。

以仁王を経済的に支えていたのは、養母八条院である。八条院は鳥羽法皇と美福門院との間に生まれた皇女として、王家領荘園の大半を相続した最大の荘園領主であった。だが、その富裕にもかかわらず、直系の血縁者を相続人として持つことはできなかった。そこで、後継者と目していたのが、才能に恵まれた以仁王ということになる。王家の主流を自負する八条院にとって、高倉―安徳の王統こそ平家の武力と結んで王権を簒奪《さんだつ》した相手なのである。

以仁王の挙兵には、この八条院と関係のある武士が多く加わっていた。美福門院から八条院に仕えてきた源頼政の一族や八条院蔵人の源《みなもとの》行家《ゆきいえ》（義朝の末弟）、源《みなもとの》仲家《なかいえ》（木曽義仲の兄）たちである。また、源《みなもとの》義清《よしきよ》（源義康の子）、下河辺《しもこうべ》行平《ゆきひら》（藤原《ふじわらの》秀郷《ひでさと》の末裔《まつえい》）らも、八条院領荘園の武士たちであった。平家は当初、これらの武士の動向、および背後に八条院がいることを察知していなかったらしい。

五月二十一日、以仁王に味方した園城寺を攻撃するために、宗盛、頼盛以下の武士が編成されたが、そのなかに頼政が含まれている。頼政が子息とともに以仁王方についたことが判明するのは、翌日のことであった（『玉葉』）。頼政は、保元・平治の乱でほとんどの源氏が没落するなかで、その立場を守り、治承二年（一一七八）には三位となっていた。この時点では出家していたが、かつて公卿の座まで獲得していた七十七歳の頼政自身には、平家への反感はなかったと考えられる。遅れて挙兵に加わった背景には、以仁王と八条院の強い働きかけがあったことは間違いないだろう（上横手雅敬『平家物語の虚構と真実』上)。

さらに、これらの武士たち以上に以仁王があてにしたのが、権門寺院の勢力である。まず、園城寺は後白河の出家以来、後白河ととくに深いつながりがあったから、平家には強い反感をいだいていた。興福寺の場合には、承安三年（一一七三）の激しい強訴に対し、東大寺・興福寺以下南都十五大寺ならびに諸国末寺の荘園をすべて没収され、仏聖油料と恒例寺用徴収を国司の権限とする弾圧を後白河からうけていた。おのずから園城寺とは立場を異にしていたのである。しかし、藤原基実死後の平家による摂関家領押領、クーデターでの氏長者松殿基房の前例のない配流など、平家への反発を強めていた。

権門寺院の脅威

ところが一方、延暦寺の場合には、嘉応元年（一一六九）や安元三年（一一七七）の強訴で、後白河が平家に攻撃を命じたのに対し、平家はむしろ融和的で、なかなか動こうとはしなかった。延暦寺は安元の強訴で、配流される途中の天台座主明雲を奪回するなど、後白河と厳しく対立してきたのである。その背景には、園城寺を重んじる後白河への反感があった。このように、権門寺院は院政期においてそれぞれ利害を異にしており、一体として後白河とつながるとか、平家に反発するとかいう状況ではなかった。

ここで決定的な意味をもったのが、平家の宗教政策であった。高倉は譲位すると、平家の意向にもとづいて、最初の神社参詣に、厳島神社を選んだ。従来の上皇は、石清水八幡宮、春日・賀茂・日吉社といった京都周辺の神社に最初に参詣してきた。厳島神社への初度参詣など思いもかけぬことである。「平家納経」奉納にみられるように、平家と厳島との関係は深い。そもそも安芸国一宮であったこの地方神社は、鳥羽院政末期に清盛が安芸守になって以来、平家の深い信仰の対象となった。このような神社への上皇初度参詣は、従来の初度参詣神社と深いつながりをもち、ながく京都の宗教秩序をになってきた延暦寺、園城寺、興福寺といった権門寺院にとっても大問題であった。その既得権を根底から脅かしかねない危機と認識されたのである。自立性の強い院政期の寺社勢力も、院政の形態をとった朝廷との結びつきによって、その存立が保証されている面が強かった。「仏法王法相依」の中世的秩序とよばれている体制が、根底から揺るがされる可能性が出てきた。

厳島神社

こうした状況下、まず従来から平家と仲が悪かった園城寺と興福寺が、以仁王に味方する。そして、親平家とみられてきた延暦寺内にも、反平家の動きが顕著になってくる。多くの悪僧を擁し、強力な武力を誇る権門寺院間の連携が実現するという前代未聞の事態が生まれつつあった。従来の権門寺院勢力の武力は、おもに相互の紛争に使われ、政権打倒に用いられることはなかった。今回は、一致して、平家打倒に動く可能性が生まれたのである。以仁王がこの動きを利用しようとしたことは、必ずしも無謀なこととはいえない。現実的な勝算もあったと考えるべきであろう。

問題は、機が熟していなかったことである。というよりも、以仁王の計画が早い段階で平家に察知され、十分な準備のないままに挙兵に追い込まれたということであろう。以仁王らと権門寺院との連携、権門寺院間の連携、ともにきわめて不十分であった。挙兵計画が発覚した五月十五日、以仁王が園城寺に逃れて、一時膠着状態となったが、園城寺内の親平家派悪僧による妨害がおこった。延暦寺も最終的に平家方に立ったことなどから、園城寺は安住の場所となりえなかった。二十五日夜半、以仁王は頼政とともに園城寺を脱出して興福寺に向かう。しかし、奈良をめざした一行が、途中の宇治で、平家家人の軍勢に追いつかれ全滅するのが、その翌日のことである（『玉葉』）。

高倉上皇の厳島御幸に反対する延暦寺蜂起の動きのなか、すでに御幸出発予定の三月十七日には園城寺、興福寺および延暦寺の衆徒らが高倉上皇と鳥羽殿幽閉中の後白河の身柄を奪おうとする企てがあると朝廷に報告された。また、翌日には後白河を五条大宮の為行《ためゆき》の家に移し、武士等による警固を強化するという情報も伝えられた。後白河と高倉を一ヵ所で守護するか、高倉の御幸のついでに後白河を遠方に流してしまうか、どちらかを平家が意図しているという噂も飛んでいた。実際、夜半には後白河は六条壬生あたりまで連れて来られたが、宗盛の使者によって急遽鳥羽殿に還御させられた（『玉葉』）。そして、以仁王挙兵発覚の直前、五月十四日、三百騎の武士に警固された後白河は再び入京し、内蔵頭《くらのかみ》藤原《ふじわらの》季能《すえよし》の家に入った。後白河の身柄を権門寺院に奪われないように、鳥羽殿から京中に移したのである。

戦い自体は比較的簡単に決着がついたが、平家に与えた衝撃は大きかった。権門寺院と深い関わりをもち、それらに囲まれた京都が、もはや平家にとって良い場所ではないことがはっきりしたのである。以仁王とそれに味方する武士たちが滅亡すると、京都と深く結びついてきた権門寺院との決別を期して、清盛は福原への遷都を決行する。政務は高倉と関白近衛基通にまかせ、軍事警察権は自らの後継者に確定した平宗盛に担《にな》わせるクーデター以降の体制は放棄されることになった。クーデター以後に成立した平氏政権は、遷都によってあらたな段階を迎える。

4　福原遷都

清盛軍事独裁体制

後白河幽閉などの清盛の軍事クーデターによって成立した平氏政権であったが、清盛はまもなく福原にもどり、京都の高倉と平宗盛に政治を任せていた。そして、必要があれば清盛が福原から指示を発し、緊急事には上洛するというかたちであった。福原遷都はこのやりかたを一変させる。後白河法皇、高倉上皇、安徳天皇、そして宗盛らを、すべて自分の福原山荘周辺に集住させることになった。しかも、土地が狭いのを理由に、最小限の貴族を呼ぶという前例のない政治であった。福原遷都とは、京都周辺の権門寺社の影響を逃れ、清盛がすべてをしきるものであった。クーデターからこれまでが平氏政権ならば、これは清盛軍事独裁政権とでもいうべき体制である。

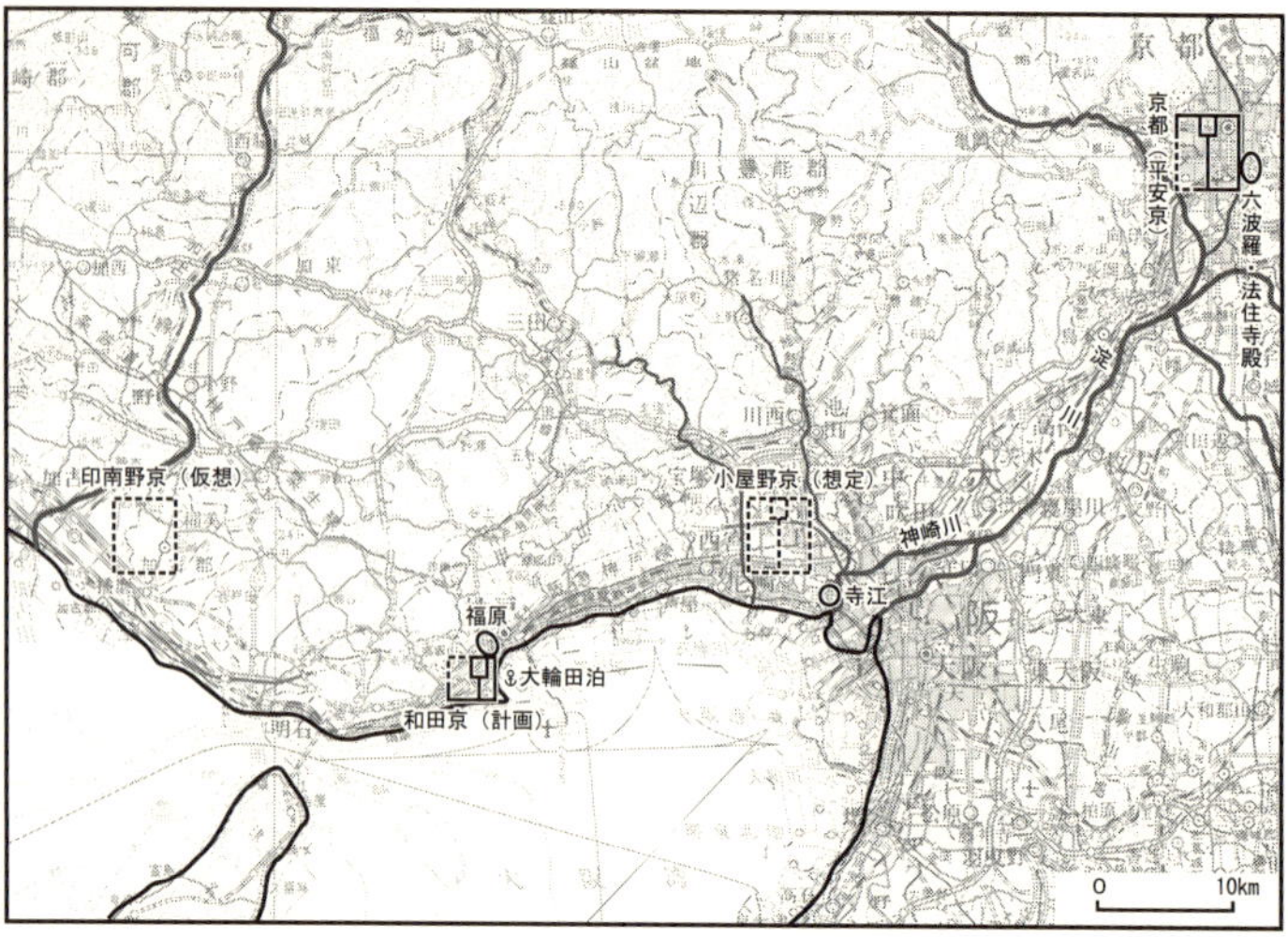

福原遷都図（作図・提供　山田邦和）

遷都は六月二日にあわただしく行われる。先頭は清盛、それに続いて女車、女房の輿、そして安徳天皇が続く。内侍所、つまり神鏡もともなっていたことは、行幸がけっして一時的なものではないことを示している。そのあとに、高倉上皇、後白河法皇が続いた。後白河は自由になったわけではない。行列は数千騎の武士によって、堅固に護衛されていた。福原は背後は急峻な山、前は海、東は生田の森、西は一の谷で有名な須磨あたりで狭まり、難攻不落の地形となっていた。のちに幕府がおかれる鎌倉に似て、軍事政権には恰好の場所と考えられた。

突然の遷都であったため、福原の宿所は十分な準備ができていなかった。頼盛の邸宅が安徳天皇の内裏にあてられ、清盛の山荘が高倉上皇の御所、教盛邸が後白河の幽閉先となった。随行の人々の中には、宿所にあてる邸宅もなく、路上に座すものも多かったという。こうして、政権中枢が移動した後、新都造営計画が論議されるのである。

最初の案は、福原に隣接する和田京《わだきょう》の計画であった。しかし、和田京は平安京と同規模の宮都をおくには土地が狭すぎたばかりではなく、海に近く高潮、あるいは津波の影響をまぬがれることはできないと判断された。次に浮上したのが小屋野京《こやのきょう》、つまり現在の伊丹市昆陽付近で、福原と京都の中間地帯にある。ここは、和田に比して、はるかに広大で、しかも海からは離れているから高潮がおよぶ恐れはないし、その上で水陸交通の要衝でもある。しかし、この案は現実的であったにもかかわらず、ほとんど具体化せず終わる。そして、印南野京《いなみのきょう》、現在の兵庫県加古郡稲美町、加古川市あたりへの遷都案が突然俎上にのぼるのである。ここは、須磨よりさらに西に位置するが、仁安二年（一一六七）に清盛が朝廷から下賜された大功田《だいこうでん》百町のなかに見られる播磨国印南野にあたるから、十年以上前からの清盛の所領なのである。しかし、これも具体化することはなかった（山田邦和『日本中世の首都と王権都市――京都・嵯峨・福原』）。

遷都反対論の広がり

けっきょく、古代宮都の条坊制にとらわれず、清盛自身の山荘を中心になし崩し的に事実上の遷都を完了することになった。考えてみれば、院政期、平安京が遷都当時の姿にとどまっていたわけではない。平安京の南方には鳥羽殿、二条大路が東に鴨川を越えたあたりに六勝寺などの御願寺群と院御所、七条大路の東にも後白河がつくった法住寺殿、蓮華王院などといった新たな都市域が広がっていた。院政期の都市建設は、条坊制の再生という方向には向かわなかったのである。和田京、小屋野京、印南野京といった、条坊制による新都計画が、早々に放棄されたのは、当時の都市の現実を踏まえたものであった。

清盛は、治承元年（一一七七）の太郎焼亡で中心部が丸焼けになり、すっかり荒廃してしまった京都を棄て、新しい都を「高倉・安徳新王朝樹立」の象徴に飾り立てようとしたのである。ところが、八月四日には高倉上皇の夢の中に生母建春門院があらわれて、墓所のある京都を離れたことに激怒したという話が記されている（『玉葉』）。高倉上皇は福原遷都に反対であり、その意志を夢想というかたちで表明したのである。また、京都に戻ろうという、いわゆる還都論が、平家と親密であった院執事《いんしつじ》別当《べっとう》藤原隆季や中宮徳子、平時忠あたりからも上がってきた。還都論が上皇の周辺のみならず、平家一門からも立ち上ってきたことは重要であろう。だが、清盛はこれらに動ずる様子をみせず、断固としてそれらをはねつけた。このことは、高倉院政が清盛の傀儡《かいらい》であり、平家一門に対しても清盛が独裁者となりつつある状況をよく示している。

一方、遷都への権門寺社の反発は織り込み済みであった。朝廷と結びついて天皇と平安京を守ってきた大寺社は、遷都はその既得権を根底からおびやかす大問題であった。遷都に反発することは最初から清盛にはよくわかっていたことで、いまさらじたばたするようなことではない。このあたりの清盛の腰のすわり方は、生半可なものではない。四〇〇年の平安京を捨てる清盛の大決心は、まわりの反発などで動揺するものではなかった。ところが、清盛にとって大誤算がおこっていた。それは、前年のクーデターによる後白河院政停止自体が生みだした矛盾の爆発であった。

源頼朝の挙兵

八月十七日夜、源頼朝が伊豆目代山木《やまぎ》兼隆《かねたか》を攻撃した。この挙兵に参加したのは、頼朝縁者の他に、旧来の伊豆国在庁官人が含まれていた。以前伊豆国知行国主は源頼政であったが、以仁王と運命をともにしたため、平時忠に代わっていた。それによって、頼政家人であった目代も更迭され、たまたま伊豆に流されていた兼隆が、父平信兼《たいらののぶかね》の訴えで、急遽目代に起用されていた。そのため、旧来の在庁官人たちが一掃され、伊豆国の支配秩序が大きく改変されていた。そのため、排除され抑圧された旧来の在庁官人らが、自分たちの利害のため頼朝の傘下に加わったのである。

実は、以仁王の挙兵より以前の後白河幽閉を機に、同様の事態が坂東で進行していた。相模では、国守が後白河の近臣平業房《たいらのなりふさ》から、信西の孫藤原範能《ふじわらののりよし》に変わっており、知行国主も後白河から親平家派の公卿に交代したと考えられる。それによって、従来の在庁官人三浦・中村一族が排除・抑圧され、清盛の側近大庭《おおば》景親《かげちか》が台頭した。

上総でも、受領が院近臣藤原為保《ふじわらのためやす》から、平家の有力家人伊藤《いとう》忠清《ただきよ》に代わっており、知行国主も後白河から平家一門になっていた。後白河と提携していた有力在庁官人上総介広常《かずさのすけひろつね》は、忠清に抑圧されていたのである。しかも、この忠清は坂東八ヵ国の侍奉行に任じられ、平家家人の組織化につとめていた。下総でも、千葉介常胤《ちばのすけつねたね》以下の千葉一門に対し、平家と結んだ藤原親政《ふじわらのちかまさ》一族が台頭し、双方の対立が激しくなっていた（元木泰雄『平清盛の闘い――幻の中世国家』）。

こうした武士団相互の矛盾の激化が、坂東以外の地でも広がっていた。平家が知行国を奪い、そこでの有力な平家家人が在地に大きな軋轢《あつれき》を生みだしていったのである。以仁王の発した令旨、それを各地に伝えたといわれる源行家の動き（『吾妻鏡』）、あるいは文覚《もんがく》が後白河の密命をうけたという逸話も伝わっている（『平家物語』）。真相はわからないが、後白河の密命の存在が事実だとしても、それは単なる内乱のきっかけにすぎない。平家主導の支配秩序による圧迫を受けていた武士団が、以仁王令旨、あるいは後白河の密命を利用して、かつての権益の回復に立ち上がったのである。

伊豆での頼朝の挙兵が八月十七日、信濃国での木曽義仲のそれが九月七日、甲斐源氏《かいげんじ》の武田信義《たけだのぶよし》挙兵が九月十日と、一ヶ月もたたない間に、少なくとも三ヵ所で火の手があがった。すでにこの一連の挙兵の前から、福原において、京都へ戻ろうとする動き、つまり還都論は広まり始めていた。その先鞭をつけたのが、前に述べた平家の傀儡のはずの高倉上皇の夢想であったわけである。また同じような夢を中宮徳子や院執事別当である親平家派の中心公卿藤原隆季も見たのだという（『玉葉』）。

よく知られているように、頼朝は最初の山木兼隆を討つことには成功したが、その直後の石橋山合戦で大庭景親らの平家方に敗れた。命からがら海路房総半島に逃れた頼朝のもとに、千葉介常胤や上総介広常らの大武士団が合流し、にわかに数万の大軍と化した。『玉葉』によると、九月八日頃までにこれらの情報が、福原に伝えられていたらしい。二十二日条によると、東国の挙兵が数万におよび、七、八ヵ国が制圧されたという伝聞が記されているが、おそらくこの時点で頼朝の動向のみならず、義仲や甲斐源氏の挙兵も福原に伝わってきていたのであろう。

そうした緊迫した状況下、八月下旬になって、清盛は内裏造営、八省院《はっしょういん》建設など、福原への全面的な遷都の方針を打ち出していた。また九月になると、特別な公事でもない限り、福原にいる公卿の還京を許さないなど、清盛の遷都方針は強硬となっていった（『玉葉』）。

一方、東国への追討使が九月二十一日に福原を出発、以前に遷都候補地にもなった小屋野に一泊、二十三日に京都に入った。ところがここからがのんびりしたもので、追討使が出発するのが六日後の二十九日になるのである（『玉葉』）。その原因として、大庭景親から送られた石橋山合戦の勝報が念頭にあり、東国情勢の急激な悪化を十分に認識していなかった可能性もあるが、元木氏は、むしろ平家の独特な軍制に注目する。すなわち、追討使が率いる寄せ集めの官軍が乗り込む前に、精強な平家家人の前衛部隊に一定の成果をあげさせて、官軍の士気を高めようとしたというのである（元木泰雄『平清盛の闘い――幻の中世国家』）。

その追討使が、駿河国高橋宿に到着したのが十月十六日であった。ところが、その二日前の十四日、駿河の目代橘遠茂《たちばなとおしげ》、長田《おさだ》入道《にゅうどう》らの平家家人前衛部隊二～三千騎が、甲斐との国境に近い鉢田《はちた》で、武田信義・忠頼《ただより》、安田義定《やすだよしさだ》らの甲斐源氏に大敗していた。ちなみに橘遠茂は平宗盛の知行国駿河の目代であった。その頃、相模国でも波多野義常《はたのよしつね》や大庭景親が敗北をし、義常は自殺、景親は没落してしまっていた。こうして平家方のもくろみは大きくはずれ、士気の上がらない官軍は、戦う前に恐怖のどん底におちいっていたのである。こうして、平維盛らの追討使率いる官軍が多数の水鳥の羽音に驚いて潰走《かいそう》するという、みじめな富士川合戦の敗北につながる。

正式に使者がその詳細な戦況を福原に伝えたのは十一月一日になってからであるが、すでに官軍敗北の風聞は遅くとも十月二十八日に届いていた（『山槐記』）。十一月五日「追討使を承るの日、命を君に奉《たてまつ》りおわんぬ。たとひ骸《むくろ》を敵軍に曝《さら》すといえども、あに恥となさんや。いまだ追討使を承るの勇士、いたづらに帰路に赴くことを聞かず。もし京洛に入りても、誰人眼を合わすべけんや。不覚の恥を家にのこし、尾籠《びろう》の名を世に留むるか。早く路より跡を暗《くら》ますべきなり。京に入るべからず」と清盛は怒りを爆発させ、子の宗盛が還都を主張して、父と口論に及んだ（『玉葉』）。いままで清盛の還都強硬論の前にくすぶっていた平家一門の還都論が、富士川合戦の敗北を機に一気に噴出してきたのである。実際に、東国での戦線は崩壊しつつあり、一刻の猶予も許されなかった。

還都の決定

これ以後の清盛の最大の目的は、内乱の鎮圧となる。そのためには、まずは東国に近い京都にもどる必要が生まれる。九条兼実は十一月八日、還都のことが比叡山に伝えられたこと、十日には福原に送った使者がもどってきて還都の議論がおきていることを聞いた。そして、十三日に還都の決定の報を耳にするのである（『玉葉』）。

安徳天皇は二十四日に福原を出発した。左大将藤原実定《ふじわらのさねさだ》と検非違使別当時忠などが供奉し、前右大将宗盛が数千の兵を率いていた（『吉記』）。一門の知盛も従っていた。すでに反乱は近江にもおよび、二十三日には園城寺と連携して京都に乱入する動きさえ示していた（『玉葉』）。六月の往路と同じような大軍に警備された行幸とはいっても、内乱のなかでの緊張感は以前の比ではなく、すでに天皇を先頭とする官軍出兵の様相を呈していたのである。高倉上皇には権大納言藤原隆季らの近臣が供奉していたが、後白河には重盛の次男資盛《すけもり》が一人従うのみであった。一行は寺江《てらえ》にあった藤原邦綱《ふじわらのくにつな》の別邸で一泊し、翌日淀川をさかのぼったが、風雨が激しいため木津殿でさらに一泊し、二十六日に京都に着した。

十二月一日に、伊賀国鞆田荘《ともだのしょう》の武士平田入道家次《ひらたにゅうどういえつぐ》が近江に攻め込んだ。この平田入道は忠盛の股肱《ここう》の臣平家貞《たいらのいえさだ》の子で、弟貞能《さだよし》は平家一門の侍大将の立場にあった。まさに、平氏軍制の中心に位置づけられる武士である。最初に私郎従が先制攻撃して相手を撃破し、その後に追討使本隊が押し寄せるというのが、一般的な平家の戦い方であった。今回は、その私の郎従がうまく勝利をおさめた。

翌二日に、清盛の子知盛が大将軍となり、平信兼・盛澄《もりずみ》らを率いて近江に進撃した。さらに、小松殿一門の代表格である資盛《すけもり》が大将軍となり、平貞能を伴って伊賀から、伊勢守藤原清綱《ふじわらのきよつな》が伊賀から近江に攻め込んだ。私の郎従の平田入道投入の成功によって、追討使本隊が順調に近江奪回をはたすのである。

還都直前の十一月二十二日、高倉上皇の院御所での公卿会議において、近江国の日吉・延暦寺領荘園に対し、天台座主明雲を通じて賊徒の防御、討伐命令が発せられた。相手は還都論の急先鋒であった延暦寺であったから、この命令と引き換えに還都に至った側面がある。

こうした中で、十二月十日、公卿・受領・荘園領主に対し、内裏警固のために兵士を進上せよという命令が下り、諸国に「兵乱米」の徴収が課されることになった。富士川合戦までの追討行動は、平家が独占的に担当するものであり、同時に平家のみに義務づけられた任務であった。しかし、事態はこれらの事実からすでに大きく変化を遂げた。「およそ近日行はるるのこと、一つとして国家を亡ぼさざるのことなし」と貴族の批判は激しさを増した。藤原定家《ふじわらのさだいえ》は、史大夫《しだいふ》盛資《もりすけ》の従者を雇い、甲冑を着せたうえで駄馬に乗せて送り出したという（『明月記』）。もはや平氏は単独で内乱に対処できなくなり、荘園領主層を内乱鎮圧にむけて組織し、兵士や兵粮を徴収することになった。そのために、荘園領主層の多くが集住する京都にもどる。内乱の鎮圧のため、清盛は以前よりはるかに強硬な姿勢に転じた。福原遷都の失敗によって、清盛が政権運営の意欲を失ったことはまったくない（元木泰雄『平清盛の闘い――幻の中世国家』）。

5 南都焼き討ちと清盛の死

幽閉解除と園城寺攻撃

還都後、間もない十一月三十日、高倉上皇の院御所殿上で「関東乱逆」についての公卿会議が開かれた。その場で、左大弁藤原長方《ふじわらのながかた》が再三「法皇政を執り給ふべし。松殿召し帰さるべし」と後白河院政の復活と松殿基房の帰京を主張した。つまり、治承三年クーデター以前の状態への復帰である。これを聞いた九条兼実は「長方、なお公人なり。時勢に諂《へつら》わず、直言を吐く。感じて余りあり、誠にこれ諫諍《かんそう》の臣なり」と絶賛している（『玉葉』）。

十二月四日、中山忠親《なかやまただちか》のところに、平時忠が書状を送ってきた。そこには、「法皇・上皇一所におはしますべし。松殿、備前より、帰らしめ給ふべし」（『山槐記』）と記されていた。公卿会議での雰囲気を察した清盛が、後白河の復帰と松殿基房の帰京を認めたのである。八日、後白河は六波羅泉殿から高倉上皇の池殿に入り、同宿することになった。大宰大弐藤原親信《ふじわらのちかのぶ》、参議藤原定能《ふじわらのさだよし》、前少将藤《ふじ》原資時《わらのすけとき》らの出入りが許され、故信西の息子である権中納言藤原成範が院庁執事に就任した（『山槐記』）。院庁も再開され、これが治承三年のクーデター以来続いてきた後白河の幽閉が解除された瞬間である。さらに基房も十六日に帰京した。

後白河幽閉解除のあと、清盛は十二月十一日に園城寺攻撃に踏み切る。園城寺が反平氏の近江源氏と連携し、京都を脅かしていたからである。平清房《たいらのきよふさ》が率いる平家軍は、堂舎・房舎をことごとく焼き払い、わずかに残ったのは金堂だけであった（『百練抄』）。五月の以仁王と頼政の挙兵で、反平家の立場を鮮明にしていた園城寺の勢力を、ここで一気に粉砕したのである。

後白河にとって、園城寺は与党的な権門寺院である。後白河は幽閉を解かれたといっても、その手足をもぎとられたも同然の状態に貶《おとし》められた。園城寺攻撃の第一義的な目的は、近江以東の反平家勢力との分断であるが、隠れた目的としては、後白河に対する清盛の政治的な圧力を見てよいだろう。そこには幽閉を解除し形式的な院庁再開は認めるが、実質的な後白河院政の復活は許さないという清盛の強い意志が含まれていたのである。

園城寺攻撃が後白河の政治的基盤に打撃を与えるという目的があったのと同様に、次の南都攻撃には、やはり帰京を許された松殿基房の政治的影響力を奪うという意図があった。治承三年のクーデターによる基房配流にもっとも批判的だったのが、興福寺だったからである。しかも、以仁王と頼政の挙兵に園城寺とともに興福寺が関与していたことは、明白であった。園城寺と興福寺という二つの権門寺院が、もっとも近いところにいる敵であることは間違いなかったのである。かつての権門寺院の強訴は政権打倒という目的を有していなかったが、平氏政権以降の権門寺院は政権打倒勢力となっていた。状況はまったく変わったのである。

南都攻撃

十二月二十五日、平重衡《たいらのしげひら》を大将軍とする追討軍が、京都をたって南都に向かった。二十八日、奈良坂と般若寺《はんにゃじ》の防御線はもろくも突破され、追討軍は南都に侵入した。興福寺と東大寺は、この戦いで堂塔の大半が焼失する壊滅的な被害をうける。すなわち、興福寺では、金堂、講堂、南円堂、食堂《じきどう》、東金堂、西金堂北円堂、東円堂、観自在院《かんじざいいん》、西院、一乗院、大乗院、中院、松陽院、北院、東北院、発志院、観禅院、五大院、北戒壇、唐院、松院、伝法院、真院、円成院、皇嘉門院御塔、惣宮、一言主社、滝蔵社、住吉社、鐘楼、経蔵、宝蔵十宇、大湯屋、三面僧房、四面廻廊、大小諸門、築垣、諸房、諸院など、堂舎三十八ヵ所が焼失し、残ったのは小房二宇とも五宇とも伝えられる(『玉葉』)。

東大寺でも、大仏殿、講堂、食堂、四面廻廊、三面僧房、戒壇、尊勝院、安楽院、真言院、薬師堂、東南院、八幡社、気比社、気多社が焼けた(『玉葉』)。ここでも残ったのは法華堂(三月堂)、正倉院などわずかの堂舎にすぎなかった。とくに奈良時代の聖武天皇創建以来、日本の鎮護国家仏教の中心的存在であった盧舎那大仏は、頭部が地面に落下、その身体は小山の如く溶解するという無惨な姿をさらしていた。王法仏法が車の両輪のごとく支えていると考えられていた日本国土は「滅亡疑いなし」(『延慶本平家物語』)あるいは「仏法王法滅尽《めつじん》しおわんぬるか」(『玉葉』)という衝撃を貴族たちに与えた。

流布本系の『平家物語』には、夜の合戦となったため明かりが必要となり、重衡の命令で福井庄《ふくいのしょう》司俊方《じとしかた》が在家に火を放ったところ、折からの強風に煽《あお》られて燃え広がり、それが堂舎焼亡につながったとある。そのため、一般的には意図的な放火ではなかったとされている。しかし『延慶本平家物語』では、法華寺の鳥居前で重衡が南都焼き討ちを命じ、福井庄司俊方は楯を松明《たいまつ》にして、防御線の城郭、および敵の籠もる寺中の堂舎、坊中に放火してまわったと述べる。つまり組織的な焦土作戦ということになる。九条兼実はすでに二十二日の時点で、二十五日に官軍が南都に派遣され、悪徒を逮捕し、房舎を焼き払うであろうという噂を耳にしている（『玉葉』）。園城寺と同じような組織的な放火であった可能性が高いのである（元木泰雄『平清盛の闘い――幻の中世国家』）。

ちなみに、壇の浦合戦のあとに平重衡が木津川河畔で処刑され、その首が興福寺衆徒に引き渡されて般若寺鳥居前にさらされた（『平家物語』）。『延慶本平家物語』では、首は南都放火を命じた法華寺《ほっけじ》の鳥居前で鉾で貫いて、人々の目にさらされたあと、さらに般若寺の大卒塔婆《だいそとうば》に釘で打ち付けられたという。そして、七日のちに、東大寺再建の中心人物となっていく重源によって、高野山にその首が送られた。

焼き討ちのあとも、興福寺と東大寺への弾圧は続いた。年明けの治承五年正月、清盛は興福寺・東大寺僧の公請停止《くしょうちょうじ》、つまり国家的仏事への招聘を禁じた。これによって、両寺僧の昇進がほぼ不可能となった。また、それらの僧侶の役職も停止して、その荘園も没収された。前年の福原遷都は、興福寺と平家との衝突を避けるという目的があったが、内乱勃発とそのなかでの還都という状況下で、寺社権門に対する清盛の姿勢ははるかに強硬となっていた。反抗する者は、もはや誰も容赦はしない。興福寺と東大寺は軍事・政治・経済の各側面から徹底的につぶされた。これが争乱に直面したときの軍事権力の恐ろしさであり、その暴力性に寺僧のみならず、貴族たちも衝撃を受けたことは間違いない。仏法のみならず王法も滅びようとしていると。

後白河院政復活

治承五年（一一八一）正月十四日、かねてより重態におちいっていた高倉上皇が亡くなった。わずか二十一歳、場所は平家の本拠六波羅池殿においてであった。清盛にとって女婿高倉の死は痛手ではあっただろうが、すでに外孫安徳が即位していることもあって、動揺の気配はない。前年十二月に幽閉を解かれていた後白河はここに院政を復活させることになる。

ところが、清盛は自分が巫女の厳島内侍に生ませた冷泉局《れいぜいのつぼね》という女性を後白河のもとにもぐりこませた。また『保暦間記《ほりゃくかんき》』には「上臈女房はなはだ多く侍りて、公卿・殿上人供奉」させたというから、この冷泉局とともに平家側の人物を多く出入りさせたようである。これによって、院の情報を清盛が収集するとともに、その行動を制約しようとしたというのが、元木氏の見解である（『平清盛の闘い――幻の中世国家』）。

この頃、清盛とその後継者宗盛は、九条大路から鴨川を越えたあたりに邸宅をかまえ、その周辺の九条家領の一部を強制的に収用している。二月になると、六波羅にいた後白河も法住寺殿南にあった最勝光院御所に移り、安徳天皇も八条院御所のある地区に隣接する平頼盛邸に行幸した。こうして、清盛は八条・九条あたりに天皇と後白河を連れてきたのである。これは鴨川をはさんで、八条・九条に新たな首都機能を集中する政策と考えられる（上横手雅敬「平氏政権の諸段階」）。

高倉上皇の死の直後、五畿内と近江・伊賀・伊勢・丹波に諸国を統括する総官《そうかん》（惣官）という軍事司令官がおかれ、宗盛がその地位に就任した。また、丹波国諸荘園総下司《そうげし》という役職も設置され、平家家人の平盛俊《たいらのもりとし》が任命された。こうした畿内とその近国の軍制には、東国の反乱に対応するための軍事基盤を確保する目的があった。そこから、八条・九条中心の首都機能集中も、防御に弱い平安京に対して、鴨川河川敷を軍兵の駐屯地として確保しつつ、防御を強化する平安京の軍事的改造という意図をもっていた（髙橋昌明『平清盛　福原の夢』）。

これほど反乱に対抗する軍事体制構築に意欲的であった清盛であったが、二月の終わりになると、にわかに重病におちいった。閏二月四日朝、清盛は全身高熱を発する中で後白河のもとに使者を派遣し、自らの死後は万事を宗盛に仰せつけ、両者で協力して国政を運営してもらいたいと申し入れた。ところが、後白河は明確な返事をしなかった。いわゆる黙殺である。怒った清盛は「天下の事、ひとへに前幕下《さきのばっか》の最なり。異論あるべからず」（『玉葉』）と言い放ったという。国政はすべて宗盛が行うべきだというのは、清盛の本音であろう。治承三年のクーデターの後、自分もそうしてきたから、息子もそうすべきだというのである。そして、清盛はついに事切れた。八日、清盛の葬儀がなされたとき、東の最勝光院御所の後白河のもとでは今様乱舞の声が響き渡っていた（『百練抄』）。事実上の専制君主の葬儀は、後白河にとってはまさに最高の祝宴であった。

平宗盛

清盛の死の直後である六日、後白河法皇の院御所殿上において「東国反逆之事」を議題とする院御所議定が開かれた。後白河のもとで公卿議定が開かれるのは、治承三年クーデター以来のことである。そして、宗盛は父の所行で自分の意見とは異なることがあっても、自分には父を諌《いさ》めることができず、父の命ずるがままになってきたことを後白河に詫びた。その上で「今に於いては、万事偏に、院宣の趣を以て存じ行うべく候」と院政復活を奏上したのである（『玉葉』）。

父清盛からすべてを託された宗盛にとって、後白河という存在は重すぎた。何しろ、久安三年（一一四七）生まれの宗盛は、まだこのとき三十五歳である。後白河はそれよりも二十歳年長で、ほぼ二人には親子ほどの差があった。宗盛は国家的軍事警察権を父から全面的に引き継いだとはいえ、温厚で常識的な人柄からも、後白河に太刀打ちできる政治力はなかった。『百練抄』には高倉上皇の死のあと、二月十八日に「天下万機、法皇、元の如く聞こし食すべきの由、仰下さる」とあり、後白河院政が再開されたとするが、それはあくまでも形式的なものであった。清盛の在世中は後白河院政は高倉院政と同じように傀儡であり、実際には平氏政権、さらにいえば清盛政権が継続していた。清盛が死んだことによって、はじめて平氏政権は終結し、治承三年のクーデターで停止された後白河院政が復活したのである（上横手雅敬「平氏政権の諸段階」）。

後白河院政のもとで、宗盛を中心とする平家が反乱鎮圧の軍事行動を行うというのが、清盛死後の体制であった。父清盛に比べれば非力の感は否めないとはいえ、宗盛は普通言われるほど凡庸な人物であったわけではない。軍事面では後白河の命令に唯々諾々と従うようなことはなかった。一方、『平家物語』によると、源頼朝の挙兵自体が、後白河の秘密の院宣が、文覚によって伊豆の頼朝のもとにもたらされたのがきっかけであるという。院宣の実在はともかく、後白河と頼朝が裏でつながっていたとすれば、東国反乱は後白河にとっては「反乱」でも何でもないことになる。平家の側も、そうしたことにも薄々気がついていたはずである。

実は、先の院御所議定の結果、源氏追討を中止すべく、源氏側の意向を尋ねる使者の下向が決定された。しかし、宗盛はこれに従わずに、重衡以下の追討軍を閏二月十五日派遣した（『玉葉』）。あとで詳説するように『玉葉』養和元年（一一八二）八月一日条によると、後白河が宗盛に頼朝からの和平提案を示したという。頼朝と後白河は秘密の交渉を行い、頼朝の申し出を機に、後白河が両者の和平を行おうとしていたことは間違いないのである（元木泰雄『治承・寿永の内乱と平氏』）。宗盛が頼朝と後白河の結びつきを全く知らないなどということはありえない。

清盛の死後も、総官・総下司という畿内近国軍事体制は機能しており、兵士役などの徴発も順調であった。そのためもあって、三月、美濃・尾張国境での墨俣川《すのまたがわ》合戦で、平家軍が源《みなもとの》行家《ゆきいえ》軍を破る。これによって、東国の反乱軍の勢いは止まった。以後、しばらくは頼朝は東国経営に専念し、全国的な大飢饉の影響もあって、戦線は膠着状態となる。

6　北陸道追討軍大敗と平家都落ち

木曽義仲の挙兵

治承四年の頼朝に引き続いて、信濃の木曽義仲が兵を挙げた。義仲の父義賢《よしかた》は頼朝の父義朝の弟であったから、二人は従兄弟《いとこ》の関係になる。『延慶本平家物語』によると、仁平三年（一一五三）夏ごろから上野国多胡郡《たごぐん》に居住した義賢は、秩父重隆《ちちぶしげたか》の婿となって、武蔵国比企郡《ひきぐん》に通い、勢力をのばしていた。ところが、久寿二年（一一五五）頼朝の兄義平《よしひら》によって、重隆とともに大蔵《おおくら》の館で討たれた。これがいわゆる大蔵合戦であり、このとき義仲はわずか三歳であったといわれる。『吾妻鏡』によると、義仲は乳母の夫である中原兼遠《なかはらのかねとお》が抱いて逃れ、信濃国木曽で養育されたという。義仲にとって、頼朝は父の敵《かたき》に等しい立場にあり、そのことがその後の二人の関係に大きく影響していく。

頼朝に次いで、義仲が信濃佐久付近で挙兵したのは、治承四年（一一八〇）九月のことである。義仲は最初北関東の上野に向かうが、頼朝との競合を回避して、北の越後への進出をはかる。しかし越後には、親平家の豪族城《じょうし》氏がいた。城氏は越後から出羽や陸奥会津地方までを勢力下におく大豪族であり、平貞盛の甥でその養子となった維茂《これもち》を祖とし、子孫が代々秋田城介《あきたじょうのすけ》を世襲したので、城氏と名乗るようになった。最初、義仲と相対したのは城資永《すけなが》であり、大軍を率いて義仲追討に向かおうとするが、病死してしまう（『玉葉』）。その後を継いだ弟の資職《すけもと》が、治承五年六月一万余の大軍をもって、わずか三千騎程度の義仲と北信濃の横田河原で戦うが、大敗を喫するのである。この横田河原合戦によって、平家が頼りにしていた城氏の影響力は低下し、北陸の情勢は一変する。

七月には越中・加賀などの国人が東国に同意して、越前に進出したという。また平教盛《たいらののりもり》が知行する能登でも反乱がおこって目代が逃亡し、翌八月には残された国司郎従が殺害された。越前では早くも前年の治承四年暮れに反乱がおこっている（『山槐記』）。

元木氏によると、加賀はもともと平頼盛の女婿で院近臣の藤原保家《ふじわらのやすいえ》が知行していたが、安元元年（一一七五）に後白河の側近である西光の息師高が受領となった。鹿ヶ谷事件で、西光と師高は清盛によって殺害されるが、その後平時忠の弟で後白河の側近の平親宗《たいらのちかむね》が継承して、治承三年のクーデターで頼盛の知行国となった。このように、後白河の側近や親院政派の頼盛に深い関わりがある。越前も、後白河近臣の立場をとっていた重盛の知行国であり、その死後は後白河が院近臣藤原季能《ふじわらのすえよし》を受領に任じている。この国も後白河との関わりが深い。そのために、両国の在地勢力には後白河と結ぶ者が多く、治承三年クーデター以降、平家への反発が強まっていたと元木氏は推定する（元木泰雄『治承・寿永の内乱と平氏』）。

このように、北陸道諸国では、在地の武士たちと後白河の連携があり、治承三年のクーデター以降の平家の強権に対する反発があった。だからこそ、親平家の城氏の後退と義仲の北陸進出が、反平家勢力の結集という事態を生みだすことになる。慌てた平宗盛は、貴族たちの反対を押しきって、養和元年（一一八一）八月十五日になると陸奥守に藤原秀衡、越後守に城資職を任じた（『玉葉』）。律令制では国守は京都から派遣されるのが通例であり、現地の豪族の任命はきわめて異例である。宗盛は頼朝と義仲を背後から襲う、あるいは牽制する役割を両者に期待したのであろう。秀衡は陸奥で強大な勢力を保っていたが、資職は横田河原合戦での大敗から立ち直っておらず、その任命はほとんど役には立たなかった。

戦線膠着のなかで

資職が越後守となった日、平経正《たいらのつねまさ》が追討使として五〇〇騎を率いて京都を出発（『吉記』）、翌日には平通盛《たいらのみちもり》が続いた。経正は若狭に向かい、越前で通盛と合流する予定であった。だが、経正は若狭でほとんど動けず、通盛は越前で敗北する（『玉葉』）。翌養和二年二月、雪解けを待って、平教盛が追討使として派遣されることになった（『吉記』）。しかし、飢饉の激化で大軍を動かすことがほとんど不可能となり、けっきょく追討使派遣はとりやめとなった。

前にも少し触れたが、後白河と頼朝との間に、気になる動きがあった。『玉葉』養和元年八月一日条には頼朝の密奏の伝聞として、次の内容が記されている。「自分は院に対して、まったく謀叛の心をもっていません。ひとえに院の敵を伐《う》つつもりです。しかし、もし平家を滅亡させることができないならば、昔のように源氏と平氏が相並んでお仕えするべきです。関東は源氏が支配し、西国は平氏が支配し、国司は朝廷が任命なさるべきです。ただ東西の反乱の鎮圧は、源平両氏にお命じになって、しばらくお試しいただきたい。源平両氏のいずれが王化《おうか》を守り院の命令に忠実であるかを、御覧いただきたい。」というのである。

これは後白河から宗盛にも内々提案されたが、亡き清盛の徹底抗戦の遺言もあるので、たとえ勅命であっても受け入れがたいと拒否された。これは頼朝による和平提案であり、これが実現すれば頼朝は関東の支配権を朝廷から公認され、謀反人の立場を脱することができるし、後白河にとっても保元の乱以前の院政最盛期の状況に復帰する好機であった。しかし、薄々気がついていたとはいえ、平家としては頼朝と後白河の明らかな繋《つな》がりという事実を知って動揺したであろう。

翌年五月に養和二年が改まって寿永元年（一一八二）となったが、その年の七月末、以仁王の遺児が京都を脱出して、越前に向かった（『玉葉』）。この王子は北陸宮とよばれ、以後越中の義仲のもとに匿《かくま》われる。なお、以仁王は八条院の猶子となっていた。八条院はもともと王家領荘園の多くを鳥羽法皇と美福門院から譲られた、いわば王家の主流的な立場にあった。頼朝も以仁王令旨《もちひとおうりょうじ》によって挙兵し、以仁王存命をしばらくよそおっていたことは有名である。そこから考えても、義仲がこの以仁王遺児を手中にしたことは、大きな意味をもっていた。北陸道の反平家勢力の結集の核として、この北陸宮擁立がにわかに現実味を帯びてきたのである。

この情報が刺激したのか、八月末に再び追討使派遣が決定された。この年は安徳天皇の大嘗会《だいじょうえ》が行われることになっており、追討も並行する事態となったが、一ヶ月もたたない九月十四日後白河の院宣によって停止された（『吉記』）。朝廷では、大飢饉のなかでの過重な負担をめぐって、平家と後白河との駆け引きが続いていたと考えられる。こうして、この年は追討使派遣はなされなかった。

北陸道追討使

翌寿永二年（一一八三）に入ると、ほぼ二年間の膠着を脱して、事態が本格的に動き始める。まず、もと八条院蔵人で、清盛の死の直後、墨俣川合戦で敗北し、頼朝を頼っていたその叔父行家が、義仲のもとに参入した。また、二月には常陸国の八条院領信太荘《しだのしょう》を基盤にしていた、叔父の志田義広《しだよしひろ》が頼朝に対し反旗を翻した。そして敗北すると、義仲を頼るのである。元木氏はこの乱の以前から、義広と義仲が連携していたと見ている（元木泰雄『治承・寿永の内乱と平氏』）。飢饉が終息に向かう中、義仲の勢力が北陸で肥大化しつつあった。

これに対し、平家は北陸道に空前の規模の追討軍を派遣することになる。『平家物語』はその軍勢について「一〇万余騎」とするが、これは軍記物語によく見られる誇張された数とも考えられる。しかし、『玉葉』六月五日条には「四万余騎」と記している。比較的実数に近い数を記していることが多い貴族の日記の記事であるから、この数はかなり信頼してよいと思う。同じ『玉葉』治承四年十一月五日条には、富士川合戦での追討軍が「四千余騎」と記されているから、それのほぼ十倍に達するような空前の大軍であった。富士川合戦の轍を踏まぬように、一気に大軍をもって義仲軍を潰滅に追い込む算段だったのだろう。その戦い方が必ずしも悪いわけではない。しかし、時期に問題があった。

『平家物語』によれば、山陰・山陽・南海・西海の兵が集まったが、東山道は近江・美濃・飛驒の兵で、東海道も遠江以東の兵は含まれなかったという。北陸道も若狭より北の兵はまったく追討軍には加わらなかった。つまり、すべて戦場とは離れた遠隔地の兵から編成されているため、現地の状況にきわめて不案内であった。しかも、これほどの大軍を集めるとその兵粮米、つまり食料調達が問題となる。ところが、それまでの大飢饉の影響もあって、思うにまかせなかったようである。そもそも、北陸道を通じての京都への食料の供給が困難となったことが、追討軍派遣の目的でもあったわけだから、そこに大きな矛盾があった。

京都周辺に集まった武士たちは、近くの畑の作物を勝手に刈り取りはじめた。人馬雑物も手当たり次第に奪いとられていった。そうした狼藉は宗盛に訴えられたが、平家の総師にもその寄せ集めの武士たちの行動を統制する力はなかった。そして、数日にわたって、さみだれ式に、追討軍が京都を出発していった。すべてが出発し終わったのが四月二十三日であったという（『玉葉』）。大軍ではあるが、寄せ集めで、統制も不十分な軍隊なのである。そして兵粮米不足であるということは、路次で食料の略奪などを続けて進軍したことは容易に想像できる。『延慶本平家物語』に「権門勢家ノ正税官物《しょうぜいかんもつ》、神社仏寺ノ神物仏物ヲモ云ハズ、ヲシナベテ会坂関《おうさかのせき》ヨリ是ヲ奪ヒ取ケレバ、狼藉ナル事オビタダシ」とあるのは、けっして誇張や文飾ではなかった。

越前燧合戦《ひうちかっせん》でこそ、平泉寺長吏斎明《へいせんじちょうりさいめい》の寝返りによって、追討軍は勝利をおさめたが、その後加賀と越中の国境地帯の倶利伽羅峠で大敗を喫したことはあまりにも有名である。『平家物語』では小勢の義仲が夜の奇襲をかけたことになっている。元木氏は、この戦いで平家が大打撃をうけたことは確かだが、最終的に潰滅したのはつづく篠原合戦であったという。『玉葉』によると、倶利伽羅峠の合戦は五月十一日のことであったが、篠原合戦は六月一日のことである。この戦いで四万余騎の追討軍は、五千騎足らずの義仲軍の前に壊滅してしまう。『玉葉』によれば、平家の大将軍や平盛俊ら侍大将による指揮命令は乱れ、大半の武士は死傷、残る者も武装を捨てて山林に逃亡してしまった。そして敗残兵たちも、義仲軍につぎつぎ討ち取られていった。

加賀から越前、近江と追討軍の壊滅によって、権力の空白地域が生まれた。義仲軍には周辺の武士団がつぎつぎと加わり、雪だるまのようにふくれ上がり、京都に向けて進撃した。宗盛は、日吉社を氏社、延暦寺を氏寺とするという起請文を提出して、延暦寺を味方につけようとした。かつて、京都周辺の権門寺社の影響を排除し、厳島との関係を深めることを目的の一つとして福原遷都を敢行したことを考えると、まさに隔世の感がある。吉田経房が「悲涙抑え難し」と記したように、平家は追い込まれていたのである。そして、宗盛のもくろみははずれ、延暦寺は源氏方の登山を許し、完全に反平家の立場に立つことになる（『吉記』）。

平家都落ち

六月末から、義仲軍が今日にも入京するという噂が、京都に広がっていた。安徳天皇は平家の武士たちによって厳重に警護されていたが、後白河は比較的自由であった。ところが、平家は安徳を後白河の法住寺殿に行幸させ、院と天皇を同居させようとしていた。後白河は、内侍所つまり神鏡が京外に移動することが異例であることや、合戦にまきこまれる可能性などを公卿たちに諮問し、意見を求めている（『玉葉』）。おそらく、天皇との同居とそれによる自らの事実上の身柄拘束に難色を示し、時間稼ぎをしていたのではないだろうか。また、七月十六日頃、義仲方の近江の武士に、院庁下文《いんのちょうくだしぶみ》を所持した使者大江景宗《おおえのかげむね》を派遣するという話も持ち上がっていた（『玉葉』『吉記』）。事件の調査をする「推問使《すいもんし》」というかたちであるが、後白河がその逃亡の直前である七月二十四日まで、義仲軍との連絡をとるための方法を院御所での公卿会議で議論していた（『吉記』）。

こうした中、七月二十一日、追討宣旨を帯した平資盛・貞能の三千余騎が、宇治を経て近江に向けて出陣し、後白河も密かにそれを見物していた（『吉記』）。しかし、兼実邸の前を軍勢が通過したため、兼実家人が数えたところ、千八十騎に過ぎなかったという（『玉葉』）。しかも、資盛・貞能は近江に入ることはできなかった。大和に侵入した行家軍に吉野大衆《よしのだいしゅ》が加わったという情報が入ると、後白河の命令で宇治田原《うじたわら》でそれを迎え撃つことになったからである（『吉記』）。また、日頃平家に属していた摂津源氏の多田行綱が反旗を翻し、摂津・河内を横行して、摂津河尻《かわじり》の船をすべて奪いとったのである（『玉葉』）。すると、今度は後白河は資盛を行綱討伐に向かわせた（『吉記』）。

資盛は亡き重盛の子である。重盛は平家一門の中でも、とくに後白河に近い立場をとっていた。そのために、父の死後、その子孫小松殿一門は、平家内部で傍流とされ、富士川合戦で長兄維盛が大敗を喫したために、さらにその立場を悪化させていた。そのために、資盛は寵愛を受けた後白河に接近をはかり、平家一門から離脱する動きを示した（元木泰雄『治承・寿永の内乱と平氏』）。

後白河は七月二十三日に法住寺殿に移っていたが、一両日中に比叡山に上った義仲軍が入京するという噂が広まり、急遽二十五日早朝、安徳天皇の法住寺殿行幸が行われる（『吉記』『玉葉』）。ところが、法住寺殿はもぬけの空であった。夜のうちに、後白河が義仲軍入京の場合の方針を探ったところ、その際には宗盛が院のもとに参入し、院と天皇を連れてすぐに西海に下るつもりであることがわかったというのである。後白河は、平家に仕える北面の武士から情報を得ながら、未明に安徳天皇の行幸準備の間隙をついて、密かに法住寺殿を抜け出した。今熊野、新日吉にて輿に乗り込み、鞍馬を経て比叡山の横川に逃れたのである。供は近臣の源資時《みなもとのすけとき》と平知康《たいらのともやす》だけという隠密行動であった。また、かつて治承三年のクーデターのとき、関白を罷免されて流罪となった松殿基房も、右少将藤《うしょうしょうふじ》原顕家《わらのあきいえ》だけを連れてすでに山上にあった（『吉記』）。

七月二十五日の巳刻（午前一〇時頃）、平家一門は安徳天皇を奉じて、大宰府をめざして都落ちをすることになった。都落ちに先立って、平家は六波羅と西八条に火をかけた。京都の壮麗な平家の拠点はいずれも灰燼に帰したのである。都落ちは、清盛死後もかろうじて保たれてきた平家一門の分裂のはじまりでもあった。実はその分裂について、後白河のはたした役割は大きいのである。

清盛の異母弟頼盛は、治承三年のクーデターで後白河に与したとして、解官されたが、その後は平家一門において重要な役割をはたした。とくに、福原遷都においては、福原の邸宅を当初は安徳の里内裏、つづいて高倉上皇の院御所として提供していた。しかし、都落ちに際しては、頼盛は都に引き返し、後白河の指示で八条院のもとに匿《かくま》われ、延暦寺の後白河のもとに向かった。八条院の乳母宰《さい》相局《しょうのつぼみ》が頼盛の妻の母であったため、頼盛が八条院の後見役とつとめていたためであるという。ちなみに、この宰相局の夫寛雅法印《かんがほういん》は、鹿ケ谷事件で鬼界が島に流された有名な俊寛の父である（『愚管抄』）。

後白河の命令をうけて転戦していた故重盛の子資盛も、頼盛と同様に都にとどまろうと後白河の指示を待ったという。しかし、けっきょく取り次いでくれる人がおらず、やむなく都落ちに同行する（『愚管抄』）。その後も後白河の近臣平知康に使者を送り「君に別れ奉り、悲嘆限りなし。今一度華洛に帰り、再び竜顔《りゅうがん》を拝せんと欲す」と述べたという（『玉葉』）。『平家物語』『吾妻鏡』では壇の浦合戦で戦死したとしているが、『玉葉』に「資盛・貞能ら豊後住人等のために生きながら取られ了んぬんと云々。此の説日来《ひごろ》風聞すといへども、人信受せざるのところ、事すでに実説と云々」とあり、分派行動の末、壇の浦合戦以前に九州で生け捕られた可能性が高い。

その他の小松殿一門も、次々と平家一門から脱落していった。まず嫡子の維盛は、『平家物語』では寿永三年（一一八四）三月に屋島から脱走して熊野で入水したとするが、『源平盛衰記』によると熊野参詣のあと高野山を経て、京都に戻り後白河に命乞いをした。後白河は頼朝に維盛の助命を求めるが、関東下向途中の相模国湯下宿《ゆもとのしゅく》で没したとしており、上横手氏はこの可能性が高いとする。しかも屋島脱走についても「維盛卿、三十艘ばかり相率い、南海を指して去り了んぬと云々」（『玉葉』）と組織的な戦線離脱の可能性が高い。おそらく、維盛の動きにも後白河が関わっていたのであろう。末弟忠房《ただふさ》も、屋島の合戦の際、戦場を離脱して紀伊に逃れ、湯浅宗重を頼ったという（『平家物語』）。資盛の下の弟清経は、平家一門が寿永二年十月、九州の緒方惟義に追われて、屋島に逃れる途中、入水をとげる（『平家物語』）。一の谷の合戦で戦死した師盛と壇の浦合戦で戦死した有盛を除く四人が、平家一門から離脱しているのである（上横手雅敬『平家物語の虚構と真実』上）。

第五章　後白河の軍事体制と大仏開眼

1　義仲入京と後鳥羽天皇践祚

平家の都落ちと入れ替わるかたちで、七月二十八日、義仲と行家が入京した。延暦寺に逃れていた後白河も京都に戻った。多くの公卿が山上に逃れていたが、いずれも下山する。後白河はもとのように法住寺殿の蓮華王院に入り、諸卿も法住寺南殿に参入する。平家は安徳天皇と建礼門院《けんれいもんいん》、それに安徳の異母弟守貞を伴った。守貞は承久の乱の後即位した後堀河天皇の父として院政を行うことになる後高倉院である。

「君臣合体」

摂関家では、反平家の立場であった松殿基房が、比叡山に逃れたことは既に述べた。それ以外に、摂政近衛基通の動きが興味深い。基通は清盛の女寛子《ひろこ》と結婚しており、治承三年のクーデターで松殿基房に代わって関白となった。そして、平盛子（清盛女）の死後、後白河のもとにあった父基実の遺領を継承している。このような平家との親しい関係から、当然平家に同行して都落ちをすると思われていた。ところが、途中から引き返そうとしたため、側近の平信基《たいらののぶもと》がしつこく慰留した。しかし、基通の意志は固く、ついに信基は主人のもとを離れ、都落ちしたのである（『吉記』）。

近衛基通

『玉葉』によると、その背景には後白河と基通との男色があった。すなわち、後白河の逃亡よりも以前、女房冷泉局を仲介者として、基通が密かに後白河のもとに五、六日参上していた。そして、七月三日から七日まで行われた法勝寺《ほっしょうじ》御八講《ごはっこう》の頃から、「御艶気《ごえんき》」があり、二十日の頃に「御本意を遂げられ」たとし、兼実は八月十八日条に「君臣合体の儀、これを以て至極となすべきか」と強烈な皮肉の評を吐露している。ちなみに、冷泉局というのは、かつて平家と親しい摂関家の家司であった故藤原邦綱の愛人で、故平盛子側近であったというから、かつて平家と摂関家を結ぶキーパーソンの豹変ということになり、驚嘆する。しかも、二十日頃、後白河を都落ちに同行させるか否かについての宗盛と重衡の密議の内容が、この冷泉局を通じて基通から後白河に告げられたという。基通は後白河脱出の功労者でもあった。

保元の乱の後の摂関家は、忠通の後、その子基実、基房、兼実らの間で、摂関の地位をめぐっての対立が激しくなっていた。すでに、基実はなく、その子基通の代となり、基房も子の師家に期待していた。三兄弟で唯一摂関になっていない兼実は、その地位に焦がれていた。のちに基通は近衛家の祖、兼実は九条家の祖となるわけだが、まだこの段階では家産が充実しておらず、摂関すなわち氏長者《うじのちょうじゃ》が荘園などの経済基盤を独占する傾向が強い。何としても摂関の地位を獲得し、子孫にそれを継承させることが重要課題であった。

保元の乱後の摂関家は自立性を失いつつあり、摂関の地位のゆくえは時の最高権力者の帰趨《きすう》に大きく左右されていた。その現実を身に染みて知っていたのが、幼くして父基実を失い、台頭しつつあった平清盛にその運命を託した基通であった。実際に摂関家領は、基実の死後、平盛子の所有となり、事実上平家が管領したわけだが、基通が成長した際には再びその手に委ねられる道がのこされたのである。そうした中での手練《てだ》れが邦綱であり、盛子の女房冷泉局ということになろう。基通は清盛死後衰退しつつあった平家とのしがらみをあっさり捨て、文字通り後白河の腕の中にとびこんだ。その変わり身は、権力の趨勢《すうせい》を見るという側面に限ると、むしろ見事である。基通が比叡山から下ったのは少し遅れて七月三十日のことであるが、その後入道関白松殿基房は、子息の師家を摂政にすることを後白河に泣いて懇願するが許されなかった。基通が摂政の地位にどどまったのは、もっぱらこの後白河との関係による。

義仲との激闘の始まり

さて、七月二十八日正午前、法住寺南殿殿上廊に公卿たちが集められた。隣接する蓮華王院の後白河から頭弁藤原兼光《とうのべんふじわらのかねみつ》を通じて、次のような議題が示された。まず、戦いによる京中、神社仏寺の狼藉《ろうぜき》をどうするべきか。さらに、平宗盛が謀叛をおこし、西国に下ったが、幼主安徳を伴うとともに、三種の神器をはじめとする累代の御物《ぎょぶつ》も奪いとってしまった。安徳の還御を平時忠に依頼すべきだが、なかなか困難であると思うがどうするべきか、というのである。これに対し、公卿たちは、平家征伐を急ぐとともに、神器の帰京は朝廷の大事なので、義仲と行家に厳命すること、またそのための諸社への祈禱、院御所での亀兆御卜《きちょうごぼく》を行うべきことなどの発言があった。また、平頼盛の赦免についての内容も話し合われた（『吉記』）。

この日、義仲は北から、行家は南から入京した。午後四時をすぎると、二人は院御所蓮華王院に、相並んで参入した。庭上に蹲踞《そんきょ》する二人に対し、殿上縁《でんじょうえん》に進み出た検非違使別当藤原実家《けびいしべっとうふじわらのさねいえ》から、平家を追討すべしという後白河の命令が伝えられた。退出する際には、二人に近寄った頭弁藤原兼光が、武士による京中狼藉を止めるようにと付け加えた（『吉記』『玉葉』）。これが、以後繰り広げられる後白河と義仲との激闘の始まりであった。

当時の京都は、連年の大飢饉によって、疲弊しきっていた。巷《ちまた》には餓死の骸《むくろ》があふれているような状況であった。そこへ、平家を追撃しながら、勝ち馬に乗った軍兵は、雪だるま式にふくれあがって入京してきたのである。一応、義仲と行家を両頭とするかたちにはなっているが、とても統率の取れた軍隊ではない。武士たちによる日常的な徴発・略奪・暴行・青田刈りなどが、京都とその周辺で広がっていた。ついに略奪は公卿邸宅にも及び、松尾社の社司の家も放火され、梅宮社、広隆寺金堂、行願寺なども略奪された。京中守護を後白河から命じられた義仲は、自らは内裏の守護を担当するとともに、故頼政の子息頼兼《よりかね》が大内裏守護《だいだいりしゅご》にあたり、美濃源氏の高田四郎重家《たかだしろうしげいえ》以下九人の武士が京中を分担して守護にあたった。そのなかで、行家も七条より南、鴨川河原より東、大和堺までを担当した。都落ち以前は平氏が管理していた鳥羽殿は信濃を本拠とする仁科次郎盛家《にしなじろうもりいえ》が受け持った（『吉記』）。

七月三十日の院御所議定では、今回の入京計画は頼朝によるものであろうが、実際に入京したのは義仲と行家である。三人の恩賞をどのようにするかについて、頼朝の上洛後に行うべきかどうかなどの諮問がなされた。公卿たちは、頼朝の上洛を待たず、もし頼朝に不満があったら、その時点で変更すればよい。恩賞は頼朝にもっとも厚くし、次いで義仲、行家とすべきであると発言する（『玉葉』）。そこで官位を恩賞として与えるのは、ほんらい院ではなくて天皇でなければいけないのだから、その不在は大きな問題となった。新しい天皇を早く決めなければならない。ところが、皇位を権威づける三種の神器は安徳とともにあり、このままでは神器を有しない天皇が誕生することになる。これは、ほとんど前例のない重大な問題なのである。

神器奪回と皇位

八月に入ると、本格的にこの皇位の問題が議論されるようになる。後白河は平時忠を通じて神器還京を試みるため、八月六日の平家解官二百余人に、時忠をあえて含まなかった。時忠を平家との神器還京交渉の窓口と考えたからである。しかし十日に平家がとどまっていた備前児島《びぜんこじま》から戻ってきた使者の返事は芳《かんば》しいものではなく、神器還京が容易なことではないことが明らかとなった（『玉葉』）。八月十六日に時忠が解官されたことから見ても（『公卿補任』）、神器還京後の新帝即位案は早くも頓挫したといえよう。

八月十四日、亡き高倉上皇の皇子二人、つまり平義範女《たいらのよしのりのむすめ》を母とする五歳の惟明《これあきら》親王、藤原信隆女《ふじわらののぶたかのむすめ》を母とする四歳の尊成《たかひら》親王、が新帝候補としてあがっていた。ところが「もっての外の大事」が起こった。義仲が自ら擁する以仁王の遺児北陸宮《ほくりくのみや》を天皇にするようにと介入してきたのである。義仲の言い分というのは、まず「義兵の勲功」、要するに平家を京都から追い出した功績は北陸宮にあるというわけである。後白河は使者を義仲に送って、「継体守文《けいたいしゅぶん》」つまり、皇位というのは武力によるものではなく、制度法制によって決まるのであると説得した。さらに、高倉上皇の皇子がいるのに強いて後白河の孫王を立てることは神慮に違うと、神まで動員しなければならなかった。ところが義仲はさらに、後白河が清盛によって幽閉されたとき、高倉上皇は清盛をおそれて何もしなかった。それに対して、北陸宮の父以仁王は、後白河のために勇敢にも挙兵して戦死したではないか。以仁王の孝行に後白河は報いるべきだと言い張った（『玉葉』）。後白河幽閉を前提として、平家傀儡の高倉院政が成立したのだから、これは理屈としては、筋が通っている。こうして後白河による公卿への諮問が行われた。一介の武士が、ここまで執拗に主張してくるとは思ってもいなかったため、後白河は専断ができなかったのである。

新帝については十八日になっても決まらなかった。神祇官《じんぎかん》と陰陽寮《おんみょうりょう》の占いはともに年長の惟明を吉とした。だが、後白河の「御愛物遊君」女房丹波の夢想に、尊成を新帝とするお告げがあったとして、差し戻しとなった。女房丹波は後白河の意向をくんだのであろう。つまり、意中の尊成で、後白河がなかなか押し切れないのである。そこに、また義仲が北陸宮を推してきた。最終的には占いをやり直したりして、尊成に決定する（『玉葉』）。

義仲は入京まで無位無官であった。入京後に従五位下左馬頭・越後守、ついで伊予守になったばかりの田舎武士である。こうした近臣でもなく、昇殿さえもしていない地下《じげ》身分の武士が皇位決定へ介入した。このもたつきが、後白河の無力を露呈させる結果につながった。振り返れば、摂関政治においては、皇位選定権は天皇の父、国母、外戚など「ミウチ」に握られていた。それが院政期になると、外戚の立場が後退し、院近臣が皇位選定権に介入してくる。平家が台頭した保元・平治の乱以降、さらに後白河の鳥羽殿幽閉以後においても、皇位選定に介入した平家は、院近臣あるいは外戚という範囲内におさまっていた。ところが、今回の義仲の介入は、武士が、単なる武力を背景に、平然と皇位選定に介入したことになる。後白河は自らの主張する尊成、つまり後鳥羽天皇の践祚によって、かろうじてふみとどまった。院政という体制にとって、皇位選定権は権力の根幹に関わる。事ここに至って、院政は地に堕ちたのである。面目をつぶされた後白河の怒りは、一方的に義仲に向かう。

2　十月宣旨と法住寺合戦

十月宣旨

次は、寿永二年十月宣旨に関する問題である。これは鎌倉幕府の性格、その成立時期を考えるとき重要な文書であり、長く論争の的となってきた。ここではそれに深く立ち入る余裕はない。その正確な原文はつたえられていないが、『百練抄』『延慶本平家物語』などから、東海・東山両道の荘園公領について、元のように国司や荘園領主の支配を回復し、もしもそれを妨害する者があったならば、頼朝がそれを取り締まるという内容である。

後白河が御前に招いて自ら御剣を授け、義仲に平家追討のために西海に出兵することを命じたのは、九月十九日である。義仲は翌二十日播磨に下向していった（『玉葉』）。義仲が不在である中で、後白河は頼朝との交渉を密にしつつあった。後白河としては、義仲にかわって、頼朝の上洛を促してきたが、十月に入るとすぐに上洛する見通しは暗くなっていた。

頼朝は後白河に対し、東海・東山・北陸、つまりほぼ東日本すべての荘園公領の支配権を朝廷に返還するかわりに、その地域の軍事・警察権を掌握するという内容の宣旨を下すことを要求した。しかし、奥州には藤原氏がいるし、北陸道はほぼ義仲の支配地域である。同盟関係にあるとはいえ、遠江の安田義定も独立性の高い勢力で、実際にこの時期義仲に従っている。東国における頼朝の軍事占領地域を最大限に仮定しても、この三道すべてに及ぶはずはないのである。ところがこの頼朝の要求では、その三道ことごとくに頼朝の軍事指揮権を認めよというのであり、そうなると奥州藤原氏も安田義定も、それどころか義仲も頼朝の部下ということになる。

後白河としては、頼朝軍が入京してくれれば、このままの内容でもかまわない。しかし、頼朝がこのまま上洛せず、義仲が京都にもどってくれば、義仲の北陸道での権限を全否定する内容など認めるはずがないのである。前に述べたように、十月に入ると頼朝、あるいは頼朝軍の上洛の可能性は、少なくなってきた。そうなると、少なくとも義仲の北陸道支配権を否定する頼朝案をそのまま呑むことはできない。ということで、最終的には北陸をはずした東海・東山二道についての宣旨が下されることになったのである。これは、後白河から見れば義仲に対する譲歩であった。しかし、義仲としては、そもそも後白河の命令で自分が京都を離れている間に、裏でこのような自分の支配権を脅かすような交渉がなされているということ自体、とうてい容認できない。後白河と義仲との関係は、もはや好転の見込みがなくなった。

高まる対立

この間、平家は八月二十六日に九州にたどりついた（『玉葉』）。大宰府を拠点に勢力を回復する予定であったが、豊後国の緒方惟義《おがたこれよし》の攻撃をうけ、十月二十日に九州を追い出される（『吉記』）。惟義は元は重盛の家人であった。ところが、京都から下向した豊後の知行国主藤《ふじ》原《わらの》頼輔《よりすけ》の息子頼経《よりつね》に従っており、頼経の命令を受けて、大宰府の平家を攻撃したのである。そして、頼経の背後には父頼輔が、さらにその裏には後白河の存在があったと元木氏は推測する（元木泰雄『治承・寿永の内乱と平氏』）。

平家は知盛が拠点としていた長門国に入ろうとするが、はたせずにさらに東へ向かう。この時点でかなり弱体化していたと思われるが、閏十月一日に備中国水島《みずしま》で、水軍を使って義仲の追討軍に勝利する（『百練抄』）。義仲が追討の拠点としていた備前国はともに入京した叔父行家の知行国であったが、もともと平家の基盤が強力な地域であった。義仲と行家の関係が悪化しつつあったことや、義仲が水上での戦闘に不得手であったことなどが、義仲敗戦の要因であった（元木泰雄『治承・寿永の内乱と平氏』）。以後平家は阿波国屋島を拠点にし、義仲は有力武士矢田義清《やたよしきよ》を失うなど大打撃をうけて、退却する。こうして義仲は閏十月十五日にわずかな兵を率いて入京する（『玉葉』）。

義仲入京の理由を、院近臣の藤原《ふじわらの》範季《のりすえ》は次のように述べる。後白河が頼朝に義仲を討たせようとしていると、義仲に密告した者がおり、そのために義仲が後白河を怨み、後白河の逃亡をおそれたからであると。続けて範季は近臣の高階《たかしな》泰経《のやすつね》や近臣僧静賢《じょうけん》などと、このままでは平家追討が不可能なので、後白河自身が西国に向かい播磨に臨幸すれば、南海や西国の武士たちはなびき、九州の武士にも攻撃を命じれば、一気に平家を滅ぼすことができると計略をめぐらしている。ただし、まだこの計画は後白河の耳には入っていない、というのである（『玉葉』）。

一方、義仲が後白河や公卿たちを率いて北陸に向かうという噂が広がり、院御所は大騒ぎになった。後白河は義仲にひどい不信感をもっており、静賢を使者としてその真意を探った。すると、頼朝の代官が大軍を率いて上洛しつつあるので、それを迎撃するために関東へ出兵するが、その際は後白河も同行させるというのである。義仲も先日の十月宣旨の問題とからめて、後白河が頼朝軍の上洛を促していると疑っていた。実は、前日に義仲の邸に集まった行家、源光長《みつなが》らが、この計画を実行するならば義仲のもとを離れると猛反対し、行家はその計画を密かに後白河に伝えていたのである（『玉葉』）。

義仲は頼朝追討の院宣か宣旨かを申請するが、後白河はそれを許さなかった。義仲の怒りは増した。この頃、平家が屋島から備前に侵入し、にわかに勢いを増していた。その勢力はすでに美作・播磨に及んでおり、これが義仲と平家の同意ゆえではないかという噂が流れていた（『玉葉』）。平家の都落ちに際して、その同行から逃れた後白河にとって、平家とは相容れない。また、頼朝と連絡をとりながら、その上洛を画策しているのであるから、もはや後白河と義仲との関係は、一触即発の段階にあった。

後白河はしきりに平家追討のために義仲の出兵を促した。しかし、義仲はこれを拒み、志田義広《しだよしひろ》を派遣させようとする。これには後白河は同意しなかった。そこで、今度は行家を出兵させようとするのである。その間、行家は院御所に参上し、後白河と双六《すごろく》に興じていた。後白河は義仲と行家の離反をはかっていたのであろう。後白河は興福寺の僧徒を上洛させようとしたり、行家以下の武士たちを院御所警固の宿直《とのい》につかせたりした。しかし、その中に義仲は加えられなかった。後白河が自分を滅ぼそうとしていることを疑った義仲は、直接後白河に訴えたため、義仲も一応院御所警固の武士に加えられることになった（『玉葉』）。その直後の八日、行家が平家追討のため西国に下向していく。

この時期、頼朝の代官義経が京都にせまっていた。十一月七日にはすでに近江にあったが、いっきに入京を試みることはなかった。後白河と義仲が対立し、双方が武士や大寺社の僧徒を味方につけようとしのぎを削っていたから、その決着を待っていたのであろう。十六日になると、後白河は院御所法住寺殿周囲を堀と釘抜《くぎぬき》（釘を打ち通した木の柵）で固めだした。院御所法住寺殿の城郭《じょうかく》化である。そして、もはや後白河としては、西国であろうと、関東であろうと、義仲が京外に出兵することを強く求めた（『玉葉』）。京都には義仲は不要だというのである。

法住寺合戦

十一月十九日、ついに義仲が院御所法住寺殿を攻撃した。これは一方的に義仲が攻撃したというよりも、たぶんに後白河の挑発に義仲が乗ってしまったといった方がよいだろう。後白河とすれば、隣国近江に頼朝軍（義経軍）がせまっているから、その加勢によって勝算は十分にあると考えた。それにくらべて、義仲は東と西から追い詰められていた。だが、義経はついにこの合戦の最中には入京しなかった。

そうなると、寄せ集めの後白河方は弱い。というより、『玉葉』によると、ほとんど兵は集まらなかったらしい。それほど数が多くはなかったはずの義仲軍も、その合戦経験とまとまりにおいて、はるかにまさっていた。三方から院御所にせまった義仲軍は河原の在家に火を放ち、午後二時頃にその軍兵が鬨の声をあげた。

院方はもろくも敗れ去り、後白河は輿に乗って法住寺殿の北門から逃亡した。だが、新日吉社付近の妙音堂（前太政大臣藤原師長邸）でまもなく逮捕され、五条東洞院の摂政基通邸に護送された。後鳥羽天皇も大宰大弐藤原実清《ふじわらのさねきよ》が供奉して、法住寺殿から避難して行方が知れず、しばらくしてやっと、母藤原殖子の七条殿に渡御していたことが判明する。

戦いでは、武士以外に、後白河の皇子であった園城寺円恵法親王《えんけいほっしんのう》、天台座主明雲大僧正らの高僧、越前守藤原信行《ふじわらののぶゆき》、近江守高階重章《たかしなしげあき》、主水正清原近業《もんどのしょうきよはらのちかなり》らの侍臣らが弓矢にあたって死亡した（『百練抄』）。後日兼実が耳にしたところでは、天台座主明雲は法住寺殿内、円恵法親王は華山寺《かざんじ》の辺で討ち取られたという。九条兼実はこれほどの貴種の高僧が合戦の場で命を落とすことは前代未聞であり、仏法のために希代の瑕瑾《かきん》であると述べる。権大納言藤原頼実《ふじわらのよりざね》は直垂《ひたたれ》、折烏帽子《おりえぼし》の姿で逃亡したところを発見され、公卿であることを知らない武士によってあわや首を斬られようとしていた。自らの公卿としての名を称するも、その装束から貴種を偽証する者として殺されようとしていたのである。すんでのところで、頼実を見知る下人の証言で一命を免れた。そして武士が連行して父の左大臣経宗のもとに送り届けられた。（『玉葉』）。

十一月二十一日、伯耆守 源《みなもとのみつなが》光長ら武士の首級《しゅきゅう》が百余、五条河原にさらされた（『吉記』）。摂政基通は合戦の最中の十九日、法住寺殿を脱出して奈良に向かい、叔父で興福寺別当信円《しんえん》の房にいたが、この日、前駆六人、供人七、八人を連れて帰京した。基通は忍びて入京をすればよいものを、威光の風情であるとは何ごとかと批判されている（『玉葉』）。しかし、その基通の上表（辞表）もないままに、摂政は入道前関白松殿基房の子で権大納言の師家に宣下された。わずか十二歳の摂政である。幼帝の代行が摂政であるから、その人物がこの年齢とは異例である。当然、摂政の職務は事実上父基房が代行することになる（『吉記』）。

松殿基房

合戦で法住寺殿が炎上してしまったため、後白河は、護送された先の基通の五条東洞院殿を臨時の院御所とすることになった。そこに急ごしらえの殿上間が定められ、まず権大納言中山忠親と権中納言藤原朝方《ふじわらのあさかた》が後白河の召しによって参上した（『吉記』）。翌日になると、その院御所殿上に公卿たちが召されて議定が行われた。議題は、殺された明雲に代わる天台座主の人事、平家没官《へいけもっかん》領《りょう》をすべて義仲に与えて京中の武士狼藉を止めさせること、新内大臣師家転任のこと、崇徳院と頼長の怨霊鎮撫のことであった（『百練抄』）。

この時点では、まだ後白河は幽閉状態ではなく、院御所議定が開ける程度に政治を行う余地があった。治承三年の清盛クーデターによって、鳥羽殿に幽閉されたときは、権大納言藤原成範、左京大夫藤原脩範、法印静賢と女房二、三人以外の参入が許されなかった（『百練抄』）。しかし今回は、外部との接触を完全に断たれるには至っていなかった。それどころか、後白河は法住寺合戦後も、院北面で左衛門尉の大江公朝《おおえのきみとも》を伊勢に在陣の義経のもとに派遣して、その入京を促していた（『玉葉』『保暦間記』）。怒った義仲は後白河に院近臣四十四人の解官を強要する。そのなかには、院御所議定のお膳立てをした朝方も含まれていた（『玉葉』『吉記』『百練抄』）。そして、義仲による院御所警固の武力は倍増し、女車の出入りまで厳しくチェックされるようになった（『玉葉』）。後白河は院御所五条東洞院殿に幽閉され、後白河院政は再び停止される。

3　木曽義仲の敗死と源義経の入京

義仲敗死

この時期、義仲は東からせまる義経軍と戦うため、播磨国室津《むろつ》に在陣している平宗盛に使者を送り、和平交渉をさかんにもちかけていた。一方、行家は義仲から離反し、十一月二十九日に平家と合戦して敗北を喫し、再び上洛を試みていた（『玉葉』）。後白河は平家の都落ちから逃れ、安徳天皇と対抗する後鳥羽天皇を擁立した経緯から、もはや平家との和睦の道はありえなかった。この時期の義仲についての情報は、平家と和平なのか、あるいは戦うのか、毎日のように乱れ飛び、一定しない。おそらく義仲自身が東西からせまる敵対勢力への方針に迷っていたためであろう。

後白河とすれば、現在の幽閉状態をなし崩し的に脱する方策を模索していた。そのため、怪異の頻発を理由に、前権中納言平頼盛の八条殿に移ろうと画策した。頼盛は清盛の異母弟であるが、平家の都落ちに同行せず、清盛後継者の宗盛とは別行動をとっていた。しかも、頼盛は王家の主流である八条院（後白河異母妹）に非常に近い人物であった。王家の中で、後白河は傍流であり、王家領の大半が八条院に相続されたため、その経済基盤は非常に大きかった。頼盛邸はその八条院御所にきわめて近い場所にあり、大半の近臣の解官、自らの幽閉状態という最悪の状況からの脱却に、八条院に近い勢力の助けに望みをかけたためであろう。

すると突如、義仲から後白河を連れて西国へ向かうという話が持ち上がり、十二月十日にそのための石清水《いわしみず》御幸《ごこう》がなされるということになった。八日になると、後白河の御幸は諸卿の供奉を許さず、後白河本人のみであるという義仲の意向が伝わってくる。後白河は密かに左大臣藤原経宗、権大納言中山忠親、権中納言藤原長方らを招き、この件について諮問を行っている。経宗や忠親は、義仲に従いすみやかに御幸あるべきという意見であったが、長方は穢れの一点を理由にとにかく御幸を拒否すべきであるとした。後白河の意志とせずに、穢れを嫌う「石清水の神慮怖畏《しんりょふい》」を上手に利用すべきというのである（『玉葉』）。この長方の入れ知恵が功を奏したのか、石清水御幸は当面延期され、以前の五条東洞院殿より狭く、警固がしやすい六条西洞院の左馬権守平業忠《たいらのなりただ》邸が、新たな院御所となり、後白河はそこに移された（『吉記』『保暦間記』）。

十二月十日には後白河の院庁下文で頼朝追討命令（『吉記』『百練抄』）、十五日には奥州の藤原秀衡に頼朝追討の院庁下文が出されたという（『吉記』）。いずれも明らかに後白河の意志とは反するもので、義仲の強要に従っただけであろう。年明けの正月十日に、義仲が後白河と諸卿を連れて、北陸道を下向するという噂が広がっている。また、義仲に征東大将軍《せいとうだいしょうぐん》（征夷大将軍は誤り）が宣下されたというのもそれと関係があろう。しかし、翌日には北陸下向予定は飜《ひるがえ》り、義仲と和睦して十三日には入京するという平家に後白河の身柄を預け、義仲自らは近江に出兵するという話となる。後日の報では、後白河の北陸下向を強行するならば、和睦を撤回するという平家の意向に沿ったのだという（『玉葉』）。

ところが、十四日になると、再度後白河を具しての近江下向のことが決まったが、今度は後白河は赤痢《せきり》瘧病《りびょう》という、おそらくは仮病を使って、これを振り出しに戻した（『玉葉』）。穢れといい、瘧病といい、貴族社会の得意技の連続である。義仲は十五日に近江に出兵するが、頼朝方に対して多勢に無勢、早々に退却する。勢いをました義経軍が宇治から、範頼軍が瀬田から入京をはかる。義仲は離反した河内石川城の行家との戦いに軍勢を割くなどの失敗を繰り返し、さらに追い詰められた。

義仲は宇治、瀬田、河内と三方に軍勢を派遣し、一人自らは京中にあった。寿永三年正月二十日、後白河のもとに参上した義仲は、後白河を強引に連行しようとはかるが、すでに義経軍が襲来したため退却する。そして、ついに近江粟津《あわづ》で討ち取られるのである。齢わずかに三十一歳（『玉葉』）。後白河とその近臣は、ぎりぎりのところで、虎口《ここう》をのがれたのである。

入京した義経軍は院御所の周辺に群参した。そのために参入をはかった公卿たちもそれを許されなかった。とくに、松殿基房は使者として右少将藤原顕家《ふじわらのあきいえ》を送るも後白河の応答はなく、その子摂政師家はその顕家の車に乗って参入をはかったが、追い返されたという。翌日には基通が、法住寺合戦以前の摂政にもどることが決定した（『玉葉』）。こうして十三歳の摂政は罷免され、それを後見した父基房も失脚する。以後、松殿家は没落し、二度と摂関の地位を回復することなく歴史から消えていく。

義経入京

正月二十二日、院御所で公卿会議が開かれた。議題は、平家討伐と三種の神器奉還、義仲の首級の京大路渡し、義仲討伐についての頼朝の恩賞、頼朝の上洛、法住寺殿焼亡による院御所など五項目であった。このうち、義仲の首級は早くも二十四日には六条河原で検非違使に渡され、大路を渡されたのち、東獄門《ひがしのごくもん》の樹に掛けられた（『百練抄』）。とくに、三種の神器奉還は後鳥羽天皇の正統性に関わる大問題であった。

この時期、兼実のもとにもたらされる情報は錯綜している。正月二十六日には京中に平家入洛の噂が飛び交い、まもなくこれが誤報であると確認される。そして、平家追討が中止され、院近臣僧の静賢が後白河の使者として平家のもとに派遣されることになった。神器奉還を優先すべきであるとする兼実はこれに賛意を示している。ところが、翌日にはにわかにこの静賢派遣が中止されたという。これは平家討伐を続行すべきであるという近臣朝方、親信、親宗らの意見によるものであるという。今度は、兼実は憤慨に転じている。すでに二十六日に義経が平家追討使に任命され、西国に出兵したという。だが、なおも使者として派遣を命じられた静賢が、義経派遣による武力討伐と使者派遣による神器奉還は両立しえないと、辞退したという報が伝わる。兼実はこの静賢の言が道理であり、後白河の政道は「さながら掌《たなごころ》を返すが如し」と批判している（『玉葉』）。

朝方らの院近臣は、左少弁藤原光長や下北面の武士に命じて、異口同音に平家追討の優先を促した。しかし、一度出兵した義経軍も、京都を出てまもなく進軍を中止していた。九州の武士なども加わり、平家方の兵力が増大しつつあり、その勢力は侮りがたかった。後白河が使者派遣による平家との和睦をはかっているため、土肥実平《といさねひら》、中原親能《なかはらのちかよし》らが合戦に消極的ということもある。要は士気が上がらないのである。二月二日にこの情報に接した兼実は、平家懐柔と追討使による攻撃の二面作戦こそ、実は後白河の真意なのだと推定している（『玉葉』）。

一の谷の合戦

二月四日、安徳天皇を擁した平家が福原に到着したという報がもたらされる（『玉葉』）。平家の軍勢は二万騎におよび、源氏軍はわずか二、三千騎にすぎず、この日加勢をもとめる後白河の院宣が要請されたという。そして、六日の未明、いわゆる一の谷の合戦での源氏軍の大勝利の報がもたらされる。まず義経が搦め手の一の谷を攻略、大手の範頼は東から浜手を進撃、多田行綱が山方から鵯越《ひよどりごえ》を攻め下ったという兼実にもたらされた情報は正確であると考えられている（『玉葉』）。

三方から攻められた平家軍は、その軍勢の多くを失い、以後その勢力を回復することはなかった。兼実のもとに二月二日にもたらされていた源氏軍の進撃中止情報は、後白河が流した意図的な誤報である可能性が高く、同じものが平家方にも伝わっていたのであろう。四日の源氏軍劣勢の情報も同様と考えられる。そこに生じた油断が大敗北のきっかけとなった。平家懐柔と平家攻撃という後白河の二面作戦は、攻撃面では功を奏した。だが、後白河にとっての最大目的であった神器奉還の機会は、はるかに遠のいたのである。後白河が擁立した神器を持たない後鳥羽天皇の正統性は、きわめて脆《ぜい》弱《じゃく》であった。そのことは、後白河自身への容赦のない貴族の批判にもつながっていた。

「和漢の間、比類少なきの暗主」

京都での本格的な合戦は、すでに保元・平治の乱の例があるが、法住寺合戦では一介の武士が上皇や法皇を直接の攻撃対象とし、貴族や側近の僧侶にまで死傷者を出した。これは、史上初めてであろう。この合戦は、一方的な義仲による院御所攻撃と見られることが多いが、九条兼実の『玉葉』を見ていくと、後白河方が法住寺殿に積極的に兵を集め、先制攻撃するとまで予想されていた。

兼実は院御所への兵力召集について、寿永二年十一月十七日に「専ら至愚之《しぐの》政《まつりごと》なり」「王事之軽、是非を論ずるにたらず。悲しむべし悲しむべし」あるいは十八日には「太《はなは》だ以て見苦し。王者之行ひにあらず」などと批判している。また、十七日には、もし不慮の事態、つまり合戦での敗北を招けば、後白河周囲の「小人等近習」ら院近臣の責任であるが、彼らを近づけた後白河の責任も免れえず「君の士を見ざるの致すところなり」と痛罵《つうば》している。人を見る目のない君主だというのである。そして、実際に十九日に後白河側の全面敗北を耳にすると「義仲は是れ、天の不徳之君を諫《いさ》むるの使なり。其身の滅亡、又以て忽然《こつぜん》か」と言い切っている。これは、天命によって不徳の君が廃されるという易姓《えきせい》革命《かくめい》思想（儒教の王朝交代思想）に近い認識である。

こうした後白河に対する批判の記主、兼実にとっての最大の関心は、摂関の地位である。法住寺合戦のあと、後白河と男色関係にあった基通が摂政の地位を追われて、兼実の兄松殿基房の子師家が、わずか十二歳でその地位についたことは、乱世を助長する事態と考えていたようである。平時ならばこのような世代交代によって、兼実の摂関就任の可能性が潰《つい》えていくはずであるが、兼実の中の易姓革命思想によって、天命によって近々に自らの摂関就任が成就すると考えていた可能性もある。

案の定、義仲は敗北して滅亡し、後白河が政界に復帰することになった。しかし、兼実を摂政に推す動きがあったにもかかわらず、基通が再び摂政になった。兼実は寿永三年正月二十一日には「法皇之愛物《あいもつ》なり。尤も然るべきなり。弥《いよいよ》下官《げかん》詞《ことば》を出すあたわず」と呆れ果てるのである。ところが一の谷の合戦での勝利によって、頼朝勢が畿内近国で勢いを増し、頼朝自身の上洛間近の報が伝えられると、基通の摂政辞任の噂も広がるようになる。

そして三月十六日に「和漢之間、比類少なきの暗主《あんしゅ》なり」という痛烈な後白河批判が飛び出すのである。これは兼実邸を訪れた大外記清原頼業《きよはらのよりなり》が述べた回顧談のなかに、信西の言葉として語られる。そして、それは「謀叛の臣、傍《かたわ》らに在るも一切、覚悟の御心なし。人、これを悟らせ奉ると雖も、なおもって覚り給わず。此の如きの愚暗《ぐあん》、古今いまだ見ざるいまだ聞かざるものなり」と続くのである。「謀叛の臣」というのは、平治の乱で信西を殺した藤原信頼のことを指すが、最高権力者に対する臣下の批判としては、かなり熾烈《しれつ》な部類に入るだろう。

この時期、兼実や女房、子の良通《よしみち》らが、兼実が摂政になる「吉夢《きちむ》」を見ており、その期待が一気に高まっていたと見られる。また当時、兼実自身による頼朝への摂政推薦の働きかけが噂されていた。兼実は必死にその事実を否定するが、頼朝の後白河への奏上に、兼実を摂政と氏長者に推挙する内容が含まれていたことは事実である（『玉葉』）。

このような微妙な時期に、周囲とこうした後白河批判をかわすこと自体が危険とも思えるのだが、そうしたことを気にした様子はない。むしろ三月十六日には「若し叡心《えいしん》果し遂げんと欲する事あらば、敢えて人之制法に拘《かか》わらず、必ずこれを遂ぐ」というのは「此条賢主に於いては大失《だいしつ》たり。今愚暗之余、これを以て徳となす」とし、もう一つの徳として「みずから聞《き》こし食《め》し置くところの事、殊に御忘却なし、年月遷《うつ》ると雖も心底を忘れ給わず」と記している。すべて後白河近臣の信西の言説というかたちはとっているが、兼実自身の後白河批判である。いざとなれば、信西がかつていったことと、言い逃れの余地をのこしているつもりかもしれないが、源平の争乱、法住寺合戦という乱世の中、もはや天は後白河を見限っているのだという天命思想あるいは易姓革命思想に通じる自信が、この兼実の批判の底に見てとれる。

一方、後白河は前年八月、兄崇徳院の怨霊を鎮めるため、神祠の建立を命じた（『玉葉』）。その場所については紆余曲折《うよきょくせつ》の末、十二月に保元の乱の戦場であった春日河原《かすががわら》と決められた（『吉記』）。崇徳院怨霊鎮魂《おんりょうちんこん》の動きは、すでに安元三年（一一七七）頃からはじまっていた。その前年の安元二年に高松院（二条天皇中宮）、建春門院（後白河院女御）、六条上皇（後白河院孫）、九条院（近衛天皇中宮）などがあいついで死没し、この年には有名な安元の大火（「太郎焼亡」）などがおこっていたからである。寿永二年（一一八三）の平家都落ちの後、その動きは本格化した。そして、その中心にあったのは、常に後白河なのである（山田雄司『崇徳院怨霊の研究』）。それは、後白河の「不徳」が「天下乱逆」の原因であるとする兼実のような貴族の認識とは対立し、「天下乱逆」が崇徳院、あるいは頼長の怨霊によるものとする考えであった。後白河による崇徳院怨霊鎮魂は、兼実などの「不徳」「暗主」批判に対抗するという意味をもっていた（美川圭「貴族たちの見た院と天皇」）。

4　後白河と義経

頼朝上洛を望む

一の谷の合戦のあと、頼朝は義経に京都の警備を担当することを命令した。そして、梶原景時《かじわらかげとき》と土肥実平には、播磨・美作・備前・備中・備後の山陽道五ヵ国を守護するように命じた。この五ヵ国は一の谷以前には平家の占領下にあったが、以後源氏方の勢力下に入ったのである。このように、あくまでも頼朝は関東の経営を優先し、畿内と西国は義経以下の代官に委ねる方針であった。しかし、後白河をはじめとする貴族たちは、一刻も早い頼朝の上洛を望んでいた。後白河自身は、頼朝の上洛がないのならば、自ら東国に赴くとまで述べるのである（『玉葉』）。

このような後白河に対し、頼朝は寿永三年（一一八四）二月末、四ヶ条におよぶ要求を行った。①諸国の受領に徳政（善政）を求め、とくに戦乱で荒廃した東国と北陸では住民の帰住《きじゅう》を進め、秋からは国務が再開できるようにすること。②畿内近国の武士たちに、義経の命令に従って平家追討に赴かせること。ただしその恩賞はすべて頼朝の推薦によって行うこと。③神社の復興を進め、神事を怠らずにつとめさせること。④僧侶の武装を禁止し、仏法を専らにさせること。もし濫行不信の僧がればその公請《くしょう》（国家的仏事への招聘）を停止する。また僧侶の武具は追討軍にあたえること（『吾妻鏡』）。

つまり西国では頼朝の代官である義経のもとに平家追討を継続する。一方、戦乱の終結した東国や北陸では国衙の支配を復活させ、社会基盤の復旧につとめさせる。畿内近国の武士は義経の指揮下に入れて、官軍として組織する。しかし、それらの武士と後白河との結びつきは断ち切る。神社とその神領を復興する。寺院も武装解除させ、ほんらいの仕事である仏法を専らにさせる。こうして、頼朝は日本国の武力を独占し、全国の軍事・警察権をにぎる方針を打ち出したのである。また、北陸や東国では、平和への復帰という論理で、国衙の行政権にも強い発言力を主張することになった。そして、これらの要求を後白河はほぼ全面的に受け入れたと考えられる。

では、なぜ後白河は頼朝の上洛を強く望み、この時期にその主張を多く受け入れるまで信頼していたのか。実は頼朝は平治の乱で伊豆に流される以前、後白河とかなり親しい関係にあったと考えられる。保元三年（一一五八）の頼朝最初の官職は皇后宮権少進《こうごうぐうごんのしょうしん》であった。このときの皇后とは後白河の同母姉統子内親王である。統子は翌平治元年（一一五九）まさに平治の乱の年に、院号を宣下されて上西門院になったが、頼朝はその時、上西門院蔵人《じょうさいもんいんくろうど》になっている。

上横手氏の分析によると、頼朝の母の家である熱田大宮司家《あつただいぐうじけ》には、後白河院北面、待賢門院女房、上西門院女房などがおり、元服したばかりの頼朝が上西門院関係の官職についたのも、そうした関係によるという。熱田大宮司家とはけっして単なる尾張国の地方豪族などではなく、院近臣の家といってよいというわけである。後白河は親密な同母姉であった上西門院の関係者に強い親近感をいだいていたと考えられる。ゆえに、義仲にひどい目にあった後白河ではあるが、同じ源氏とはいえ、頼朝には特別な親近感をもっていたのである（上横手雅敬「院政期の源氏」）。

後白河近臣の義経

一方、後白河は義経のことを、上洛前はよく知らなかった。義仲と同じような野蛮な田舎武者であると思っていたかもしれない。しかし、上洛後の義経は、義仲とは違って、後白河にきわめて忠実であった。義仲軍は京中で略奪の限りをつくしていたと伝えられるが、義経軍はそれに較べるとはるかに統制がとれていた。もちろん義仲と義経の個性の違いということもあろう。義仲は平家軍を追いかけて入京し、その過程で能力をこえた大軍を配下にするに至って、その統制がきかなかった。義経軍は当初それほどの数ではなく、しかも入京までにかなりの時間をかけ、そのあいだに京畿内の状況を十分把握する余裕があった。入京直前の義経でも、その勢力は五百騎に過ぎず『玉葉』寿永二年十二月一日条に「そのほか、伊勢の国人など多く相従うと云々。また、和泉守信兼《いずみのかみのぶかね》、同じくもって合力すと云々」とあることが注目されている。川合康氏によると、この「伊勢の国人」とは平重盛の有力郎従であった平家継《たいらのいえつぐ》らであるという（川合康「治承・寿永内乱と伊勢・伊賀平氏──平氏軍制の特徴と鎌倉幕府権力の形成」）。重盛の早世で平家の嫡流が宗盛に移ったため、重盛一門が傍流となり、その郎従が伊賀・伊勢の所領にとどまっていた。その大勢力が義経の入京に協力していたのである。

ところが、七月になって伊賀・伊勢で大規模な平家一門・家人の蜂起がおこった。まず、伊賀の事実上の守護であった大内惟義《おおうちこれよし》の郎等が血祭りにあげられ、反乱軍は近江に進撃した。十九日に大原荘近くで、近江の事実上の守護であった佐々木秀義《ささきひでよし》の軍と激突し、秀義以下数百騎が討ち取られてしまう。しかし、反乱軍も大将軍平家継が討ち死にし、首謀者の伊藤忠清《いとうただきよ》らは山中に逃れた。八月になると、義経は平信兼の息子三人を自宅に招き、自殺に追い込み、あるいは斬り殺した（『山槐記』）。二日後には、信兼を討伐するため、義経が伊勢に向けて出撃する。信兼は伊賀・伊勢の蜂起に加わっていなかった可能性が高いが、『源平盛衰記』によるとけっきょく伊勢国滝野《たきの》で籠城のすえ百騎ほどの兵とともに討ち取られた。伊賀伊勢の軍事的制圧のため、強引に滅ぼされたのである。

そして、翌年まで伊藤忠清が潜伏するなど、この大規模反乱の余波は続き、京畿内の不穏な状況はおさまらなかった。こうした事情があって、後白河は八月七日になって、義経を検非違使左衛門少尉《けびいしさえもんのしょうじょう》に任命した（『玉葉』）。義経に京都の治安維持をゆだねたのである。これは頼朝が一の谷のあと、義経に京都の守護を命じたのだから、その追認ともいえる。だが、そのことを事前に知らなかった頼朝は、報告を受けると「頗る御気色に違い」（『吾妻鏡』）と、怒りの表情を示し、義経はしばらく平家追討使の任を「猶予」されてしまったという。頼朝は一族や御家人が勝手に朝廷の官職につくことに厳しかった。そのことは、すでに前掲の二月の四ヶ条の奏上内容に、武士たちへの平家追討の恩賞は、後日頼朝が推挙するという文言によく表れている。勝手な任官を認めると、頼朝配下の武士たちが後白河にとりこまれ、頼朝のいうことを聞かなくなることを恐れていた。長い流人の立場を経験し、数々の修羅場をくぐってきた頼朝は、それほど政治的に慎重であった。しかし、後白河の義経に対する信頼は日々ましていた。そのことが、頼朝、義経、後白河三者の関係に、しだいに大きく影響をすることになる。

義経の場合、一の谷の合戦で見せたように、軍事指揮官としての天賦の才があった。そのことを頼朝も高く評価していたようで、上洛当初は義経に京都の治安をまかせ、その後は平家追討のために西国に派遣する予定であった。検非違使左衛門少尉という官職についた以上、京都の警察を担当すべきだというのが頼朝の考えであった。しかし、平治の乱以後の二十数年のあいだに、官職のほんらいの職務と実際との乖離が進んでいた。頼朝のような考え方は、後白河や貴族たちにとって、少し堅苦しいものであった。頼朝が本気でそのようなことを考えているとは思っていなかったかも知れない。京都を遠く離れる追討使と、京都の治安維持を担当する検非違使左衛門少尉とは相容れない官職である。それゆえに追討使を「猶予」したのであって、けっして怒りにまかせた措置ではないとする近藤好和氏の意見に従いたい（近藤好和『源義経』）。

義経は九月に検非違使のまま従五位下に昇った（『山槐記』）。当時、七位以下の位は消滅しており、朝廷では六位が最低の位であった。五位以上がいわゆる「貴族」なのであり、多くの武士の六位とは格段の身分の違いがあった。十月になると内昇殿《ないしょうでん》と院昇殿《いんしょうでん》をゆるされた（『吾妻鏡』）。内昇殿をはたすと殿上人と呼ばれ、内裏《だいり》清涼殿《せいりょうでん》殿上間《てんじょうのま》にも入れる権利を有することになる。これは天皇の私的な空間に入れることで、天皇との主従関係をもったことを意味する。こうして義経は「貴族」の仲間入りをしたのである。

一方、院昇殿というのは、院御所の殿舎にのぼれることである。内昇殿よりも格が下ではあるが、院、つまりここでは後白河と主従関係をもつことを意味する。従来は義経は「地下《じげ》」つまり内裏でも院御所でも、殿舎の板の間にのぼれず、地面で蹲踞しなければならない立場であった。このように「地下」と「殿上人」は身分的に雲泥の差がある。これらの貴族社会のいくつものハードルを越えさせたのは、すべて後白河の意志によるものであり、こうした恩寵は義経をさらに後白河に近づけることにつながった。義経は短期間に後白河の院近臣になっていった。そのことは頼朝がもっとも忌避《きひ》すべき問題であったが、いまだ平家追討に義経の軍司令官としての才能が必要である以上、この時点では頼朝と義経の亀裂は表面化しなかった。

義経の出撃

義経が検非違使左衛門少尉となった翌日の八月八日、兄範頼が約千騎の東国武士を率いて鎌倉を出立した。入京が二十九日で、平家追討官符をもらって、九月一日に京を出発して、西国に向かった。しばらく在京活動に専念する義経に代わって、範頼が平家追討の最前線に立ったのである。その後、範頼軍は一ヶ月ほどで平家の拠点であった安芸を攻略し、国内の武士に恩賞を与えている。しかし、平家の西の拠点であった長門の彦島《ひこしま》に迫ったものの、その攻略には失敗して、めざす九州に渡れず、進撃は停滞する。兵粮不足が表面化し、兵に厭戦《えんせん》気分が充満したといわれている。

こうした範頼軍の窮状は、京都の義経のもとにも伝えられた。元暦二年（一一八五）正月八日、義経は後白河に四国への出撃を申し出た。朝廷には前年の伊賀・伊勢蜂起の首謀者である伊藤忠清がいまだ潜伏しているので、義経は在京のままで、郎従を出撃させるべきであるという意見もあったという。しかし、もはや範頼軍の兵粮は二月、三月には尽き、撤兵する可能性がある。もしそうなれば瀬戸内周辺の多くの武士が平家方につく。義経はこうなると取り返しのつかない事態となると、出撃を主張した。二日後の十日、義経は西国に向けて出撃する（『吉記』）。

出撃後、義経は摂津渡辺に一ヶ月あまり滞在し、渡辺党を中心に四国へ渡るための船や兵を集めていたようである。ところが、二月十六日になって、後白河の使者として近臣高階泰経が渡辺までやって来て、義経の出航を止めようとした。京都に武士がいないので、治安に不安があるためであるという（『玉葉』）。

この事実から考えると、もっとも義経を出撃させたくなかったのは、後白河自身なのであろう。すでに義経の出撃と入れ替わるように、鎌倉殿御使《かまくらどののおつかい》中原久経《なかはらのひさつね》と近藤国平《こんどうくにひら》が上洛し、畿内近国の治安維持や紛争処理などにあたることになっていた（『吾妻鏡』）。この鎌倉殿御使がいつ京都に到着したかは不明だが、頼朝の指示で、二人は義経がいままではたしていた役割を継承することになっていた。だが、後白河はこの二人に京の治安を任せることに不安を感じたのであろう。それほど義経は後白河の信頼をえていた。泰経の説得にもかかわらず、それを振り切って義経は出航した。

義経は出航した翌日の十七日には阿波に上陸、十八日には平家の拠点屋島を攻略した（『玉葉』）。まさに電光石火の早業である。海上交通の豊富な知識を有した渡辺党に加えて、義経は阿波上陸後、阿波の在庁官人近藤親家《こんどうちかいえ》と合流して、その案内により屋島に向かったのだという。そして、屋島に到着する前に、義経軍は田口成良《たぐちしげよし》の弟桜庭介良遠《さくらばのすけよしとお》を没落させている（『吾妻鏡』）。

元木氏によると、この近藤一族から後白河の近臣西光が出ている。その西光が鹿ヶ谷事件の首謀者として清盛に殺されたことはよく知られているが、近藤一族は後白河の側近として大きな勢力を有し、それゆえに平家と鋭く対立していたのである。一方、同じく阿波の在庁官人であった田口成良は清盛に接近し、承安三年（一一七三）頃に大輪田泊の修築に尽力したという。その後も成良は平家の重臣として活躍し、都落ち後の屋島はこの成良によって支えられていた。近藤一族はそのために、平氏政権以後、阿波で逼塞をよぎなくされていた。この阿波での対立に、義経は加担することになる。しかも、田口成良の嫡男教良《のりよし》は伊予の河野氏討伐のため多くの武士を率いて出払っていた。そうした情報を義経は現地で的確に収集することに成功していた。また劣勢を感知した田口成良は平家を裏切って、義経方についた。こうして義経は、いっきに屋島を攻略できたのである。

屋島を失った平家は、瀬戸内の制海権を失い、はるか西の端の彦島に閉じこもる。周囲の陸上は範頼軍に制圧されつつあり、海上しか行き場はなかった。義経軍にはさらに湛増率いる熊野水軍が加わり、その優勢な海上勢力をもって壇の浦での合戦に向かうのである。屋島の合戦の約一ヶ月後の三月二十四日に行われた壇の浦合戦で活躍したのは、義経が率いる畿内・西国の武士が中心であった。東国武士は三浦義澄《みうらよしずみ》などわずかであり、多くは苦しい遠征を続けてきたにもかかわらず、この戦いで武功をたてられなかった。このことが、東国武士たちの義経に対する冷淡さにつながっていくと考えられている（元木泰雄『源義経』）。

有名な壇の浦合戦は『吾妻鏡』によると、午刻つまり正午前後にはほぼ決着がついた。平時子は安徳天皇を抱き、宝剣・神璽《しんじ》とともに入水した。建礼門院以下の女官たちもつぎつぎと身を投じた。建礼門院は救われ、神璽は海中から回収されるが、時子と安徳の命、そして宝剣は失われたのである。平家一門もつぎつぎ入水していったが、時忠以下の貴族は降伏した。三種の神器のうち、内侍所《ないしどころ》（神鏡）はその時忠に守られた。死にきれず捕らえられた総帥の平宗盛と嫡子清宗《きよむね》は、京を経由して鎌倉に送られ、けっきょく帰京途中で斬られる。だが、時忠は帰京後、一命を許され能登に配流される。その子時実《ときざね》は紆余曲折の末、文治二年（一一八六）に上総に流されるが、文治五年に頼朝によって帰京を許され、建暦元年（一二一一）従三位に叙せられる。公卿となったのである。このように、平家一門でも武士と貴族との処罰は異なっており、貴族の時忠らは非戦闘員と判断されたのである。

壇の浦で、安徳天皇と平家が滅びたことは、後白河にとってどのような意味をもっていたか。すでに、平家都落ちの後、後白河は孫の後鳥羽天皇を即位させていたため、日本国には天皇が後鳥羽と安徳の二人存在したことになる。しかも三種の神器は安徳が保有しており、その点からいえば、安徳は正統の天皇であり、後鳥羽は偽王とみなされてもおかしくない状態だったのである。この王権の分裂が解消したことは、非常に大きい。

後白河による軍事体制

後白河は保元三年（一一五八）以来、いちおう院政を行ってきたとはいっても、それはきわめて弱体なものであった。そのことを端的に表すのは、天皇との関係である。保元三年に即位した二条天皇は、自らの皇子には違いはなかったが、後白河自身の意志によって即位させたわけではない。むしろ、久寿二年（一一五五）の後白河即位自体が、二条への中継ぎとされており、その時点で二条の即位は約束されていたのである。永万元年（一一六五）における幼帝六条の即位もその父二条の意志であった。仁安三年（一一六八）、やっと自分の意志によって子の高倉即位にこぎつけたが、その母建春門院滋子は平清盛の妻の妹であり、平家との協調なくしては、院政の運営は難しかった。実際に、政界における平家の発言力は増していき、建春門院の死後、鹿ヶ谷事件をへて、治承三年（一一七九）のクーデターによる鳥羽殿幽閉、院政停止に至るのである。

院政のもっとも重要な条件は、自らの意志によって子孫を皇位に就けること、すなわち「王の人事権」を掌握することであった。曾祖父白河は堀河、鳥羽、崇徳と子、孫、ひ孫と自らの意志によって即位させてきたし、父鳥羽も子の近衛と後白河の即位を敢行した。白河、鳥羽という二代の院政と、後白河院政はその点で大きく異なっていたのである。平家の都落ち後、自らの意志で後鳥羽を即位させたといっても、三種の神器を安徳に握られているのでは、後鳥羽の正統性に大きな問題が存在した。安徳が消え、宝剣が失われたとはいえ、他の神器が返還されたことは、唯一の天皇の祖父となり、はじめて本格的な院政の条件が整ったことになる。白河・鳥羽院政に比する専制体制への一歩が記されたのである。

「王の人事権」掌握のつぎには、軍事指揮権を握ることが重要である。白河・鳥羽院政ともに、複数の京武者たちを編成して、寺社強訴などに対抗してきたのである。平家が滅亡したこの時点で、後白河が軍事指揮権掌握に向かったのは、当然のことといえよう。そこで鍵になってくるのが、壇の浦で平家を滅ぼした源義経という存在となる。その義経を後白河は平家追討の恩賞として院御厩司《いんのみうまやのつかさ》という役職につけた。壇の浦で救出された守貞（後高倉院）らを伴って入京した直後の四月二十七日のことである（『吾妻鏡』）。

院御厩別当については、木村真美子氏の研究をうけて（木村真美子「中世の院御厩司について――西園寺家所蔵「院御厩司次第」をてがかりに」）、髙橋昌明氏が詳細な検討を行っている（髙橋昌明『増補改訂清盛以前――伊勢平氏の興隆』）。それによれば、鳥羽院政期に末茂流藤原氏の家保、家成父子がつとめた後、清盛の父の忠盛が就任している。忠盛は家保・家成の下で預をした後に康治二年（一一四三）別当に昇進し、仁平三年（一一五三）正月の死の直前までつとめ、その地位を清盛に譲ったのである。

後白河院政期の初期、保元三年八月十一日に平治の乱の首謀者藤原信頼が一時就任するが、その滅亡後は清盛が復帰し、重盛・宗盛・知盛と子息たちが継承している。そして、平家都落ちの後、寿永二年十二月一日、院御厩司に義仲が就任しているのである。これは法住寺合戦の直後であるから、義仲が無理矢理にその役職を奪ったものといえよう。

院御厩別当（司）は院領の馬を管理する役職であり、院の御幸に際しては車後に控えてその警備を担当することになっていた。そうした性格上、軍事貴族に適した役職であり、そのために忠盛以降平家がほぼ独占するようになったのである。義仲による奪取は、すでにこの役職が軍事貴族の第一人者が就任すべきものになっていたためと考えられる。すなわち、義経を後白河が院御厩司に就けたということは、後白河は事実上義経を軍事貴族の第一人者と認めたということを意味する。後白河にとって、従来の平家にかわるのは、頼朝ではなく、この義経であるという認識が強かったのではなかろうか。

また元木氏が指摘するように、院御厩別当（司）には平泉の奥州藤原氏との連携という意味もあった。陸奥国は馬の一大産地であり、院に送られた駿馬《しゅんめ》は院御厩で管理されていたのである。そのために、院御厩舎人《とねり》たちは、平泉に下向しており、その際に陸奥の砂金をも獲得していた。源平合戦の最中、平氏によって藤原秀衡が陸奥守に任命されていたが、元暦元年（一一八四）それに代わって藤《ふじ》原《わらのむねなが》宗長がその地位についた。この宗長は蹴鞠《けまり》の達人として後白河に仕えた院近臣藤原《ふじわらのよりすけ》頼輔の孫にあたっている。頼輔は、平治の乱の翌年に豊後守になり、息子の頼経、孫の宗長にあいついでその地位を譲った後も、二十年の長きにわたって知行国主であり続けた。治承五年（一一八一）二月には、豊後国内の反乱に対処するため、現地に下り、その鎮圧にあたるという異例の行動に出ている（『玉葉』）。しかも、頼輔はこの反乱鎮圧に成功し、この二年後の寿永二年（一一八三）には豊後の武士緒方惟義に命じて、大宰府に下向してきた平家を撃退させている。このように、元木氏は頼輔が豊後の武士団を院の武力として組織していたとする。

すなわち、後白河のもとに頼輔、義経を中心に、奥州藤原氏や豊後緒方氏を結ぶ、広域かつ大規模な軍事組織が形成されようとしていた。これは院御厩別当（司）を独占した院近臣末茂流藤原氏と平家とを軸にした鳥羽院政期の軍事組織の延長上にあり、しかもより広範に地方武士や豪族を組織して、大規模な組織をめざしていた（元木泰雄『源義経』）。この後白河の軍事組織の要の位置に、院御厩司の義経が存在していたのである。

しかし、この時点で、後白河が奥州藤原氏、義経、九州の緒方氏などを組織して、頼朝包囲網を形成し、その武力を牽制《けんせい》しようとしていたわけではない。頼朝挙兵以後、後白河は密かに頼朝と連絡をとり、その上洛を促した形跡もある。後白河にとって、頼朝も院政に仕える軍事組織の一端なのである。おそらく、後白河は頼朝と義経との間に対立が生まれることを予想していなかったと思われる。

壇の浦での平氏滅亡直後の早い段階から、頼朝と義経が対立していたことを強調するのが、『吾妻鏡』の記述である。そのきっかけは四月二十一日に頼朝のもとに届いた梶原景時の讒言《ざんげん》ということになっている。その讒言が頼朝を激怒させたため、五月七日に義経は異心なき旨の起請文を頼朝のもとに届けた。そして、五月十五日に、宗盛父子を率いた義経が、鎌倉の手前の腰越《こしごえ》宿に到着するが、鎌倉への入ることも頼朝へ対面することも許されず、ただ宗盛父子が北条時政に引き渡される。腰越に止められた義経が二十四日に書いたというのが、あまりにも有名な「腰越状」である。しかし、けっきょく六月九日対面が許されないまま、義経に帰京が命じられる。こうして、頼朝と義経の関係は決裂したことになっている。

まず、頼朝の側近として活躍した梶原景時を讒言者とする『吾妻鏡』には、のちに北条氏によって滅ぼされる景時への悪意、あるいは責任転嫁の意図が感じられる。ただ、讒言の内容には、壇の浦での平家討滅がおもに西国武士や京武者によってなされたことへの、東国武士の不満を反映したところがあり、事実無根とまではいえない。平家滅亡の最大の功労者に対する頼朝の冷ややかな対応は、そのことと関係している。

また、『平家物語』でも読み本系統の『延慶本平家物語』などでは、義経が鎌倉で頼朝に対面したが、頼朝が冷淡だったことが描かれている。それが事実であるとすると、有名な「腰越状」の信憑性が薄れる。そもそも「腰越状」は文体だけでなく、文面においても疑問が多く指摘されている。こうしたことから、この時点では頼朝と義経の関係には悪化の兆しがあったが、まだ対立や破局には至っていなかったというのが元木氏の考えである（元木泰雄『源義経』）。頼朝と義経の関係についての『吾妻鏡』の記述には、少なからぬ虚構が含まれていると考えるべきであろう。この時点で頼朝と義経が決裂していたと考えると、その後の展開はきわめて不自然になるからである。

義経はおそらくは頼朝と対面し、平宗盛・清宗父子の処刑という重要な任務を与えられた。二人を率いて六月九日に鎌倉を出発した義経は、二十一日近江国篠原宿《しのはらのしゅく》で宗盛を、野路口《のじくち》で清宗を殺す。その首は二日後、京の六条河原で検非違使に渡され、獄門の樹にさらされたのである（『吾妻鏡』）。後白河は大路を渡される二人の首を三条東洞院で見物した（『百練抄』）。二人を殺すことは決まっていた。だが、大臣の首渡しは異例であったため、事前に頼朝は義経を通じて、首渡しをするか、首を捨て置くか、後白河に伺いをたてていた（『玉葉』）。後白河は左大臣経宗、右大臣兼実、内大臣実定《さねさだ》に諮問するが、けっきょく首渡しが行われることになる（『吉記』）。頼朝は、朝廷側、あるいは後白河の意向を配慮しながら、宗盛・清宗父子の処断方法を進めているのである。頼朝が義経と決裂していたならば、このような経過となるはずはない。

義経は検非違使左衛門少尉という、京都の治安維持を担当すべき役職にあった。頼朝は帰京した義経に当面は京都の治安維持を担当させようとし、それまでその職をになっていた鎌倉殿御使、中原久経と近藤国平を七月に入れ替わりで鎮西に出発させた（『吾妻鏡』）。頼朝は平家滅亡後、任官した東国武士に対して、東国への下向を許さず、京都での朝廷への奉仕を厳命していた（『吾妻鏡』）。そうした武士たちは、義経の指揮下に入り、京都の治安をになうことになった。結果として、義経は壇の浦でともに戦った西国武士や京武者よりも、東国武士たちにの中におかれたことは事実であり、そのことがこれ以後の事態の展開に影響したことも正しいだろう。しかし、この時点で、頼朝に義経封じ込めの意図まであったかというと、それはあやしいと思う。

帰京から一ヶ月半たった八月十六日、頼朝の申請によって、義経は伊予守に任じられた（『玉葉』）。伊予守は播磨守とともに受領の最高峰であり、代々この地位につくのは院近臣の大物ばかりであった。平治の乱後には清盛の嫡男重盛、法住寺合戦では義仲、といずれも合戦の勝者たちが就任した。伊予守任官は、平家討滅に対する恩賞であった（元木泰雄『源義経』）。頼朝と義経の関係は悪化していたが、決裂までには至っていなかったことは、この頼朝の申請による恩賞がもっともはっきり示している。しかし、平家滅亡からすでに四ヶ月。その遅さにはやはり頼朝と義経の不和が影響していることは否めない。さらに、義経の検非違使左衛門少尉の職は解かれなかった。これはきわめて異例なことであり、兼実も「大夫尉《たいふのじょう》を兼帯の条、未曾有」（『玉葉』）と述べている。これができるのは後白河だけである。それが義経を京都に留めようとする後白河の意志であることはいうまでもない。頼朝が京官にある武士の下向を禁止していたから、検非違使と衛府の職を解かない限り、義経は京都を離れられなかったからである。義経の再度の上洛から約二ヶ月。後白河と義経との関係は、より強固なものになっていた。後白河による軍事体制が確立しつつあった。

5　大仏開眼と頼朝追討宣旨

大仏開眼供養

治承四年（一一八〇）十二月の平家による南都焼き討ち後、南都寺院の復興が行われた。とくに東大寺の再建事業は、その後の国家の支配体制にも、大きな影響を与える大事業であった。折しも、養和の大飢饉自体は収束しつつあったが、内乱による社会の疲弊は継続していた。国家財政からの支出はほとんど期待できず、重源を中心とする勧進《かんじん》（人々の寄付）で、この事業が担われた。

逆にいえば、東大寺を再建することは、平家滅亡後の天下を復興させることであり、王法と仏法が依存しあう秩序を回復させることであった。むしろ、飢饉や内乱からうけた打撃が大きいがゆえに、東大寺再建事業は進められたのである。重源は宋からの新技術・新様式を導入編成したが、最初に行

東大寺大仏

われた大仏鋳造は、「唐の鋳師」陳和卿《ちんなけい》の参加によって進められたという（久野修義『重源と栄西』）。

元暦二年（一一八五）七月九日、突如、大地震が京都を襲った。鴨長明の『方丈記』にその悲惨なありさまが伝えられている地震である。四月の平家の滅亡後も、社会の不安定な情勢は続いていたから、この地震が翌日の神祇官・陰陽寮の軒廊御卜《こんろうのごぼく》で「神の祟」であるとされたのも当然であろう（『吉記』）。仏厳《ぶつごん》も、衆生の罪業の深さを天神地祇《てんじんちぎ》が怒っているという夢想を得たと、親しい後白河や兼実に伝えている。この異変は明らかに後白河の政道への批判でもあった（『玉葉』）。天神地祇の怒りや神の祟を鎮めるには、天変兵乱を引きおこす怨霊の鎮魂を実現するための徳政が強く求められた。その最大のものが東大寺の再建事業であった（久野修義「中世寺院と社会・国家」）。

こうした中で、大仏開眼供養《だいぶつかいげんくよう》が八月二十八日とあわただしく決まった。しかし、まだ大仏は「半作」の状態であり、兼実が「件の大仏、わずかに御躰《ぎょたい》を鋳奉るといえども、未だ治営に及ばず、又滅《めっ》金《きん》を押さず」（『玉葉』）と述べるように、鋳造を終えているとはいっても、金箔はまだ貼られていない状態であった。それでも、後白河は大仏の開眼を急いだ。

八月に入ると、地震の直後から意見の出ていた改元が、十四日になされた。地震による文治への改元である（『玉葉』）。先に述べた義経が伊予守に任じられた臨時除目は、頼朝の要請によって、この改元の二日後に行われたものである。そして、二十三日には、後白河の命令によって、唐招提寺と東寺の舎利が重源に授けられ、開眼直前の大仏の胎内《たいない》に納められた（『東大寺続要録』供養篇）。舎利は王権と密接不可分と考えられていたから、大仏への舎利奉納は後白河を中心とする大仏開眼供養への重要なプロセスと見られる。

開眼供養の前日、後白河と八条院が南都に赴いたが、同時に「洛中貴賤」も数多く下ってきた。八月二十八日の当日、それらの「洛中貴賤」を含む「恒砂《こうさ》のごとき雑人」たちが供養に集まった。特筆すべきは、後白河自らが筆を取って、眼を入れたことである。天平の大仏開眼の時は、波羅門《ばらもん》僧正が眼を入れたのだが、聖武上皇が入れたという先例をでっちあげて、強行したのだという（『玉葉』）。大群衆を眼の前にした後白河の一世一代の大パフォーマンスである。しかも、開眼供養の法会の舞台上に、雑人たちが腰刀を投げ入れ、それを重源の弟子達が集めて回るという情景が繰り広げられた。後年、豊臣秀吉が刀狩令に際して、没収した刀・脇差しを方広寺《ほうこうじ》大仏に施入《せにゅう》するとした有名な文言があるが、それと同様なことが起きたのである。しかも、今回は「凡そ事の儀、あるいは公事に非ず」とあるように、公式のプログラムになかった事態だった。いわば雑人の自然発生的な結縁《けちえん》行為であり、そこには民衆の平和を求める切実な願望が認められると評価されている（久野修義「東大寺大仏の再建と公武権力」）。

後白河による開眼供養の強行と主導は、政治批判に変化しかねない怨霊の鎮魂が急務であったとともに、頼朝の存在を念頭におきながら、平和政策のヘゲモニー（主導権）を握ろうとしたためではないかと久野氏は推測する。頼朝も大仏再建にあたっては、明らかに京都を意識しつつ援助を行っているが、この時期頼朝は背後の奥州藤原氏を脅威ととらえていた。平家滅亡は「後白河の平和」を意味していたが、いまだ「頼朝の平和」ではなかったのである。平和・安穏の組織者としては、後白河が一歩リードし、大仏の再建は平和実現のための重要な徳政であった（久野修義「東大寺大仏の再建と公武権力」）。

義経と奥州藤原氏

後白河を中心とする軍事体制確立に加えて、大仏再建を通じた王法仏法相依の体制確立という状況は、頼朝の側に、ある疑念を強めたと思われる。後白河の軍事体制の要になりつつある義経と奥州藤原氏との関係である。頼朝挙兵前に義経が奥州藤原氏の庇護をうけていたことは、周知の事実である。頼朝の脅威は奥州藤原氏と義経との連携という可能性に発展する。院御厩司という義経の立場は、貢馬を通じての連携を現実化するものであった。必然的に、その先には後白河と頼朝との対立への道もつながっている。

元木氏は、義経の妻の父でもある平時忠の一族が、配流と決まりながらも在京し、後白河と義経の庇護を受けていたことに注目する。義経と平家の残党が結びついているという疑いを頼朝が持ったというのである（元木泰雄『源義経』）。また、野口実氏が注目する両総平氏一門の片岡一族も、千葉一族と対立しており、けっきょく義経と運命をともにする（野口「十二世紀における東国留住貴族と在地勢力」）。武蔵国の河越氏も、義経と姻戚関係にあり、畠山・比企氏などと微妙な関係にあった。鎌倉の背後にある奥州藤原氏の存在を考慮すれば、これらの幕府内の不満勢力が義経に結びつけば、幕府の体制は大きく動揺する可能性がある。

ここで、元木氏は頼朝が義経の鎌倉召還を試みたのではないかと推定する。義経は頼朝の弟であるが、その養子にもなっていた。これは頼朝の家長権の行使として正当化される。義経はもともと頼朝から平宗盛父子処刑という重要な使命をうけて、六月に鎌倉から京都へ向かったのである。八月の伊予守任官後も、検非違使と衛府の職を解かれていなかったから、ほんらいは京都を離れられないはずである。だが、この二ヶ月で頼朝と義経との関係は悪化していた。このまま義経を京都においておくと危険であると考え、国家的官職の論理よりも、家長権を優先して、召喚を試みたのである。おりしも十月二十四日に鎌倉で父義朝の菩提を弔う勝長寿院《しょうちょうじゅいん》供養が予定されており、源氏一門のほぼすべてが参列することになる。それが召喚の口実になったという。しかし、義経はこの頼朝の召喚を拒絶した。それは鎌倉で殺される可能性を恐れたためである（元木泰雄『源義経』）。こうして、頼朝と義経の関係は決裂し、頼朝は京都に土佐房昌俊《とさのぼうしょうしゅん》が率いる八十三騎を刺客として送りこむ（『吾妻鏡』）。家長権にそむくこと、子が親にそむくことは、死に値するというのが頼朝の理屈であった。

平家追討にみせたように、義経には軍事指揮官としての天賦の才能があった。それゆえに、義経一人を殺せば、頼朝にとって脅威は半減する。十月十七日、義経の家人たちの多くが留守であることを見越して、頼朝の刺客たちが六条室町の義経邸を襲った。しかし、叔父行家の加勢もあって、義経暗殺は失敗に終わる。この義経暗殺未遂をうけて、義経が後白河に強要し、義経と行家に対し頼朝追討宣旨が下ったということになっている（『吾妻鏡』）。しかし、事態はもう少し前から進行していた。『吾妻鏡』によると、八月四日に行家の謀叛が発覚し、佐々木定綱《ささきさだつな》に対して近国の御家人を率いて追討することが頼朝から命じられたとし、病気を理由に追討を拒んだ義経に対し、刺客土佐房昌俊が派遣されたことになっている。しかし、元木氏は、当時佐々木定綱は勝長寿院供養で導師をつとめる園城寺公顕《こうけん》の出立を沙汰するなど忙しく、九州から鎌倉に向かう範頼が九月二十六日に入京しているが（『玉葉』）、行家追討に加わった形跡がないなど、この時期の行家の謀叛は疑わしいとする。行家の挙兵は、範頼が鎌倉に向かい、京都周辺に鎌倉方の軍事的空白ができた十月初旬と考えられる（元木泰雄『源義経』）。

頼朝追討宣旨

そして、十月十三日には、行家とともに義経も頼朝に叛旗を翻したことがはっきりする。しかも、この日、頼朝が後白河の意向に背くことが多かったため、後白河がすでに義経の挙兵に同意しているとか、奥州の秀衡が義経に与《くみ》しているなどという情報が京都では飛び交った。また、後白河から甲冑を賜った行家が近江に向かっていることもわかる（『玉葉』）。義経・行家の強要によって、後白河がその挙兵に同意して追討宣旨を出したと考えるよりも、当初から後白河の意志であった可能性が高い。後白河は鹿ヶ谷事件における清盛暗殺計画、治承三年クーデターにつながる清盛への挑発、法住寺合戦での義仲との軍事的衝突、など武士への挑発や軍事的対決に積極的であった。今回も、強要によってやむなく義経・行家に同意したわけではないと考えるべきであろう。

後白河には勝算があった。勝長寿院供養でほとんどの鎌倉武士は京周辺におらず、軍事的空白が生まれていた。鎮西においても再三強引な活動を繰り返していた範頼軍が、やはり勝長寿院供養のため鎌倉にもどっていた。おそらく、奥州藤原氏との連絡もあり、背後から鎌倉を脅かす目論見もあった。こうなると、畿内近国と西国の武士たちを率いて、平家を滅ぼした義経の軍事指揮官としての手腕にゆだねれば、頼朝の鎌倉軍を屈服させることができる。こうして、義経暗殺未遂を契機に、いっきに頼朝追討宣旨が発せられたのである。

ところがこれが大誤算であった。畿内近国に義経・行家に従う武士がほとんどいなかったのである。『玉葉』によると、十月十八日の宣旨に対し、二十二日には「宣下の後、狩武者《かりむしゃ》、多く以て承引せず」二十三日にも「近江武士等、義経等に与せず、奥方に引退すと云々」と武士たちは従わなかった。八月の大仏開眼供養に雲霞の如く集まった雑人たちの姿に幻惑された後白河は、その群衆が頼朝追討軍となる官軍への支持につながると読み間違えたのである。しかし、それは戦乱に飽いた民衆の平和への願望の表現であり、新たな戦いを望むシグナルではなかった。

頼朝追討宣旨は畿内近国の武士にも受け入れられなかった。彼らがかつて義経のもとで戦ったのは、反平家という一致点があったからである。彼らは頼朝に敵意をもっておらず、頼朝の率いる鎌倉武士と戦う必然性はまったくなかったのである。一方、追討される理由が何も思いつかなかった鎌倉武士たちは、頼朝の父義朝追善の勝長寿院供養に集結しており、かえって一致団結し、追討宣旨に対しても動揺はなかった。おそらく、頼朝はそれが義経・行家による強要によるもので、後白河の意志ではないと喧伝《けんでん》したであろう。平家討滅戦で義経から疎外された東国武士には、義経への反感もあいまって、それは耳に入りやすい言説であった。頼朝は、義経・行家追討のため、十月二十九日に鎌倉を出発したのである（『吾妻鏡』）。

情勢を不利と察した後白河は、十月二十五日には、頼朝との和解をはかる方針に転じ、「法皇、只天下を知食《しろしめ》すべからざるなり」と今後は政治に関わらないことなどを、頼朝に伝える方法をさぐっている（『玉葉』）。一方、義経は鎮西に下るため、後白河に同行を求めたが、拒絶された。この頃には兼実が「事、叡慮《えいりょ》より起こらざるの由、普《あまね》く以て風聞の間」と記すように、京都でも頼朝追討宣旨は後白河の意志ではないという噂が広がっている。それとともに、義経と行家が後白河やしかるべき臣下を具して、鎮西に下ろうとしたという話も広がり、畿内の武士らの離反が進むことになった（『玉葉』）。

後白河は、山陽道と西海道の荘園公領の「調庸租税年貢雑物など」を義経の沙汰として京上させることと、豊後の武士などに義経・行家を扶持させることを内容とする院宣を発した（『玉葉』）。それは、寿永二年十月宣旨で東海・東山道について頼朝に与えた権限と同様のものであった。こうして、後白河の同行をあきらめた義経と行家は、人々が恐れていた略奪におよぶこともなく、十一月三日、静かに京都を離れ鎮西に向かった。兼実は、後白河に見捨てられた義経に同情し「義経の所行、実に以て義士と謂うべきか」「武勇と仁義においては、後代の佳名を貽《のこ》すものか」（『玉葉』）と記すが、そのような評判が後世の「判官贔屓《ほうかんびいき》」につながっていく。

第六章　頼朝との対立と和解

1　廟堂粛清《びょうどうしゅくせい》

「日本第一の大天狗《おおてんぐ》」

十一月八日、義経と行家は、藤原範季《ふじわらののりすえ》の子範資《のりすけ》らの追撃を振り切り、摂津国大物浦《だいもつうら》から乗船するが、夜半からの大風により、一行は離散する。義経と行家の乗る小船のみが、和泉国方面に逃げ去ったという。また、彼らを護衛していた豊後国の武士たちも、範資によって捕らえられた（『玉葉』）。あまりにもあっけない没落である。後白河は十二日、義経と行家が漂着したという情報に基づいて、和泉以下の畿内近国に、彼らを捕らえることを命ずる院宣を発している。「朝令暮改」とは、まさにこのことである。

一方、上洛の途にあった頼朝は、義経と行家が京を離れ西海に向かったという報に接し、駿河国黄瀬川から鎌倉にもどった（『吾妻鏡』）。おそらく、この時点で、畿内近国の武士が義経と行家から離反したという情報も入っていたのであろう。そうなると、かえって背後の奥州藤原氏の方が脅威に映る。代わって、頼朝の舅である北条時政が、千騎を率いて、十一月二十四日に入京した（『玉葉』）。

これ以前、後白河の意をうけた近臣高階泰経の使者が、鎌倉の頼朝のもとに下った。使者は「行家と義経の謀叛のことは、ひとえに天魔《てんま》の所為であろう。頼朝追討宣旨のことは、彼らが宮中で自殺すると脅したので、一時の難を避けるために下したのであって、法皇の意志ではない」と伝えた。

この弁解に怒った頼朝は「行家と義経の謀叛のことが天魔の所為と仰せ下されるのは、甚だ謂われのないことである。天魔とは、仏法のために妨げをなし、人倫に煩いをなすもののことである。頼朝が、数多《あまた》の朝敵を降伏させ、政治を君にお任せした忠節にもかかわらず、なぜたちまちに反逆者とされ、たいした法皇のご意志でもなく追討の院宣が下されなければならないのか。行家や義経を召し捕《と》るため、諸国が衰弊し人民が滅亡することになろう。日本第一の大天狗《おおてんぐ》は他の誰でもないご自身であろう」と述べたと『吾妻鏡』十一月十五日条に記されている。この頼朝の書状が二十四日に入洛した時政によって、後白河のもとに送られることになる（『玉葉』）。

この「日本第一の大天狗」については、これを後白河ではなく、使者を送ってきた高階泰経であるとする河内祥輔氏などの説も示されている（河内祥輔『頼朝の時代――一一八〇年代内乱史』）。五味文彦氏や保立道久氏もこの説を支持している（五味文彦「後白河法皇の実像」、保立道久「日本国惣地頭・源頼朝と鎌倉初期新制」）。しかし、泰経はあくまでも後白河の意志を頼朝に伝えているのであり、頼朝はそれに最大限の怒りをもって返しているのである。頼朝からすれば、泰経など後白河に追従《ついしょう》する周辺の小者にすぎない。それを「日本第一の大天狗」などという大袈裟な表現で批判することなどありえない。諸国を衰弊させ人民を滅亡させる「日本第一の大天狗」とは後白河自身の他ならないとする最大限の批判がなされていることは間違いない。泰経説については、すでに川合康氏の批判があるが（川合康「後白河院と朝廷」）、あらためてそれに賛意を示しておきたい。

議奏公卿制

　時政は頼朝の指示にもとづいて二十九日、国地頭《くにじとう》の設置と段別五升の兵粮米徴収権を後白河に認めさせた（『玉葉』）。これがかつて守護地頭設置といわれていたものである。荘園や公領ごとの荘郷地頭《しょうごうじとう》はこれ以前から設置されていたことが明らかであり、このときおかれた地頭とは異なる。これは文治《ぶんち》勅許《ちょっきょ》といわれており、畿内近国および西国の軍事制圧を目的としたもので、当該地域の国衙《こくが》機構《きこう》を掌握し、兵粮米の徴収や国内の武士の動員を行うものであった（石母田正「鎌倉幕府一国地頭職の成立」、大山喬平「文治国地頭の三つの権限について」）。さらにいえば、義経のもとで西国武士が蜂起することを、後白河が期待していたとすれば、頼朝の軍事的対応は当然のことである。つまり、鎌倉軍による軍事占領体制なのであり、平家滅亡後に構築しようとした後白河を中心とする軍事体制はここにあっけなく崩壊した。

九条兼実

　頼朝はさらに参議藤原親宗《ふじわらのちかむね》、大蔵卿高階泰経以下十二名を「行家・義経らに同意し、天下を乱さんと欲するの凶臣なり」と断じ、その解官《げかん》を要求した。そして、右大臣九条兼実を内覧に推挙するのである（『玉葉』『吾妻鏡』）。当時、摂政を近衛基通がつとめていたが、内覧《ないらん》とは准関白にあたるので、異例の事態である。事実上、摂政の交代を求めたもので、兼実は翌文治二年三月に正式に摂政に任じられている。このような武士による解官や摂関交代の要求は、後白河にとっては、清盛による治承三年クーデター、義仲による法住寺合戦のあとについで三度目ということになる。

前の二回と大きく異なっているのが、議奏公卿《ぎそうくぎょう》設置の要求である。議奏公卿とは、内覧に推挙された右大臣兼実のほか、内大臣藤原実定、大納言藤原実房《ふじわらのさねふさ》、権大納言藤原宗家《ふじわらのむねいえ》、忠親、権中納言藤《ふじ》原実家《わらのさねいえ》、源通親《みなもとのみちちか》、藤原《ふじわらの》（吉田）経房《つねふさ》、参議藤原雅長《ふじわらのまさなが》、兼光《かねみつ》の十名である。「已上、卿相朝務《けいそうちょうむ》の間、先ず神祇より始め、次いで諸道に至り、彼の議奏により、これを計らい行はるべし」（『玉葉』）とあるように、頼朝の要求は、議奏公卿の意見奏上により朝廷政務が行われることであった。議奏公卿によって、後白河の恣意的政治運営を制約しようというわけである。

頼朝追討宣旨について、十月十七日に、後白河は左大臣藤原経宗と実定を院御所に召し、兼実には在宅のまま諮問を行った。この時、経宗は早く追討宣旨を下すべきで公卿議定を行う必要はないと奏上し、実定もそれに同意したため、決まってしまったという。在宅諮問における兼実の反対意見はとりあげられなかった（『玉葉』）。このように宣旨発給を主張し、さらにその責任者である上卿《じょうけい》をもつとめた経宗の責任が追及され（『愚管抄』）、議奏公卿からはずされたのである。経宗の解官までは求めなかったが、その政治関与を否定する措置といえる。

太政大臣は常置ではないし、政治的権能を有しない名誉職であったため、太政官の実質上のトップは左大臣である。その左大臣の政治関与が否定されることになったことは重大である。だが、それならばいっそのこと経宗を解官させ、新たな左大臣の任命を求めるほうが明快である。議奏公卿からの排除は明白であるとはいえ、旧来の太政官議政官会議のトップを排除することは、この議奏公卿制度自体にとって、マイナスの要素となる。

経宗排除とともに、重要であったのが、摂政基通に対する対応であった。ここでも、後白河最大の近臣ともいうべき基通に対し、頼朝は摂政罷免という明快な措置に出なかった。その代わり、右大臣兼実への内覧宣下を求めることになる。兼実は議奏公卿の筆頭とともに、内覧となることになった（『玉葉』）。しかし、当の兼実自身が「摂政と内覧、殆ど君臣の礼あるに似る」と述べているように、ほんらい摂政は幼帝の代理であり、内覧とは関白の中核的職掌ゆえ准関白というべき立場ということになる。突き詰めれば、二人の関係が天皇と関白の関係と同等であるとみなすこともできた。けっきょく、基通から兼実への摂政と藤氏長者《とうしちょうじゃ》交代は翌年の三月十二日まで二ヶ月半ほどもずれこむことになる。

ここで注目すべきが、同時に行われた知行国奏請の問題である。まず、伊予を兼実、越前を実定、石見を宗家、美作を実家、因幡を通親、近江を雅長、と十人のうち六人の議奏公卿に知行国を与えることが求められた。また、和泉が藤原光長《みつなが》、陸奥が源兼忠《かねただ》と、新たに蔵人頭になる二人にも知行国を与えられることになった。頼朝が推挙した議奏公卿と蔵人頭に、知行国が付与されることは、彼らの経済的基盤を強化することになる。それによって、後白河からの独立性を期待したと思われる。同時に、知行国奏請が朝廷内の親幕派形成につながることを意図していたことも想定できる。

宇佐和気使問題

この議奏公卿制がどのように運用されたかがわかる事例として、宇佐和気使《うさわけし》をめぐるトラブルがある。宇佐和気使とは天皇即位を九州の宇佐八幡宮に報告する勅使のことである。神護景雲三年（七六九）道鏡の即位をめぐっての和気清麻呂《わけのきよまろ》の奉勅使《ほうちょくし》に由来するもので、天長十年（八三三）の清麻呂の子の真綱《まつな》派遣以後は五位以上の和気使を充てたので、とくに宇佐和気使といわれる。

このときは、寿永二年（一一八三）の後鳥羽天皇即位を報告するもので、平家が滅亡し九州への勅使派遣が可能と判断されたのである。ところが、武士の違乱によって、十二月半ばには、追い返される事態が報告されていた（『百練抄』）。朝廷は在京する北条時政に対して、武士を派遣して狼藉を鎮めるように命令した。しかし、和気使は再度、播磨での武士の「濫吹《らんすい》」にあって、神馬・神宝などの宇佐宮への奉納品を路頭に放棄して京都に逃げ帰った。

この問題について、蔵人藤原定経は後白河への奏聞を前に、翌正月五日、内覧兼実の意見を尋ねた。兼実は、先ず外記に先例を調べさせ、その上で人々に諮問するように答え、早く後白河に奏聞するように命令する。二十八日、再び兼実邸を訪れた定経は、「頼朝注進の十人の中、相計らい尋問せらるべし。その人においては定め仰せがたし。兼ねて又、左府かの注進の内に入らず。同じく相計らうべし」という後白河の発言を伝えた。つまり「頼朝注進の十人」である議奏公卿に諮問するのだろうが、そこには左大臣経宗が入っていないが、どうしようかというのである。兼実は議奏公卿十名すべてに諮問するか、上位の数名に諮問するかは後白河に決めて欲しいと回答する。さらに経宗について「この列に漏れるの条、尤も然るべからず」と議奏公卿に経宗が加えられなかったことまでも批判している（『玉葉』）。

議奏公卿から経宗がわざわざ排除された頼朝の意図は明白である。議奏公卿によって後白河の恣意を制約するという目的がある以上、諮問者の選定を後白河に委ねてはならないことも当然である。すなわち、頼朝が内覧に推挙し、議奏公卿の筆頭においた兼実でさえ、議奏公卿制に冷淡なのである。こうした頼朝と兼実の足並みの乱れの要因はどこにあるのだろうか。

宇佐和気使問題は、上卿を定めて奉行させ、陣定を開くという兼実の方針にもとづくことになる。だが、上卿の決定に一ヶ月もかかり、陣定開催は四月三十日までずれこむのである。そもそも、問題がおきた播磨は後白河の院分国《いんぶんこく》であったが、文治元年（一一八五）十一月に頼朝側近の梶原景時の代官が、国衙の小目代男を追放し、国倉《こくそう》に封印をしている（『玉葉』）。宇佐和気使への「濫吹」も、この梶原景時配下の武士によるものと思われる。兼実の背後に頼朝がいることは明白であるから、この事件をきっかけに分国支配を脅かされた後白河が反撃に出たのであり、兼実中心の執政は大きな抵抗を受けつつあった。

2 摂関家領相論をめぐって

廟堂粛清によって、政治的に大打撃をうけた後白河であったが、しだいに復権をみせる。ここで注目すべきなのが、摂関家領をめぐる近衛基通と九条兼実のあらそいであった。以下、その経緯を川端新氏の研究にもとづいて見てみたい（川端新「摂関家領荘園群の形成と伝領」）。

基通と兼実

文治二年（一一八六）三月十二日に基通から兼実に摂政と氏長者が譲られた。それ自体は、前年暮れの頼朝の要請による兼実の内覧就任から、予定された動きであった。ところが、ここでにわかに大問題となったのが、それまで基通が知行していた荘園の行方である。頼朝は当初、基通のもつ摂関家領を兼実に譲らせることを計画していた。ところがこれを聞いた基通が、後白河に訴えたため、後白河は在京中の北条時政を通じて、頼朝にその撤回を求める。

四月に鎌倉に戻った時政は、基通が荘園を手放すつもりがないことを頼朝に報告する。頼朝は、かつて基実の死後、摂関家領がその後家の平盛子のものとなり、事実上その父である平清盛の所有となってしまったことを、悪しき先例であるとした。その際には、松殿基房は摂政でありながら、摂関家領をまったく支配できなかったのである。それと同じ轍《てつ》を兼実に踏ませないため、頼朝は具体的な提案を兼実経由で、後白河に行うことになる。

その案というのは、京極殿領《きょうごくどのりょう》を兼実に渡し、それ以外の高陽院領《かやのいんりょう》、冷泉宮領《れいぜいのみやりょう》、堀河中宮領《ほりかわちゅうぐうりょう》などを基通のもとに残すというものであった。まず、京極殿領とは、宇治殿領とよばれる藤原頼通《ふじわらのよりみち》の所領が三分されたうちの一つで、嫡子師実《もろざね》に譲られたものを基盤としている。ただし、その荘園がすべて頼通以来のものではなく、むしろ京極殿領＝師実領とされているごとく、師実の時代の新立荘園が多く含まれ、その時期に確立した荘園群である。これは他の荘園群と異なり、頼通以来摂関家の嫡流に相伝されていき、基本的に女子に譲られることもない。しかも、摂関家の年中行事の費用は、この京極殿領を中心にまかなわれていく。

一方、高陽院領とは、頼通領のうち、頼通の娘四条宮寛子《しじょうのみやかんし》に譲られた所領である四条宮領、頼通室の隆姫《たかひめ》つまり高倉北政所《たかくらきたまんどころ》に譲られたのち高倉一宮祐子内親王《ゆうしないしんのう》（頼通養女）へ譲られた高倉一宮領の二つの荘園群が、ともに師実の孫である忠実のもとに集積され再生されたものである。これが忠実の女で鳥羽院の皇后となった高陽院泰子《やすこ》に譲られた。そのために高陽院領とよばれる。

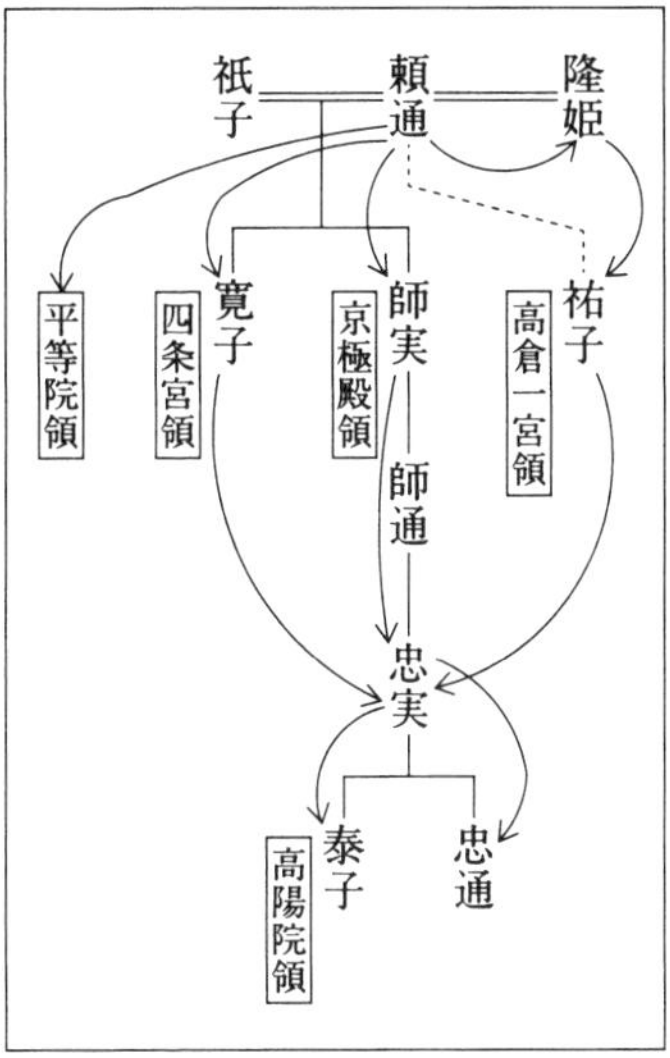

摂関家領（頼通領）荘園伝領図

冷泉宮領とは、小一条院敦明親王《こいちじょういんあつあきらしんのう》の女で三条天皇の養女であった儇子《けんし》内親王が領有した荘園群のことである。彼女は関白藤原教通《ふじわらののりみち》の子信家《のぶいえ》に嫁ぐが実子がなく、藤原師実の北政所である源麗子《みなもとのれいし》を養女とした。そのため、この所領が麗子を通じて、その孫にあたる忠実に伝領された。

堀河中宮領とは、後三条天皇の女である堀河中宮篤子《あつこ》内親王が領有した荘園群である。しかし、もともと三十七箇所にわたる大規模なものであったが、大治二年（一一二七）白河法皇によって多くが接収され、わずか十箇所たらずが摂関家領として伝領されることになった。

この案を見た後白河は、ただちに院宣を鎌倉に送って、頼朝の提案を拒絶するとともに、兼実の「押領」を激しく非難した。兼実は皇嘉門院領を知行しており、頼朝が悪しき先例とした松殿基房の場合とは違うというのである。この頃、兼実と基通との対立は頂点に達しており、基通が兼実に夜討をかけるという噂に兼実は怯えている（『玉葉』）。

皇嘉門院とは兼実の異母姉で崇徳院の皇后聖子《せいし》のことであり、兼実は幼少期からこの姉の養子となっており、きわめて親密な関係にあった（『兵範記』）。また兼実の長子良通もこの女院の養子となり（『玉葉』）、たいへんかわいがられていた。こうしたことから、この女院が亡くなる前年の治承四年五月に皇嘉門院領の処分状が作成され、それが養和元年九月に後白河の許可をうけて、その大部分が良通に伝領されている（『玉葉』）。後白河はこの荘園群が事実上兼実のもとにあるのだから、松殿基房が摂政なのに所領がなかったというのとは、まったく事情が異なるというわけである。

こうした状況のもと、兼実は頼朝に書状を送り、院宣と兼実の書状を見た頼朝は、再度同じ提案を兼実のもとに送っている。また七月になると、鎌倉から帰った院近臣大江公朝が頼朝申状を後白河に奏上する。しかし、そこでも頼朝の主張は基本的に変わらず、「高陽院方」を基通に、「京極殿方」を兼実へというものであった。この申状と公朝の言上を聞いた後白河は一度は激怒するが、一転変わって下手に出るように基通の荘園存続を懇願する。こうして、頼朝は後白河の要求を最終的に受け入れ、基通領がそのまま近衛家領として存続することになる(『玉葉』)。摂関家領に関する相論について、後白河と基通の側が、頼朝・兼実に勝利をおさめた瞬間であった。

追いつめられる兼実

畿内近国の軍事体制は、義経・行家の没落がはっきりすると、その名目を失ってしまい、かえって国地頭を中心とする「武士濫行《らんぎょう》」が問題となっていく。その端的な表れが、宇佐和気使の問題であろう。そして、畿内・西国に所領を有する貴族たちは、そうした「武士濫行」の被害者でもあった。彼らの批判は頼朝よりも、それと結んだ兼実に向かっていく。こうして親幕派である兼実の朝廷内の立場は悪化し、敵対する後白河と基通の立場は相対的に浮上するのである。こうして、国地頭制もわずか三ヶ月余りで停廃の方向に向かう。

北条時政が七ヵ国地頭職を辞退した文治二年(一一八六)三月一日付申文には、「勧農」を実施させるために国地頭を辞退すると記されている。戦乱で農民が動員されたり、田畑から強引に作物が兵粮として徴発されたりしたため荒廃した農業を、復興させるのがこの場合の「勧農」である。在地における戦時から平時への転換ともいえよう。ここでは、東国や北陸での幕府による勧農権の掌握とは異なり、国衙・荘園領主による勧農権の復活が意図されている。国衙や荘園領主の強い抵抗によって、畿内・西国の国地頭が停廃され、この地域での幕府による一国勧農権の掌握を通じての戦後処理軍政は、その構築に失敗したのである。こうした事態を背景にして、摂関家領をめぐる兼実と基通の相論がおき、頼朝は後退を余儀なくされた。こうして、貴族社会での後白河の立場は強化されたのである。

宇佐和気使をめぐる議奏公卿の問題でも、摂関家領をめぐる兼実と基通の対立でも、この文治二年四月から閏七月にかけて、後白河はいっきに攻勢をかけ、兼実の側が劣勢になっていく。朝廷においての兼実の立場は、頼朝の介入によって強引に摂政になったという印象をもたれ、しだいに孤立を深める結果となった。後白河はこれらの問題の処理を通じて、政治的主導権を回復していく。頼朝も、朝廷政治への介入を、あきらめていくのである。こうして、後白河の権力を制約するための議奏公卿の制度も、有名無実となっていく。後白河を「日本第一の大天狗」とまで言い切った頼朝の怒りは、一年もたたずして急速にしぼんでいく。

3　奥州合戦をめぐって

奥州藤原氏への頼朝の警戒

義経が没落しその余波もおさまった文治二年末頃、後白河は「天下落居《てんからっきょ》」つまり世の中は落ち着き、内乱がおさまり平和になったと考えていた。すでにその時期には畿内・西国での国地頭は停廃されて、国衙や荘園領主による戦時から平時への転換を意味する「勧農」が進められていたのだから、その認識は当然だろう。しかし、頼朝は義経に味方する「謀叛の輩」がまだ各国に潜伏していると後白河に対して主張し、鎌倉武士による没官措置《もっかんそち》を継続させつつ、荘郷地頭設置を推し進めていた。このように、後白河と頼朝の認識には大きなズレが生じていた。むしろ、文治二年中にはすでに平和になったという後白河の認識の方が、一般的だったという（川合康「奥州合戦ノート――鎌倉幕府成立史上における頼義故実の意義」）。この時期から奥州藤原氏が滅ぼされる奥州合戦までの状況を、川合氏の研究にそって見てみたい。

後白河は平和な状況になっているにもかかわらず、それが実現しないのは、義経らに与する「謀叛の輩」潜伏が原因ではなく、幕府が設置した地頭の「濫妨」によるものだと考えていた。頼朝こそ平和を乱している張本人だというわけである。後白河の頼朝、あるいは幕府に対する不信感は、ますます高まっていた。そのような後白河の認識は、他の貴族たちとも共有していたと考えられる。荘園領主・国衙主導の「勧農」によってその荘園公領支配を立て直そうとする貴族たちにとって、地頭の「濫妨」は深刻な共通の障害となっていた。そこにも、頼朝をバックにしている摂政兼実の執政が、しばしば行き詰まる要因があった。しかも、荘園領主でもある兼実もその被害者の一人でもあった。

このような地頭の「濫妨」および既述の摂関家領相論もあって、文治元年以降の後白河と頼朝の対立は一向におさまる気配がなかった。頼朝は関東申次に指名した吉田経房《よしだつねふさ》を通じて、しばしば後白河に対する政治交渉を続けていた。朝廷における兼実の立場が不安定である以上、直接後白河と交渉することの方が有効と考えたのであろう。そして、さらに後白河の歓心をかう作戦に転じ始めたのである。

文治三年（一一八七）四月、興味深い交渉が頼朝と後白河の間で行われていた。後白河の近臣随一であった北面下臈の中原基兼《なかはらのもとかね》は、鹿ヶ谷事件で奥州に配流され、その後藤原秀衡の庇護をうけていた。ところが、この度、帰京の意志を示したが、秀衡がこれを許さず、拘禁していた。この帰京を頼朝がはたらきかけたいというのである。また、後白河と重源が推進している大仏再建のため、滅金料の砂金三万両進上を秀衡に要求したいという。そこで後白河は頼朝を通じて、秀衡に自らの意向を伝えた。ところが、九月になると、いずれの要求も拒否してくる。こうしたことは、秀衡が後白河を軽んじている証拠だと、頼朝は喧伝したのである（『玉葉』）。

頼朝は自らが後白河の意向に沿う態度をとりながら、一方で秀衡を後白河に讒言し、後白河と秀衡との関係に楔を打ち込もうとしているようにみえる。頼朝にとって、挙兵以来奥州藤原氏は脅威であり続けた。頼朝に敵対した常陸国の佐竹隆義《さたけたかよし》の母が藤原清衡の女であった（高橋修「内海世界をめぐる武士政権の連携と競合」）。治承四年（一一八〇）十一月の金砂城《かなさじょう》合戦のときに在京中であった隆義は、その後も頼朝に抵抗し続け、敗れると奥州に逃れた。後白河の要請にもかかわらず頼朝が上洛しなかったのは、奥州藤原氏およびそれとつながる北関東の反頼朝勢力に警戒し続けたからであった。これらの勢力と後白河との関係は、頼朝からすれば、何としても断ちきらねばならなかった。

奥州に義経が潜伏していることがあきらかになったのは、文治四年（一一八八）初頭のことであった。出羽国の昌尊《しょうそん》が、実際に陸奥国の義経の軍勢と戦い、鎌倉に逃亡してきたという情報が、頼朝から朝廷にもたらされたからである（『玉葉』）。『吾妻鏡』は義経の奥州潜伏判明を前年の文治三年二月としているが、そうした文治三年の奥州に関する『吾妻鏡』の記事には問題が大きいことは、川合氏の指摘の通りである。

ここで前年の文治三年十月に病死した秀衡のあとを引き継いだ泰衡《やすひら》に対して、義経の召進を命ずるように頼朝は朝廷に提案する。その理由は、義経が奥州にいることは確実だが、泰衡等が義経に与しているという噂があるので、その真偽を確かめるためだという。一方で、頼朝は亡母供養の五重塔建立と自身の重厄による殺生禁断のため、義経追討使としての奥州出撃は辞退するというのである。朝廷は頼朝の要請にもとづき、泰衡および前陸奥守藤原基成《ふじわらのもとなり》に対して、義経に同心の意図がないのなら義経の身柄を召進せよ、もしそうしないならば官軍を派遣し征伐するという宣旨を、二月二十一日に発した（『玉葉』『吾妻鏡』）。

官使は鎌倉を経由して奥州と往復するが、何ら事態の進展なく、文治五年（一一八九）を迎える。頼朝が文治五年二月九日付けで、九州南端の島津荘地頭島津忠久《しまづただひさ》宛に、七月十日までに荘内の武士を率いて関東に赴くように命じた「源頼朝下文」が残っている（『大日本古文書　島津家文書一』九）。すなわち頼朝は、この時点で奥州藤原氏討滅のための全国的な軍事動員令を発し、約半年後の七月頃に奥州に進撃することを予定しているのである。

基成の衣川館《ころもがわのたち》にいた義経が、泰衡に攻められて滅亡したのは閏四月三十日であった。義経滅亡の報に接した後白河は頼朝に武装解除の提案をしている（『吾妻鏡』）。義経に与する勢力への攻撃のため、没官と荘郷地頭職設置がなされ、その地頭等による「濫妨」が繰り返されてきた。しかし、その敵である義経が滅亡した以上、「内乱」は終結し「平和」になったではないか。泰衡は朝廷の命令に従ったではないか。後白河はそう主張したのである。

だが、頼朝は、次のような論理で反論することができた。最終的には殺したといっても、それ以前は明らかに匿《かくま》ってきたではないか。義経が奥州にいることが判明してから、再三の捕縛、召進を求めてきた。それに応じなかったことは、朝廷への反逆であり、追討に値すると。

頼朝は三月二十二日、閏四月二十一日と、再三にわたり泰衡追討宣旨を後白河に求めてきた。そして義経滅亡後も、頼朝はそれをやめなかった。しかし、後白河は、義経はすでに滅亡し、今年は伊勢神宮の上棟や東大寺大仏の再建と立て込んでいると拒否する。しかし頼朝は宣旨発給をあきらめず、再度朝廷に使者を送った（『吾妻鏡』）。このような執拗な宣旨発給の要求はけっして見せかけのものではない。頼朝は本気で追討宣旨の旗のもとで、官軍として奥州藤原氏を攻撃したかったのである。

全国から武士たちが続々と鎌倉に集結していた。六月の終わり頃には、すでにその数が一千人におよび、和田義盛《わだよしもり》と梶原景時を奉行として、それらの武士の名簿が作り続けられていた（『吾妻鏡』）。戦いの準備は着々と進んでいたのである。それらのふくれ上がる軍兵たちをそのままにしておくことはできない。しかも、川合氏が詳細に論じたように、それらの軍兵たちに祖先頼義が安倍《あべ》氏を追討した「前九年合戦」を追体験させ、現実の鎌倉殿頼朝の権威を強く意識させるという重大な目的があった。九月十七日には厨川《くりやがわ》に全軍が集結し、そこで頼義《よりよし》が貞任《さだとう》・宗任《むねとう》らの首をとった故実《こじつ》を再確認するために、七月中旬の鎌倉出発の日程がすでに予定されていたのである。こうして、宣旨発給のないまま、頼朝の決断のときがせまっていた。

ここで有名な頼朝と大庭景能《おおばかげよし》とのやりとりがある。六月三十日、武家古老として兵法故実《へいほうこじつ》を知る景能が、とくに頼朝のもとに召し出された。ここで奥州征伐のため、御家人を集めているが、いまだ勅許がない。どうしたらいいかと頼朝は問うのである。これに、景能は「軍中、将軍の令を聞き、天子の詔《みことのり》を聞かず」という古事を引くとともに、「泰衡は累代《るいだい》御家人の遺跡を継ぐ者なり。綸旨を下されざるといえども、治罰《ちばつ》を加え給うこと何事かあらんや」と言い放ったという（『吾妻鏡』）。奥州藤原氏は頼義以来の御家人なのだから、これは朝廷が干渉できない家長権の問題なのだというわけである。

頼朝出撃

七月十二日に至っても、追討宣旨を要求し続けた頼朝であったが、ついに十九日、大手軍、東海道軍、北陸道軍の三軍が鎌倉を出撃し、大手軍を頼朝みずからが率いた。二十九日に白河関を越えた大手軍は、陸奥国阿津賀志山《あつかしやま》で、泰衡の異母兄国衡《くにひら》が率いる奥州軍と激突する。八月七日深夜から十日にかけて戦闘は続くが、それを撃破した大手軍は十二日に多賀国府《たがこくふ》に到着し、東海道軍と合流する。

二十日には泰衡の玉造郡高波々城《たかはばじょう》を囲んだが、すでに泰衡は逃亡したあとであった。さらに奥州藤原氏の本拠平泉への進撃が決定された。そこで頼朝は北条時政、三浦義連《みうらよしつら》、和田義盛、相馬師常《そうまもろつね》らに書状を発し、二万騎の兵を揃えて軍紀乱れぬように、静かに余裕をもって攻撃するように命じている（『薩藩旧記雑録』）。おそらくこの大軍によって、奥州勢はほとんど抵抗のすべなく、主たる武将を

奥州合戦地図（作図・提供　川合康）

失う。こうして頼朝が平泉に到着したのは二十二日のことであったが、泰衡はまたもその前日に逃亡していた。

九月二日、頼朝は岩手郡厨川に進撃、四日に志波郡陣岡《じんがおか》で北陸道北上の軍勢と合流した。そして、六日に家人の河田次郎《かわだじろう》によって討たれた泰衡の首が到着し、九日に朝廷から泰衡追討宣旨が届くのである。ここで、頼朝は康平五年（一〇六二）九月、前九年合戦で頼義が安倍貞任《あべのさだとう》の首をさらした先例を適用するのである。こうして奥州合戦の目的はほぼ達せられたと見られるが、頼朝は十一日に陣岡を出てさらに厨川まで北上している。厨川に全軍が到着するのが十二日であり、その地に七日間もの間逗留する。九月十七日は、かつて頼義が厨川柵で貞任、宗任らの首をとった故実を、全国から動員した武士たちに追体験させる意図があったと川合氏は強調する。すなわち、この合戦で頼朝が唯一の頼義の正統的後継者であることを宣言した。「頼義故実」に基づいて奥州合戦を「前九年合戦」として演出し、全国から動員した武士たちに「前九年合戦」を追体験させ、頼義の武功を強烈に認識させ、頼朝自身をその後継者として位置づけることが、この合戦の政治的意図であったとするのである。

この奥州合戦の終結によって、内乱は完全に終わる。主従制は戦争のなかで、新恩給与や安堵という直接的利害として機能してきた。その主従制を平時においても存続させるには、鎌倉殿である頼朝の権威が新たなかたちで必要とされる。それを従来の研究では、多く朝廷、究極的には天皇の権威に依存する面から見てきたが、川合氏は棟梁としての先祖頼義の武功承認、頼義流源氏の氏意識の共有という武士社会の内在的論理に注目し、奥州合戦の政治的意図を重視したのである。

4 頼朝の上洛

三十年ぶりの再会

頼朝は建久元年（一一九〇）十月三日、鎌倉を発って上洛の途についた。頼朝は前年の九月、厨川に七日間滞在し、その間に注進された陸奥・出羽両国の絵図・諸郡券契《しょぐんけんけい》の検討や平泉内の寺領安堵などを行い、九月十八日に京都の関東申次吉田経房に書状を送っている。すでに泰衡の首が届けられた直後の九月八日に、頼朝は合戦の経緯を経房に報告している（『吾妻鏡』）。今回は、宣旨もないままに、奥州合戦を強行したことについて詫び、後白河へのとりなしを求める内容であった。つまり、平和のときをむかえた今、後白河の忠実な部下、朝廷の侍大将としての立場を明白にしたのである。上洛はそのような頼朝の政治的立場の表明の延長上にあった。

上洛の途次にある頼朝を尻目に、後白河は建久元年十月十九日、東大寺の大仏殿棟上げを挙行する。文治元年（一一八五）八月二十八日の大仏開眼供養も頼朝は出席せず、後白河主導で行われた。その時は、頼朝に上洛の気配すらなかった。今回の棟上げでも、後白河は棟木に取り付けられた綱を、開眼のときと同様に先頭に立って引いている。この綱は棟木から十二丈二尺で中門までの長さがあり、一本を後白河以下東大寺別当や僧綱、もう一本を摂政兼実以下の貴族が引いたという。

ところで、天長四年（八二七）に大仏が傾いたとき、その補強のためにつくられた築山《つきやま》が、大仏殿の棟上げの邪魔になっていたという。大勧進重源はこれを撤去しようとしたが、長年存在していたこともあって、反対もかなりあった。そこで、造東大寺長官が現地へ派遣されて、その実検にもとづいて結論が下されることになった。ところが、重源はその実検使を待たずに独断で築山の破壊を決めたという。この築山撤去について『東大寺造立供養記』や『東大寺続要録』によると、後白河自らが重源とともに土運びを行ったという。しかもそれは六度なされ、このことが六道利生《ろくどうりしょう》を意味するのだという。このエピソードを紹介した久野修義氏は、これを事実とするのは難しいが、再建事業ではたした後白河と重源の役割の大きさと、後白河自らが先頭に立っていたという認識が広く浸透し、そこから縁起化されたものであると位置づけている（久野修義「東大寺大仏の再建と公武権力」）。

頼朝は十一月七日、ついに入洛した。後白河は密かにその行列を、鴨川河原の牛車から見物した。行列は三条末を西行し、鴨川河原を南行して六波羅に入った。弓箭を帯して黒馬に騎乗した頼朝は、甲冑姿ではなく、折烏帽子の水干袴《すいかんばかま》姿であった。頼朝の宿所は故平頼盛、つまり清盛の異母弟の旧跡に新造された邸宅である（『吾妻鏡』）。かつての栄華をきわめた平家の邸宅が建ち並んだ武家の拠点の新しい主は、こうして頼朝となった。

九日、直衣《のうし》を着し網代車《あじろぐるま》に乗り込んだ頼朝は、申刻（午後四時頃）まず院御所六条殿に向かい、そこで後白河と三十年ぶりの再会をする。あらかじめ命令をうけた御家人たちが、京の辻々を厳重に警固していた。浄衣《じょうえ》を着した後白河は常御所に出御し、南面の広庇縁《ひろびさしえん》にしつらえた畳に頼朝は迎えられたのである。二人は他人を交えることなく、暗くなるまで語り合ったらしい。このとき、後白河は六十四歳、頼朝は二十歳下の四十四歳である。二人はほぼ親子の年齢差があった。ついで頼朝は、閑《かん》院内裏《いんだいり》の後鳥羽天皇のもとに赴く。引直衣《ひきのうし》姿の天皇が昼御座《ひのおまし》に出御、頼朝は簀子《すのこ》にしつらえた円座《わろうざ》に着した。摂政九条兼実は長押上《なげしうえ》の陪膳《ばいぜん》円座に控えていた。十一歳の天皇との対面が終わると、鬼間《おにま》に移った兼実としばらく話す。兼実は頼朝より二歳年下の四十二歳であった。六波羅にもどったのは子一刻、つまり夜中の十二時に近かったという。そしてこの日、頼朝には勲功賞として、権大納言の地位が与えられた（『玉葉』『吾妻鏡』）。

十三日になると、頼朝は後白河に、砂金八百両、鷲羽《わしう》一櫃、御馬百疋を、天皇には龍蹄《りゅうてい》（駿馬）十疋を贈った（『吾妻鏡』）。これらは単なる後白河や天皇への豪勢な贈答品というだけでなく、砂金と馬は東北の名産であり、鷲羽は北方交易でえた産品であるから、頼朝が奥州藤原氏を滅ぼし東北を平定したことを象徴的に示すものでもあった。すなわち、奥州平定という自らの功績を誇示するとともに、北方交易ルートの掌握を宣言する側面があったと考えられる。また、十六日には、鶴丸蒔絵唐櫃《つるまるまきえのからびつ》に納められた桑糸二百疋と紺絹百疋が、頼朝から後白河寵愛の丹後局（高階栄子《たかしなえいし》）に贈られた。また文治元年（一一八五）の廟堂粛清以降、頼朝と後白河の連絡にあたってきた院近臣であり関東申次もつとめてきた吉田経房にも、十二月五日に馬が贈られた（『吾妻鏡』）。

このように、頼朝は後白河と丹後局に並外れた贈り物を用意した。また十一月十九日には京都守護の一条能保《いちじょうよしやす》とともに後白河に拝謁し、数時間にもわたって会談した。二十三日にも頼朝は再び後白河に会い、終日その御前に伺候したという。こうした慇懃《いんぎん》な頼朝の態度に接し、後白河も厚くもてなした。頼朝は十一月二十四日に、後白河近臣の源通親を上卿として右近衛大将《うこのえのたいしょう》に任じられたが、その拝賀儀礼に使用する毛車《けぐるま》と廂車《ひさしぐるま》、束帯直衣《そくたいのうし》の装束、随身《ずいじん》・舎人以下、装束に至るまで、すべて後白河から下されたという。その儀礼自体が、後白河の丸抱えのかたちで挙行されたに等しい。また、十二月九日の頼朝参院に使用された半蔀車《はじとみのくるま》も後白河が用意したものであった（『吾妻鏡』）。頼朝が在京した四十日あまりの間に、後白河と頼朝の会談は八回におよんだ。

蓮華王院の宝物

　さて『古今著聞集《ここんちょもんじゅう》』という十三世紀の説話集に、この頼朝が上洛したときに、後白河が蓮華王院宝蔵の宝物を見せようとしたが「君のご秘蔵候御物に、いかでか頼朝が眼をあて候べき」といって、頼朝がそれを辞退したという話が伝わっている。「自分はすごいものをもっているが、おまえ見てみるか」という二十歳年上の法皇に対して慇懃に辞退したという内容。虚実は不明であるとはいえ、かなり魅惑的なエピソードである。棚橋光男氏は「後白河における王権と文化の危険な結合を理解できなかった頼朝」と評価した。対して、棚橋著書の解説の中で、髙橋昌明氏は「後白河のおそるべきブラックホール的な力、それにまきこまれまいとした賢明な頼朝」と棚橋氏の頼朝評価を批判した（棚橋光男『後白河法皇』）。

　前にも述べたように、天皇の直系尊属である院の権威の源泉は、天皇の権威それのみではなく、一切経や如意宝珠、あるいは仏舎利という宝物に依拠しており、その一端は確実に清盛に継承されていると考えられていた。清盛の白河法皇落胤説は、そのような権威の継承の中でも理解されるべきであろう。

　一方、傍系、ないしは中継ぎの後白河には、それらが自らに継承されておらず、蓮華王院宝蔵には後白河自身の発想による絵画類あるいは新奇なものなどが、まさに「新宝物」としてあらたに蒐集されねばならなかった。後白河による「文化創造」とはこのような特異な背景を有していた。しかも、そうした後白河の試みは、必ずしも順調には進まなかった。

治承三年（一一七九）の清盛のクーデターによる鳥羽殿幽閉、翌年からの源平内乱、寿永二年（一一八三）の平家西走、義仲入京、法住寺合戦での惨めな敗北、と後白河の権威はその失政とあいまって、凋落《ちょうらく》していった。安元三年（一一七七）の太郎焼亡、治承四年の福原遷都、養和元年（一一八一）から寿永二年にかけての大飢饉、元暦二年（一一八五）の京都大地震など、『方丈記』の記事で有名な天災や事件も、その凋落に輪をかけることになった。

鳥羽法皇によって文字通り「門外不出」として鳥羽勝光明院宝蔵に秘蔵された如意宝珠が、「義仲乱之時」すなわち平家西走をきっかけに持ち出され、後白河近臣僧の勝賢のもとに預けられる。これをもちいて、勝賢によって如意宝珠法が行われ、後白河が死ぬまで「大略私物の如く」勝賢のもとに留められたという（『吉部秘訓抄』）。

また、文治元年八月、開眼直前の東大寺大仏に仏舎利が納入されるが、その前に勝賢と重源が共同で如意宝珠を製作したという（上川通夫「如意宝珠法の成立」）。仏舎利と如意宝珠は、東大寺再建事業と関わりながら、後白河の権威を復活させる役割をはたすことになった。頼朝が協力した大仏殿再建も、頼朝上洛途上に上棟が行われ、後白河の権威は頼朝の上洛時におけるさまざまな儀礼を通じて、世に大きく示された。蓮華王院宝蔵に関する後白河と頼朝との逸話が、このときのこととして伝えられていることは、東大寺大仏および大仏殿再建、そして頼朝のにぎにぎしい上洛のなかで、後白河の権威が回復したことを象徴するのである。後白河とはなんと幸運な帝王であろうか。

法住寺殿再建

ここで少し注意しておいてよいのは、寿永二年（一一八三）法住寺殿が義仲との合戦で焼失して以来の後白河の居所である。法住寺合戦のあと、近衛基通の五条殿に入ったが、まもなく六条西洞院にあった左馬権頭平業忠の六条殿に移る。ここに持仏堂として長講《ちょうこう》堂《どう》が造られ、多くの荘園が集積されることから考えて、ここが京中の拠点とされた。さらに四ヶ月後には白河押小路殿に入るが、この御所が文治元年（一一八五）七月九日の大地震で、大きく破損してしまったため、ふたたび六条殿にもどった。鴨東《おうとう》の白河押小路殿が、法住寺殿に代わるような院御所にはならなかったのである。伏見にも院御所を営みたびたび赴くが、いかんせんこれも法住寺殿、あるいは前代の鳥羽殿のような場所になることはなかった。しかも、六条殿も文治四年（一一八八）四月十三日に全焼し長講堂も炎上した。後白河はしばらく白河押小路殿や五条殿に滞在し、十二月に再建された六条殿にもどる（安田元久『後白河上皇』）。

この六条殿と長講堂の再建に頼朝は協力したのである。とくに六条殿は早くもその年のうちに完成し、後白河は頼朝の功を賞した。それを聞いた頼朝は「およそ歓喜の涙抑え難し。この仰せ、偏《ひとえ》に陰徳《いんとく》のいたすところか」「公私の眉目《びもく》たるか」とおおいに感激している（『吾妻鏡』）。奥州合戦が行われ、後白河がなかなか奥州藤原氏追討宣旨を出さなかったことから、後白河と頼朝の対立が厳しかったと見られがちであるが、実際には両者の対立の緩和、あるいは接近はすでに始まっていたのである。

文治二年に国地頭が停廃され、後白河の権力を制約するための議奏公卿も事実上放棄されてしまったが、その時点からすでに頼朝の方針は決まっていたと考えるべきであろう。

『玉葉』建久元年十一月九日条に、上洛した頼朝が兼実に語ったという生々しい言葉が残されている。

当時、法皇天下の政《まつりごと》を執《と》り行う。仍て、先ず法皇に帰し奉るなり。天子は春宮の如きなり。法皇御万歳《ごばんざい》の後、又主上に帰し奉るべし。当時も全く疎略に非ずと云々。又下官の辺りの事、外《がい》相疎《そう》遠の由を表すと雖も、其の実、全く疎簡なし。深く存ずる旨有り。射山《しゃざん》の聞こえを恐るによ り、疎略の趣を示すなりと云々。又、天下遂に直し立つべくば、当今《とうぎん》幼年におわします。尊下《そんか》又余算猶遙かなり。頼朝又運あらば、政何ぞ淳素《じゅんそ》に反さざらんや。当時は偏に法皇に任せ奉るの間、万事叶うべからざると云々。

現在は後白河法皇が政治をしきっています。だからまず政治を後白河法皇にお帰し申し上げます。天皇は皇太子のようなものです。後白河法皇が亡くなった後、親政をしていただきたい。現在もあなたのことを疎略にしているわけではありません。外面上は、あなたとは今、疎遠であるようにしているが、実際にはそんなことはありません。後白河法皇の聞こえを恐れるため、ふりをしているだけです。天下がついに直されたときには、天皇も幼少でいらっしゃいます。あなたも先が長い。頼朝に運があれば、どうして政治が純朴なものにならないことがありましょうや。今はただ政治を後白河にお任せ申し上げているので、すべてがうまくいかないのです（現代語訳）。

ここから、頼朝と兼実との関係が、傍目《はため》にも冷ややかと見られていたことがわかる。頼朝はその風評を否定し、兼実に後白河はもう年をとっているから、もうすぐ亡くなるだろう。そうしたら天皇もまだ若いし、兼実も先がまだまだある。今は後白河の力が強いのでどうしようもないが、きたるべき日には本格的に二人でやろうというのである。何度も二人の疎遠の言い訳をしているのは、かえってあまりに不自然である。

大姫入内工作

このような頼朝と兼実の微妙な関係の背景には、後鳥羽天皇の后妃問題が存在していた。兼実はこの年の正月に天皇が元服すると、女の任子《にんし》を入内させ、その数日後に任子に女御の宣下があった。そして、四月には任子は中宮になったのである。ここで、兼実がもっとも恐れていたのが、後白河と丹後局のあいだに産まれた覲子《きんし》の入内であった。しかし、覲子については十一月上旬頃から院号宣下の議がもちあがった。女院となれば、天皇の后妃となることは考えられない。実際に、覲子は翌年の六月に宣陽門院となるのである。

杉橋隆夫氏は、こうした動きの中に、頼朝が女の大姫を入内させる計画を推定する。すなわち、頼朝が後白河、およびその近臣、丹後局などと接触し、盛大な贈り物をするなかで、大姫入内の話題が上ったと想定してもおかしくないというのである（杉橋隆夫「鎌倉初期の公武関係――建久年間を中心に」）。実際に、翌年の四月には大姫入内は、まったく兼実が関与できぬままに具体化し、それが十月と判明しているのである（『玉葉』）。杉橋氏の推定はほぼ間違いないと思う。

頼朝は、十二月四日、上洛後に就いた権大納言と右近衛大将の地位を辞した。そして、その十日後の十四日に鎌倉への帰途についたのである。頼朝にとって、この二つの地位は大変名誉あるものであった。一方で、ともに京都での職務をともなう官職であるから、そこを離れた場合にはその地位に留まることはできない。辞任は頼朝自身の強い主張であったが、以後の頼朝にとって前権大納言、前右近衛大将すなわち前右大将という立場は重要であった。

この時期の後白河がもっとも強く望んだのは、義仲によって焼かれてしまった法住寺殿の再建であろう。頼朝としても、ことごとく後白河と対立した義仲が攻撃した法住寺殿を再建することは、自分が義仲とはまったく違うことを天下に知らしめる絶好の機会であったに相違ない。頼朝が諸国へ所課を命じて法住寺殿の造営に着手したのは、建久二年（一一九一）二月二十一日であった（『吾妻鏡』）。こうして、約十か月ののち、十二月十六日、完成した法住寺殿に後白河は渡御した（『玉葉』）。また、頼朝は後白河に鴾毛《つきげ》の馬三疋を送るとともに、御所に鈍色《にびいろ》装束、塗籠《ぬりごめ》に粘絹五百疋、繕綿二千両、御倉に米一千石、御厩に御馬二十疋を用意した。さらに、丹後局にも白綾百疋、綿二千両、紺絹百疋を贈った（『吾妻鏡』）。

5　最後のとき

後白河はその後、十二月二十日に法住寺殿に近い最勝光院南萱御所に出かけた。ここは源通親が加賀国の成功《じょうごう》によって造営した御所であった。そして、夜遅くに六条殿に戻るのである。ところが、この二十日から後白河は食欲を失い、足が腫れて苦しみ出すのである。十二月四日に腹痛で灸をうったというが、八日には天皇の松尾社行幸を桟敷で見物したりして元気であったようだから、急なことであった。その後の後白河の病状は一進一退を繰り返した。閏十二月十六日の病状には、腹が腫れて妊婦のようであったというから、すでに腹水がたまっていたのであろう。脛や股も腫れ、腰もまた腫れていた。顔も少し腫れた。しかし気力は衰えず、起居も軽く行法や経の転読も健康なときと変わらなかった。そのため、崇徳と安徳の怨霊が崇っているのではないかと疑われた。そのために、讃岐の崇徳院廟に山陵使《さんりょうし》発遣と奉幣、長門にも安徳の霊を鎮める堂舎が建立されることになった。さらに保元の乱で死んだ頼長の廟にも奉幣が行われることになった（『玉葉』）。こうして怨霊と後白河の病との関係が取りざたされる中、新しい年を迎える。

最後の今様

建久三年（一一九二）二月十八日、後鳥羽天皇が後白河を見舞った。二人はしばしの対面のあと、天皇は笛を吹き、女房安芸が箏《そう》をあわせた。そして、後白河は近習の左中将藤原親能《ふじわらのちかよし》、左少将藤原教成とともに今様を歌った。後白河の声は普段と少しも変わらなかった（『玉葉』）。おそらくこれが公の場での後白河最後の今様となった。

この日、後白河は遺領処分の決定を行った。白河の法勝寺以下の六勝寺、蓮華王院、自分の墓となる法華堂、鳥羽殿、法住寺殿などがすべて後鳥羽天皇に譲られることになった。新日吉社、新熊野社、最勝光院、後院領の神崎荘、豊原荘、会賀牧、福地牧なども後鳥羽天皇のものとされた。かつて白河院領として成立し、後白河が伝領した城興寺領も、後院領として後鳥羽天皇が管領することになった（橋本義彦「後院について」）。また、押小路殿と隣接する金剛勝院《こんごうしょういん》は後白河の女殷富門院《いんぷもんいん》の領するところとなった。

そして、宣陽門院には六条殿と長講堂領、式子内親王には大炊殿《おおいどの》と白河常光院《しらかわじょうこういん》と二三の荘園、好子《よしこ》内親王には仁和寺の花園殿と娘たちへの所領配分がなされた。とくに宣陽門院に譲られた長講堂領は全国に膨大な荘園を有していたが、後白河の菩提を弔うためとして、後白河の死の直前にかなりの立荘が行われた可能性がある。ちなみに鳥羽法皇から美福門院、そして八条院（後白河異母妹）に譲られた八条院領はこの遺領処分には含まれない。宣陽門院に譲られた荘園群は長講堂領として、八条院領にならぶ王家領荘園となるのである。ちなみに、宣陽門院の母丹後局にはすでに二十一ヵ所の所領が譲られていたが、後白河はその公事免除の院庁下文を発給していた。

また、天皇にこの十二歳の女宣陽門院、および近習の親能、教成のことを託した。このうち宣陽門院は後白河と丹後局、つまり高階栄子《たかしなのえいし》とのあいだの娘、教成は平業房と丹後局とのあいだの息子である。最後のときが近づいた後白河にとって、彼らの行く末がとくに気がかりなのであった（『玉葉』

『明月記』）。

おそらく生涯最後の今様を近習らとともに歌い、遺領処分もすませた後白河がこの世を去ったのは、それから一ヶ月もたたない三月十三日未明のことである。後白河の病床には、善知識として本成房湛《たん》敬《けい》と仁和寺宮守覚法親王、醍醐寺座主勝賢らが祇候していた。危篤の時がやってくると「十念具足、臨終正念」、顔は西つまり西方浄土に向けられ、御手は定印に結ばれ、これで「決定往生、更に疑いなし」。ただし九条兼実は、法皇が実際には西方には向けられず「巽方」つまり南東に向き、微かに笑みを浮かべていたのだと、後の伝聞として記している（『玉葉』）。遠藤基郎氏が指摘するように、そこには極楽往生できるはずがないという「からかい」の意図が含まれていたのであろう（遠藤基郎『後白河上皇――中世を招いた奇妙な「暗主」』）。場所は六条西洞院殿、いわゆる六条殿である。前年十二月から身体の苦痛に悩まされたとはいえ、乱世の天皇としては御年六十六歳の大往生といえるであろう。ただちに、院司の公卿たちが集まり、院号が

後白河天皇陵

「後白河院」と定められた（『玉葉』）。

建春門院とともに

この日、湛敬上人を戒師として丹後局が出家した。また、近臣で院判官代の源《みなもとのつねなり》経業、藤原為保《ふじわらのためやす》、源光遠、藤原範綱《ふじわらののりつな》らも相前後して出家する。そして入棺では、藤原親能、基範《もとのり》が脂燭を奉仕し、平業忠《たいらのなりただ》、藤原教成、忠行《ただゆき》、資時入道、範綱入道、能盛入道が役人となり、静賢もその場に立ち会った（『明月記』）。彼らが後白河の晩年に近侍していた人々といえる。こうした後白河の近臣とつながり、反兼実勢力を形成し後白河死後の政界に大きな影響力をもったのは源通親である。

通親には、蓮華王院宝蔵をめぐって、ちょっとしたトラブルがあった。この夜、院の執事別当であった右大臣藤原兼雅《ふじわらのかねまさ》の使と称して参内したことである。蓮華王院宝蔵の宝物が散失するおそれがあるので、検封のために出納一人を内裏から派遣して欲しいという申し入れのためであった。関白九条兼実はこの動きに反発する。再三問答の結果、院使と出納の手で宝蔵に封がされた。翌日、兼実は兼雅を問いただすと、自分が言い出したのではなく、通親が七条殿と蓮華王院の宝蔵を封じたいというので同意しただけだと弁解する。通親の意図はよくわからないが、宝蔵管理の実権を掌握しようとする動きであることは間違いない（『玉葉』、橋本義彦『源通親』）。四年後の建久七年（一一九六）兼実は通親によって失脚するが、後白河の死の当日にすでにその事件の伏線があったということになる。

後白河の葬儀は三月十五日に営まれた。遺骸は蓮華王院の東法華堂に納められた。葬儀は母待賢門院、妃の建春門院を先例として行われた。平安中期以降の天皇陵は、御堂や塔を建立しその中に棺や骨壺を安置する「堂塔式」と呼ばれる形式をとることが多かったが、待賢門院、建春門院、後白河とともにそうした形式の墓に葬られたのである。この陵墓は現在法住寺内に現存している。このあたりには現在後白河の陵墓が存在するのみだが、かつて近くに建春門院陵があり、元亨二年（一三二二）三月十六日に後伏見《ごふしみ》法皇と花園《はなぞの》上皇が訪れた記録があるが（『花園天皇宸記』）、以後は確認されていない。この後白河天皇陵と建春門院陵との関係については、山田邦和氏の興味深い推定がある（山田邦和「後白河天皇陵と法住寺殿」）。

氏によると、安元二年（一一七六）七月八日に三十五歳の若さで亡くなった建春門院は、後白河天皇陵の北側に並んでおり、その場所は現在の養源院《ようげんいん》の境内だろうというのである。建春門院が葬られた「蓮華王院の東法華三昧堂」というのは、もともと後白河が自分の墓所とするために建立したものであった。ところがこの法華三昧堂竣工直前に、思いもかけず最愛の建春門院が亡くなったため、急遽これを完成させて女院の墓所としたのである。当然、反対が多かったが、後白河はそれらを押しきった（『玉葉』）。建春門院への愛情と追慕のなせるわざである。現在の後白河天皇陵は、蓮華王院本堂の正面からやや南に位置している。氏は当初、後白河が自らの墓にしようとしたのは、本堂の正面であるはずで、おそらくそこが建春門院陵となったのだろうと推定するのである。そして、最愛の二人は約十七年の激動の時をへだてて、南北に近接した墓地に静かに眠ることになったというわけである。

私も、おそらく、そうだろうと思う。

参考文献

第一章

角田文衛『待賢門院の生涯——椒庭秘鈔』（朝日新聞社、一九八五年）
橋本義彦「保元の乱前史小考」（『平安貴族社会の研究』吉川弘文館、一九七六年所収）
橋本義彦『藤原頼長』（吉川弘文館、一九六四年）
美川圭「崇徳院生誕問題の歴史的背景」（『古代文化』五六—一〇、二〇〇四年）

第二章

元木泰雄『保元・平治の乱を読みなおす』（日本放送出版協会、二〇〇四年、のち二〇一二年に角川ソフィア文庫『保元・平治の乱——平清盛勝利への道』として再刊）
上横手雅敬「院政期の源氏」（御家人制研究会編『御家人制の研究』吉川弘文館、一九八一年所収）
横澤大典「白河・鳥羽院政期における京都の軍事警察制度——院権力と軍事動員」（『古代文化』五四—一二、二〇〇一年）
髙橋昌明『清盛以前——伊勢平氏の興隆』（平凡社、一九八四年、のち二〇〇四年に文理閣から増補改訂版が刊行、さらに二〇一一年に平凡社ライブラリーから再刊）
飯淵康一「平安期里内裏の空間秩序について」（『日本建築学会論文報告集』三四〇、一九八四年）

橋本義彦『藤原頼長』(前掲)
五味文彦「信西政権の構造」(『平家物語、史と説話』平凡社、一九八七年所収)
石井進「院政時代」(『講座日本史』二、東京大学出版会、一九七〇年所収)
上原真人「院政期平安宮——瓦からみた」(髙橋昌明編『院政期の内裏・大内裏と院御所』文理閣、二〇〇六年所収)
野口実『源氏と坂東武士』(吉川弘文館、二〇〇七年)
棚橋光男『後白河法皇』(講談社、一九九五年、のち二〇〇六年に講談社学術文庫から再刊)

第三章

龍粛『平安時代』(春秋社、一九六二年)
美川圭「院政をめぐる公卿議定制の展開——在宅諮問・議奏公卿・院評定制」(『院政の研究』臨川書店、一九九六年所収)
下郡剛「院政下の天皇権力」(『後白河院政の研究』吉川弘文館、一九九九年所収)
佐伯智広「二条親政の成立」(『日本史研究』五〇五、二〇〇四年)
美川圭「院政における政治構造」(前掲書所収)
五味文彦「院支配の基盤と中世国家」(『院政期社会の研究』山川出版社、一九八四年所収)
元木泰雄『平清盛の闘い——幻の中世国家』(角川書店、二〇〇一年、のち二〇一一年に角川ソフィア文庫から再刊)
美川圭「京・白河・鳥羽——院政期の都市」(元木泰雄編『日本の時代史七、院政の展開と内乱』吉川弘文館、二〇〇二年所収)

江谷寛「法住寺殿の考古学的考察」（財団法人古代学協会編『後白河院』吉川弘文館、一九九三年所収）
竹居明男「蓮華王院の宝蔵――納物・年代記・絵巻」（前掲『後白河院』所収）
棚橋光男『後白河法皇』（前掲）
佐野みどり「病草子と後白河の時代」（『月刊百科』二三二、一九八二年）
田島公「中世天皇家の文庫・宝蔵の変遷――蔵書目録の紹介と収蔵品の行方」（田島公編『禁裏・公家文庫研究
第二輯』思文閣出版、二〇〇六年所収）
美川圭「後白河院政と文化・外交――蓮華王院宝蔵をめぐって」（『立命館文学』六二四、二〇一二年）
田中貴子「宇治の宝蔵――中世における宝蔵の意味」（『外法と愛法の中世』砂子屋書房、一九九三年所収）
阿部泰郎「宝珠と王権――中世王権と密教儀礼」（『岩波講座　東洋思想』一六、岩波書店、一九九八年所収）
上川通夫「如意宝珠法の成立」（『日本中世仏教史料論』吉川弘文館、二〇〇八年所収）
上川通夫「院政と真言密教」（『日本中世仏教形成史論』校倉書房、二〇〇七年所収）
榎本渉『僧侶と海商たちの東シナ海』（講談社、二〇一〇年）
小島毅『義経の東アジア』（勉誠出版、二〇〇五年）
森克己『新訂　日宋貿易の研究』（勉誠出版、二〇〇八年）
山内晋次『日宋貿易と「硫黄の道」』（山川出版社、二〇〇九年）
森克己「日宋貿易と奥州の砂金」（『続続　日宋貿易の研究』国書刊行会、一九七五年所収）
榎本渉「東シナ海の宋海商」（『日本の対外関係三　通交・通商圏の拡大』吉川弘文館、二〇一〇年所収）
横内裕人「重源における宋文化――日本仏教再生の試み」（『アジア遊学』一二二、二〇〇九年）
渡邊誠「後白河法皇の阿育王山舎利殿建立と重源・栄西」（『日本史研究』五七九、二〇一〇年）
髙橋昌明『平清盛　福原の夢』（講談社、二〇〇七年）

田中文英「後白河院政期の政治権力と権門寺院」（『平氏政権の研究』思文閣出版、一九九四年所収）

第四章

田中文英「後白河院政期の政治権力と権門寺院」（前掲書所収）
髙橋昌明『平清盛　福原の夢』（前掲）
元木泰雄「藤原成親と平氏」（『立命館文学』六〇五、二〇〇八年）
元木泰雄『平清盛の闘い――幻の中世国家』（前掲）
大村拓生「中世前期の鳥羽と淀」（『中世京都首都論』吉川弘文館、二〇〇六年所収）
上横手雅敬『平家物語の虚構と真実〈上〉〈下〉』（塙書房、一九八五年）
山田邦和『日本中世の首都と王権都市――京都・嵯峨・福原』（文理閣、二〇一二年）
安田元久『後白河上皇』（吉川弘文館、一九八六年）
上横手雅敬「平氏政権の諸段階」（安田元久編『中世日本の諸相　上』吉川弘文館、一九八九年所収）
元木泰雄『治承・寿永の内乱と平氏』（吉川弘文館、二〇一三年）

第五章

元木泰雄『治承・寿永の内乱と平氏』（前掲）
山田雄司『崇徳院怨霊の研究』（思文閣出版、二〇〇一年）
美川圭「貴族たちの見た院と天皇」（『岩波講座　天皇と王権を考える一〇　王を巡る視線』岩波書店、二〇〇二年所収）
上横手雅敬「院政期の源氏」（前掲書所収）

川合康「治承・寿永内乱と伊勢・伊賀平氏——平氏軍制の特徴と鎌倉幕府権力の形成」(『鎌倉幕府成立史の研究』校倉書房、二〇〇四年所収)
近藤好和『源義経　後代の佳名を貽す者か』(ミネルヴァ書房、二〇〇五年)
元木泰雄『源義経』(吉川弘文館、二〇〇七年)
木村真美子「中世の院御厩司について——西園寺家所蔵「院御厩司次第」をてがかりに」(『学習院大学史料館紀要』一〇、二〇〇四年)
髙橋昌明『増補改訂　清盛以前——伊勢平氏の興隆』(文理閣、二〇〇四年)
久野修義『重源と栄西——優れた実践的社会事業家・宗教者』(山川出版社、二〇一一年)
久野修義「中世寺院と社会・国家」「東大寺大仏の再建と公武権力」(『日本中世の寺院と社会』塙書房、一九九九年所収)
野口実「十二世紀における東国留住貴族と在地勢力」(『中世東国武士団の研究』高科書店、一九九四年所収)

第六章

河内祥輔『頼朝の時代——一一八〇年代内乱史』(平凡社、一九九〇年)
五味文彦「後白河法皇の実像」(前掲『後白河院』所収)
保立道久「日本国惣地頭・源頼朝と鎌倉初期新制」(『国立歴史民俗博物館研究報告』三九、一九九二年)
川合康「後白河院と朝廷」(前掲『鎌倉幕府成立史の研究』所収)
石母田正「鎌倉幕府一国地頭職の成立」(『石母田正著作集九　中世国家成立史の研究』岩波書店、一九八九年所収)
大山喬平「文治国地頭の三つの権限について」(『日本史研究』一五八、一九七五年)

美川圭「院政をめぐる公卿議定制の展開——在宅諮問・議奏公卿・院評定制」（前掲『院政の研究』所収）
川端新「摂関家領荘園群の形成と伝領——近衛家領の成立」（『荘園制成立史の研究』思文閣出版、二〇〇〇年所収）
川合康「奥州合戦ノート——鎌倉幕府成立史上における頼義故実の意義」（前掲『鎌倉幕府成立史の研究』所収）
高橋修「内海世界をめぐる武士政権の連携と競合」（『中世東国の内海世界』高志書店、二〇〇七年所収）
久野修義「東大寺大仏の再建と公武権力」（前掲『日本中世の寺院と社会』所収）
棚橋光男『後白河法皇』（前掲）
上川通夫「如意宝珠法の成立」（前掲『日本中世仏教史料論』所収）
安田元久『後白河上皇』（前掲）
杉橋隆夫「鎌倉初期の公武関係——建久年間を中心に」（『史林』五四—六、一九七一年）
橋本義彦「後院について」（前掲『平安貴族社会の研究』所収）
橋本義彦『源通親』（吉川弘文館、一九九二年）
遠藤基郎『後白河上皇——中世を招いた奇妙な「暗主」』（山川出版社、二〇一一年）
山田邦和「後白河天皇陵と法住寺殿」（前掲『院政期の内裏・大内裏と院御所』所収）

あとがき

敬愛する国文学者、佐伯真一氏に『建礼門院の悲劇』（角川選書）という本がある。そこでは『平家物語』に描かれた後白河法皇の「大原御幸」が分析のメインとなっている。平家一族が滅び、とくに母平時子と息子安徳天皇を壇の浦で失った建礼門院を、密かに後白河が訪ねるあの有名な話である。

ときに、文治二年（一一八六）四月下旬、というから、頼朝による前年の廟堂粛清から後白河が復活しつつある時期である。後白河が訪れたのは、大原寂光院に近い草庵であった。お忍びとはいえ、おおむね一〇名前後の公卿が従っていたというから、それなりの立派な御幸である。本文でも触れたように、頼朝と九条兼実への反発から、この時期後白河への公卿や貴族たちの支持は高まっていた。

諸本の一つ、四部合戦本『平家物語』には後白河が女院と「同宿」したいと言ったと書かれている。実は、九条兼実の『玉葉』治承五年（一一八二）正月十三日条によると、高倉上皇の病が重くなったため、中宮徳子を後白河のもとに入れるという案が持ち上がったらしい。それに父清盛も母時子も承諾する様子だったが、徳子がそれなら出家すると拒絶したというのである。後白河の建礼門院への愛欲の噂は、当時かなり流布していたと考えられる。『平家物語』の記述自体は創作であったとしても、そのような噂が下敷きになっていたことは間違いない。

ここで思い起こすのは、第一章で触れた後白河の母待賢門院璋子との関連である。徳子は承安元年（一一七一）十二月に十七歳で高倉天皇のもとに入内した。璋子が鳥羽天皇に入内したのは永久五年（一一一七）十二月、やはり十七歳である。鳥羽天皇の祖父である白河法皇の猶子として、璋子は入内した。徳子はその先例によって、高倉の父である後白河の猶子として入内した。そして、後白河が即位できたのは、その母と養父白河との「密通」の結果、崇徳が生まれたという噂ゆえであった。この噂が流布していたことはほぼ確実だから、当時の人々の脳裏に、この噂との関連がよぎったことは容易に想像できる。

そして、『平家物語』によると、建礼門院は一度の人生で六道を見た数少ない一人であるという。仏教の考え方で、六道とは天上道（天道）・人間道（人道）・修羅道・畜生道・餓鬼道・地獄道で、すべての生き物はこれら六つの世界を生まれ変わりながら生きている。これが輪廻である。それをすべて一生で体験するというのは、きわめて希な人物ということになろう。建礼門院にとっての六道が、訪れた後白河に対して語られる。いわゆる「六道語り」であり、これがもっとも有名である。

ところが、建礼門院が後白河に語ったとされる内容には、早くから「恨み言の語り」「安徳天皇追憶の語り」が存在し、現存する『平家物語』諸本は、これらをさまざまに取捨選択し、組み合わせながら作られている。なかでも『平家物語』の一異本である「源平盛衰記」では、最初に口を開いたのは建礼門院の方であった。それも「年比《としごろ》日比《ひごろ》うらめしく思召《おぼしめし》ける御事共を、崩し立てて申させ給ひ

ける は」と、数年間の恨みを一気に並べ立てる。

まさに、建礼門院が六道を一生で経験したのは、後白河の裏切りゆえであった。『平家物語』の作者は、世の人々の言いたいことを、建礼門院の口をかりて語ったのかもしれない。崇徳院、藤原頼長、信西、木曽義仲、源義経、安徳天皇と平家一門、といった人々の悲劇は、後白河によってもたらされたものであると。

建礼門院の最期について、意外に同時代の確実な史料はない。そのため三つほど説がある。もっとも知られているのは覚一本『平家物語』の建久二年（一一九一）二月中旬というものであろう。これだと、女院はそのまま大原での生活を続け、三七歳の若さでこの世を去ったということになる。しかし、これは女院を若く美しい尼僧として終えさせる文学的虚構であるという説が有力となっている。あとの二つは『皇代暦』『女院小伝』『華頂要略』『女院記』『紹運要略』の建保元年（一二一三）説と『平家物語』延慶本・長門本・四部合戦本などの貞応二年（一二二三）説（『源平盛衰記』は翌貞応三年とする）である。

正直、どちらも捨てがたい。貞応没年説をとるならば、幕府の大軍が大勝利をおさめ、後鳥羽上皇ら三上皇が流される承久の乱を知ってから、この世を去ったことになる。また、延慶本と四部合戦本は、女院が大原から京都にもどったとする。延慶本は法性寺あたり、つまり現在の泉涌寺や東福寺の一帯、四部合戦本は法勝寺のあたり、現在の岡崎公園の場所に住んだというのである。

そして、両本ともに女院終焉を「東山鷲尾」つまり現代の高台寺がある辺とする。現在の高台寺あたりからは、京都が広く望める。女院が承久の乱を目にしたか否かはわからない。だが、女院が京都を目前にしてこの世を去ったことは間違いなさそうである。毎年、多い場合には二度も、熊野御幸を繰り返した後白河は、「熊野へ参らむと思へども　徒歩《かち》より参れば道遠し　すぐれて山峻《きび》し　馬にて参れば苦行ならず　空より参らむ　羽たべ若王子《にゃくおうじ》」という有名な今様を遺した。女院の終焉のとき、すでにこの世になかった後白河は、念願かなって、空からひらひらと女院の最期とその後の京都を眺め続けていたのであろうか。

最初にミネルヴァ書房から、日本評伝選の一冊として『後白河天皇』のご依頼を受けたのは、何と十二年前の二〇〇二年の初頭である。それは、ちょうど『白河法皇——中世をひらいた帝王』（NHKブックス）執筆の追い込みの時期であった。それを二〇〇三年に刊行、『院政——もう一つの天皇制』（中公新書）を二〇〇六年に上梓してから、本格的に執筆にとりかかった。それでも八年もかかっている。こんなに長くかかった著書は初めてである。

なぜそんなにも時間がかかったのか。自らの怠惰をひとまず棚上げにすると、後白河天皇という人物のわかりにくさが最大の原因である。何か新しいものを創り上げた人物は、比較的書きやすい。しかし、後白河のような、むしろ時代の「壊し屋」は難しいのである。保元の乱から源平合戦という「乱世」に、どのぐらいの責任が後白河にあるのか。そのような難題に一度思いを巡らすと、もうにっちもさっちも進まなくなる。こうして何とか書き終えたとは言え、政治史叙述の多くは元木泰雄氏の御著書によるところが多い。また、後白河の多様な側面について、論及できなかった部分にも、忸《じく》怩《じ》たる思いが残っている。最後に、重要な人物の執筆をご推薦いただいた上横手雅敬先生に感謝申し上げたい。

平成二十六年（二〇一四）師走厳冬の京都にて

美川　圭

後白河天皇略年譜

和暦	西暦	齢	関連事項	一般事項
大治二	一一二七	1	9・11鳥羽天皇第四皇子として誕生。11・14親王宣下。	
四	一一二九	3		7・7白河法皇没、鳥羽院政開始。
保延五	一一三九	13	12・27元服。	
永治元	一一四一	15	12・7崇徳天皇、異母弟躰仁親王（近衛天皇）に譲位、藤原忠通摂政。12・27近衛天皇即位。	
久寿二	一一五五	29	7・23近衛天皇没。7・24践祚、藤原忠通が関白。9・23皇子守仁親王を皇太子とする。10・26即位。	
保元元	一一五六	30	7・2鳥羽法皇没。7・11保元の乱おこる。7・14藤原頼長死去。7・23崇徳上皇配流。閏9・18新制を下す。10・20記録所設置。	
二	一一五七	31	2・18大内裏造営の開始。10・8新造内裏に移る。新制三五箇条下す。	

三	一一五八	32	8・11守仁親王（二条天皇）に譲位、藤原基実が関白。12・20二条天皇即位。	
平治　元	一一五九	33	12・9藤原信頼。源義朝ら院御所三条烏丸殿を攻撃し、平治の乱おこる。12・13信西自殺。12・25天皇は六波羅へ、上皇は仁和寺へ脱出。12・27藤原信頼が処刑。	
永暦　元	一一六〇	34	1・4源義朝殺される。1・9源義朝の首が東獄門にさらされる。2・20上皇、平清盛に命じて天皇側近藤原経宗・惟方を逮捕。10・16新熊野・新日吉両社成る。	3・11源頼朝、伊豆に配流。
応保　元	一一六一	35	9・3上皇皇子憲仁誕生。9・15平教盛・時忠らが憲仁の立太子を謀ったとして解官。9・28上皇近臣藤原信隆・成親解官。	
二	一一六二	36	3・7藤原経宗ら召還す。6・23二条天皇呪詛の罪により、源資賢・平時忠ら配流。	6・18藤原忠実没。
長寛　二	一一六四	38	12・17蓮華王院完成供養。	2・19藤原忠通没。8・26崇徳法皇没。
永万　元	一一六五	39	6・25二条天皇、順仁親王（六条天皇）に譲位、藤原基実が摂政。7・27六条天皇即位。7・28二条上皇没。	

仁安元	一一六六	40	10・10上皇皇子の憲仁親王立太子、平清盛、東宮大夫となる。11・11平清盛、内大臣となる。	7・27藤原基実死去により基房摂政。
二	一一六七	41	1・19上皇、新造法住寺殿に移る。2・11平清盛、太政大臣となる。5・10平重盛に東山道以下の賊徒追捕を命ずる宣旨下る。	
三	一一六八	42	2・11平清盛、病により出家。2・19六条天皇、憲仁親王（高倉天皇）に譲位、松殿基房が摂政。3・20高倉天皇即位。	4月栄西、入宋。9月重源・栄西、帰国。
嘉応元	一一六九	43	3月上皇、梁塵秘抄口伝集を撰ばせる。4・12皇太后平滋子を建春門院とする。6・17上皇、出家。12・23延暦寺僧徒、法皇近臣藤原成親を訴え強訴。12・24藤原成親、備中国へ配流。12・28藤原成親召還、平時忠・信範を出雲・備後国に配流。	
二	一一七〇	44	2・6延暦寺僧徒の訴えにより、成親再度解官、時忠・信範召還。4・20法皇、東大寺で受戒。9・20法皇、清盛の福原山荘で宋人に引見。	5・25藤原秀衡、鎮守府将軍となる。7・3松殿基房の従者が平資盛の車を壊し、基房が資盛の父重盛に謝罪。
承安元	一一七一	45	10・23法皇、清盛の福原山荘に御幸。12・14平清盛の女徳子入内。	
二	一一七二	46	2・10女御徳子を高倉天皇の中宮とする。9・16宋	

三	一一七三	47	国明州の使者、法皇と清盛に書と供物を贈る。4・29法皇を誹謗した文覚逮捕、伊豆に配流。11・4興福寺僧徒蜂起により、宇治において武士に僧徒入京を阻止させる。11・11南都十五大寺領末寺荘園没収の宣下。	
四	一一七四	48	3・16法皇、建春門院と清盛を伴い、清盛福原山荘、厳島社に赴く。	
安元 元	一一七五	49	5・27法皇、蓮華王院で百日を期し毎日米三〇石を窮民に施行。	
二	一一七六	50	3・4法皇の五十の宝算を賀す。4・27法皇、延暦寺で天台の戒を受ける。7・8建春門院没。	7・17六条上皇没。
治承 元	一一七七	51	4・13延暦寺・白山宮衆徒が神輿を奉じて、加賀守藤原師高配流を要求し強訴。4・28京都大火で大内裏以下焼亡（太郎焼亡）。5・21前天台座主明雲を伊豆に配流。5・23延暦寺衆徒、護送途中の明雲を近江国で奪い帰山。6・1法皇近臣藤原成親・西光ら逮捕（鹿ヶ谷事件）。6・3法皇近臣俊寛・中原基兼・平康頼ら逮捕。	10・13平清盛、厳島で千僧供養行う。
二	一一七八	52	11・12平徳子、高倉皇子を生む（言仁親王）。12・15言仁親王立太子。	7・18新制下す。

三	一一七九	53	6・17故藤原基実の室平盛子没、法皇により遺領没収。7・29平重盛没、法皇により知行国越前没収。11・14平清盛、福原より兵数千を率いて入京。11・15清盛の奏請により近衛基通を関白とする。11・17法皇近臣三九人解官。11・18前関白基房を大宰権帥に左遷。11・20清盛、法皇を鳥羽殿に幽閉し後白河院政停止。	8・30新制三二箇条下す。
四	一一八〇	54	2・21高倉天皇、言仁親王（安徳天皇）に譲位、基通摂政。3・19高倉上皇、厳島御幸に出発。4・9法皇皇子以仁王による平氏追討の令旨出される。4・22安徳天皇即位。5・26平重衡と以仁王・源頼政らが宇治で合戦。6・2天皇・法皇・上皇が福原へ移る（福原遷都）。11・26天皇・法皇・上皇が京都に戻る（還都）。12・18清盛、法皇の幽閉を解き、政務復帰を請う。12・28平重衡が南都攻撃、東大寺・興福寺焼亡。	8・17源頼朝、伊豆で挙兵。9・7木曽義仲挙兵。10・6頼朝、鎌倉に入る。10・20追討使平維盛ら敗走（富士川合戦）。
治承五 養和元	一一八一	55	1・4東大寺・興福寺の公請停止、荘園没収、僧綱以下解任。1・14高倉上皇没により、後白河院政再開。閏2・4清盛没、法皇本格的に院政再開。	1・18平宗盛を五畿内・近江・伊賀・伊勢・丹波総官に任命。3・10平重衡ら源行家を破る（墨俣川合戦）。

治承六 寿永元	一一八二	56	2・15義仲追討のため平教盛を北陸道に派遣する。	この年、飢餓により死者数万人におよぶ。
治承七 寿永二	一一八三	57	2月法皇、藤原俊成に千載和歌集の撰集命ず。5・11源義仲、平維盛らを越中倶利伽羅峠で破る。7・24法皇、密かに延暦寺へ移る。7・25平家一門、天皇・建礼門院を奉じて西海へ向かう（平家都落ち）。7・28義仲・行家入京。8・20尊成親王（後鳥羽上皇）践祚、基通摂政。10・14東海・東山道の庄公年貢を元の如く領家に進上、執行は頼朝に命ず（十月宣旨）。11・19法皇、義仲に敗れる（法住寺合戦）。11・21義仲、摂政基通ら法皇近臣を罷免、藤原師家摂政。	閏10・1平重衡ら、備中国水島で義仲を破る。11・28平重衡ら、播磨国室山で行家を破る。
寿永三 元暦元	一一八四	58	1・20源範頼・義経、瀬田・宇治で義仲を破り入京。義仲粟津で戦死。1・22摂政師家罷免、基通摂政に復帰。2・7範頼・義経が平家を破る（一の谷合戦）。7・28後鳥羽天皇即位。8・6義経を検非違使左衛門少尉に任ずる。	10月頼朝、公文所・問注所を設置。
寿永四 文治元	一一八五	59	2・18義経、平家を破る（屋島合戦）。3・24平家滅亡し安徳天皇没（壇の浦合戦）。8・28東大寺大仏開眼供養、法皇臨幸。10・18義経の奏請により、	4・27頼朝、従二位に叙せられ、政所を設置。5・24頼朝、義経に平宗盛らを京都へ送還させる。

			頼朝追討宣旨下す。11・3義経・行家、西国に向かう。11・11法皇、義経ら追捕の院宣下す。11・28頼朝奏請により国地頭設置。12・17頼朝奏請により。法皇近臣高階泰経ら解官。12・27頼朝奏請により九条兼実以下一〇人の議奏公卿設置。12・28兼実を内覧とする。	8・16頼朝、知行国六ヵ国を与えられる。
二	一一八六	60	2・28頼朝、諸国荘園の兵粮米停止を奏上。3・1北条時政、七国地頭職辞退。	3・1北条時定、源行家を殺す。
三	一一八七	61	2・28記録所設置。9・20藤原俊成、千載和歌集を撰進。	
四	一一八八	62	4・13院御所六条殿焼亡。12・19六条殿再建、法皇移る。	
五	一一八九	63	2・17法皇、頼朝に院宣を下し、大内内裏修造を命ず。	閏4・30藤原泰衡、平泉衣川館の義経を討つ。7・19頼朝、泰衡追討のため鎌倉を出発。9・6奥州藤原氏滅亡。
建久元	一一九〇	64	10・19東大寺大仏殿上棟、法皇臨幸。11・7頼朝入京。11・9頼朝、院御所で法皇と会見、頼朝権大納言補任。11・24頼朝、右近衛大将補任。12・4頼朝、両職を辞任。12・14頼朝出京。	

二	一一九一	65	2・21頼朝、院御所法住寺殿再建のため諸国に賦課。12・16法住寺殿再建され、法皇渡御。	3・22新制一七箇条下す。3・28新制三六箇条下す。
三	一一九二	66	2・18法皇、遺領処分。3・13法皇、六条殿で没。4・9兼実、醍醐清浄光寺の如意宝珠を宮中に移す。	7・12頼朝、征夷大将軍となる。

人名索引

あ　行

か　行

さ 行

た 行

な　行

は　行

ま　行

や　行

ら　行

わ　行

事項索引

あ 行

か　行

さ　行

た　行

な　行

は　行

ま　行

や　行

ら　行

わ　行

《著者紹介》
美川　圭（みかわ・けい）
1957年　生まれ。
1988年　京都大学大学院文学研究科国史学専攻博士後期課程指導認定退学。
現　在　立命館大学文学部教授。博士（文学）。
主　著　『院政の研究』臨川書店，1996年。
『白河法皇——中世をひらいた帝王』NHK ブックス，2003年（角川ソフィア文庫，2013年）。
『院政——もうひとつの天皇制』中公新書，2006年。

ミネルヴァ日本評伝選
後《ご》白《しら》河《かわ》天《てん》皇《のう》
——日本第一の大天狗——

2015年2月10日　初版第1刷発行　〈検印省略〉

定価はカバーに
表示しています

著　者　美　川　　圭
発行者　杉　田　啓　三
印刷者　江　戸　宏　介

発行所　株式会社　ミネルヴァ書房
607-8494 京都市山科区日ノ岡堤谷町1
電話代表（075）581-5191
振替口座 01020-0-8076

共同印刷工業・新生製本

ISBN978-4-623-07292-7
Printed in Japan

刊行のことば

歴史を動かすものは人間であり、興趣に富んだ人間の動きを通じて、世の移り変わりを考えるのは、歴史に接する醍醐味である。

しかし過去の歴史学を顧みるとき、人間不在という批判さえ見られたように、歴史における人間のすがたが、必ずしも十分に描かれてきたとはいえない。二十一世紀を迎えた今、歴史の中の人物像を蘇生させようとの要請はいよいよ強く、またそのための条件もしだいに熟してきている。

この「ミネルヴァ日本評伝選」は、正確な史実に基づいて書かれるのはいうまでもないが、単に経歴の羅列にとどまらず、歴史を動かしてきたすぐれた個性をいきいきとよみがえらせたいと考える。そのためには、対象とした人物とじっくりと対話し、ときにはきびしく対決していくことも必要になるだろう。

今日の歴史学が直面している困難の一つに、研究の過度の細分化、瑣末化が挙げられる。それは緻密さを求めるが故に陥った弊害といえるが、その結果として、歴史の大きな見通しが失われ、歴史学を通しての社会への働きかけの途が閉ざされ、人々の歴史への関心を弱める危険性がある。今こそ歴史が何のためにあるのかという、基本的な課題に応える必要があろう。評伝という興味ある方法を通じて、解決の手がかりを見出せないだろうかというのも、この企画の一つのねらいである。

狭義の歴史学の研究者だけでなく、多くの分野ですぐれた業績をあげている著者たちを迎えて、従来見られなかった規模の大きな人物史の叢書として、「ミネルヴァ日本評伝選」の刊行を開始したい。

平成十五年（二〇〇三）九月

ミネルヴァ書房

ミネルヴァ日本評伝選

企画推薦
梅原猛
ドナルド・キーン
佐伯彰一
角田文衞

監修委員
上横手雅敬
芳賀徹

編集委員
石川九楊
伊藤之雄
猪木武徳
今谷明
今橋映子
熊倉功夫
佐伯順子
坂本多加雄
武田佐知子
竹西寛子
西口順子
兵藤裕己
御厨貴

上代

*俾弥呼 古田武彦
日本武尊 西宮秀紀
仁徳天皇 若井敏明
雄略天皇 吉村武彦
*蘇我氏四代 遠山美都男
推古天皇 義江明子
聖徳太子 仁藤敦史
斉明天皇 武田佐知子
小野妹子・毛人 大橋信弥
*額田王 梶川信行
弘文天皇 遠山美都男
天武天皇 新川登亀男
持統天皇 丸山裕美子
阿倍比羅夫 熊田亮介
*藤原四子 木本好信
柿本人麻呂 古橋信孝
*元明天皇・元正天皇 渡部育子
聖武天皇 本郷真紹
光明皇后 寺崎保広
*孝謙・称徳天皇 勝浦令子
藤原不比等 荒木敏夫
橘諸兄・奈良麻呂 遠山美都男
吉備真備 今津勝紀
*藤原仲麻呂 木本好信
道鏡 吉川真司
*藤原種継 木本好信
大伴家持 和田萃
*行基 吉田靖雄

平安

*桓武天皇 井上満郎
嵯峨天皇 西別府元日
宇多天皇 古藤真平
醍醐天皇 石上英一
村上天皇 京樂真帆子
花山天皇 上島享
*三条天皇 倉本一宏
藤原薬子 中野渡俊治
小野小町 錦仁
藤原良房・基経 瀧浪貞子
菅原道真 竹居明男
*紀貫之 神田龍身
源高明 所功
*安倍晴明 斎藤英喜
藤原実資 橋本義則
*藤原道長 朧谷寿
藤原伊周・隆家 倉本一宏
藤原定子 山本淳子
紫式部 竹西寛子
和泉式部 ツベタナ・クリステワ
大江匡房 小峯和明
*阿弖流為 樋口知志
坂上田村麻呂 熊谷公男
*源満仲・頼光 元木泰雄
平将門 西山良平
藤原純友 寺内浩
空海 頼富本宏
最澄 吉田一彦
円珍 岡野浩二
*空也 石井義長
奝然 上川通夫
*源信 小原仁
慶滋保胤 吉原浩人
*後白河天皇 美川圭
式子内親王 奥野陽子
建礼門院 生形貴重
藤原秀衡 入間田宣夫
平時子・時忠 元木泰雄
平維盛 根井浄
守覚法親王 阿部泰郎
藤原隆信・信実 山本陽子

鎌倉

源頼朝 川合康
*源義経 近藤好和
源実朝 神田龍身
後鳥羽天皇 五味文彦
九条兼実 加納重文
九条道家 上横手雅敬
北条時政 野口実
熊谷直実 佐伯真一
*北条政子 関幸彦
北条義時 岡田清一
曾我十郎・五郎 杉橋隆夫
北条時頼 山本隆志
北条時宗 近藤成一
安達泰盛 山陰加春夫
平頼綱 細川重男
竹崎季長 堀本一繁
西行 光田和伸
藤原定家 赤瀬信吾
*京極為兼 今谷明
*兼好 島内裕子
重源 横内裕人
*運慶 根立研介

快慶　井上一稔
法然　今堀太逸
慈円　大隅和雄
明恵　西山　厚
親鸞　末木文美士
恵信尼・覚信尼　西口順子
覚如　今井雅晴
*道元　船岡　誠
叡尊　細川涼一
*忍性　松尾剛次
*日蓮　佐藤弘夫
一遍　蒲池勢至
*宗峰妙超　竹貫元勝

南北朝・室町

後醍醐天皇　上横手雅敬
護良親王　新井孝重
*赤松氏五代　渡邊大門
*北畠親房　岡野友彦
楠正成　兵藤裕己
*新田義貞　山本隆志
*光厳天皇　深津睦夫
足利尊氏　市沢　哲
佐々木道誉　下坂　守
円観・文観　田中貴子
足利義詮　早島大祐
足利義満　川嶋將生
足利義持　吉田賢司
足利義教　横井　清
大内義弘　平瀬直樹
伏見宮貞成親王　松薗　斉
山名宗全　山本隆志
細川勝元・政元　古野　貢
日野富子　脇田晴子
世阿弥　西野春雄
雪舟等楊　河合正朝
宗祇　鶴崎裕雄
*満済　森　茂暁
一休宗純　原田正俊
蓮如　岡村喜史

戦国・織豊

北条早雲　家永遵嗣
*毛利元就　岸田裕之
毛利輝元　光成準治
*今川義元　小和田哲男
*武田信玄　笹本正治
*武田勝頼　笹本正治
*真田氏三代　笹本正治
*三好長慶　天野忠幸
*宇喜多直家・秀家　渡邊大門
*上杉謙信　矢田俊文
島津義久・義弘　福島金治
長宗我部元親・盛親　平井上総
吉田兼倶　西山　克
山科言継　松薗　斉
*雪村周継　赤澤英二
正親町天皇・後陽成天皇　神田裕理
織田信長　三鬼清一郎
豊臣秀吉　藤井讓治
*北政所おね　田端泰子
*淀殿　福田千鶴
前田利家　東四柳史明
*黒田如水　小和田哲男
*蒲生氏郷　藤田達生
*細川ガラシャ　田端泰子
伊達政宗　伊藤喜良
*支倉常長　田中英道
*長谷川等伯　宮島新一
顕如　神田千里
教如　安藤　弥

江戸

徳川家康　笠谷和比古
*徳川家光　野村　玄
徳川吉宗　横田冬彦
*後水尾天皇　久保貴子
光格天皇　藤田　覚
崇伝　杣田善雄
春日局　福田千鶴
宮本武蔵　渡邊大門
*池田光政　倉地克直
保科正之　八木清治
シャクシャイン　岩崎奈緒子
*田沼意次　藤田　覚
*二宮尊徳　小林惟司
末次平蔵　岡美穂子
*高田屋嘉兵衛　生田美智子
*林羅山　鈴木健一
吉野太夫　渡辺憲司
中江藤樹　辻本雅史
*山崎闇斎　澤井啓一
山鹿素行　前田　勉
*北村季吟　島内景二
伊藤仁斎　澤井啓一
貝原益軒　辻本雅史
松尾芭蕉　楠元六男
*ケンペル　B・M・ボダルト＝ベイリー
新井白石　大川　真
荻生徂徠　柴田　純
*雨森芳洲　上田正昭
石田梅岩　高野秀晴
前野良沢　松田　清
平賀源内　石上　敏
本居宣長　田尻祐一郎
杉田玄白　吉田　忠
木村蒹葭堂　有坂道子
*大田南畝　沓掛良彦
菅江真澄　赤坂憲雄
*鶴屋南北　諏訪春雄
良寛　阿部龍一
*山東京伝　佐藤至子
*滝沢馬琴　高田　衛
平田篤胤　山下久夫
シーボルト　宮坂正英
本阿弥光悦　岡　佳子
小堀遠州　中村利則
狩野探幽・山雪　山下善也
尾形光琳・乾山　河野元昭
*二代目市川團十郎　田口章子
与謝蕪村　佐々木丞平
伊藤若冲　狩野博幸
鈴木春信　小林　忠
円山応挙　佐々木正子
*佐竹曙山　成瀬不二雄
葛飾北斎　岸　文和
酒井抱一　玉蟲敏子
孝明天皇　青山忠正
*和宮　辻ミチ子

徳川慶喜 大庭邦彦
島津斉彬 原口　泉
*古賀謹一郎 小野寺龍太
永井尚志 高村直助
*栗本鋤雲 小野寺龍太
西郷隆盛 家近良樹
*塚本明毅 塚本　学
*月　性 海原　徹
*吉田松陰 海原　徹
*高杉晋作 海原　徹
久坂玄瑞 一坂太郎
ペリー 遠藤泰生
ハリス 福岡万里子
オールコック 佐野真由子
アーネスト・サトウ 奈良岡聰智
緒方洪庵 米田該典
冷泉為恭 中部義隆

近代

*明治天皇 伊藤之雄
*大正天皇 F・R・ディキンソン
*昭憲皇太后・貞明皇后 小田部雄次
大久保利通 三谷太一郎

山県有朋 鳥海　靖
木戸孝允 落合弘樹
井上　馨 伊藤之雄
*松方正義 室山義正
北垣国道 小林丈広
板垣退助 小川原正道
長与専斎 笠原英彦
大隈重信 五百旗頭薫
伊藤博文 坂本一登
井上　毅 大石　眞
*井上　勝 老川慶喜
*桂　太郎 小林道彦
渡辺洪基 瀧井一博
*乃木希典 佐々木英昭
*児玉源太郎 小林道彦
*高宗・閔妃 木村　幹
山本権兵衛 室山義正
*金子堅太郎 松村正義
高橋是清 鈴木俊夫
小村寿太郎 簑原俊洋
*犬養　毅 小林惟司
*加藤高明 櫻井良樹
加藤友三郎・寛治 麻田貞雄
牧野伸顕 小宮一夫
田中義一 黒沢文貴
内田康哉 高橋勝浩
石井菊次郎 廣部　泉

平沼騏一郎 堀田慎一郎
鈴木貫太郎 小堀桂一郎
宇垣一成 北岡伸一
*宮崎滔天 榎本泰子
*浜口雄幸 川田　稔
幣原喜重郎 西田敏宏
関　一 玉井金五
水野広徳 片山慶隆
広田弘毅 井上寿一
安重根 上垣外憲一
*グルー 廣部　泉
*永田鉄山 森　靖夫
東條英機 牛村　圭
今村　均 前田雅之
蔣介石 劉　岸偉
石原莞爾 山室信一
木戸幸一 波多野澄雄
*岩崎弥太郎 武田晴人
伊藤忠兵衛 末永國紀
五代友厚 田付茉莉子
大倉喜八郎 村上勝彦
*安田善次郎 由井常彦
渋沢栄一 武田晴人
益田　孝 鈴木邦夫
山辺丈夫 宮本又郎
武藤山治 阿部武司・桑原哲也

西原亀三 森川正則
小林一三 橋爪紳也
大倉恒吉 石川健次郎
大原孫三郎 猪木武徳
*河竹黙阿弥 今尾哲也
イザベラ・バード 加納孝代
*林　忠正 木々康子
*森　鷗外 小堀桂一郎
*二葉亭四迷 ヨコタ村上孝之
夏目漱石 佐々木英昭
徳冨蘆花 半勝英明
巌谷小波 千葉信胤
樋口一葉 佐伯順子
*島崎藤村 十川信介
泉　鏡花 東郷克美
上田　敏 小林　茂
*有島武郎 亀井俊介
永井荷風 川本三郎
北原白秋 平石典子
菊池　寛 山本芳明
*宮沢賢治 千葉一幹
正岡子規 夏石番矢
高浜虚子 坪内稔典
与謝野晶子 佐伯順子
*種田山頭火 村上　護
*斎藤茂吉 品田悦一

*高村光太郎 湯原かの子
萩原朔太郎 エリス俊子
*原阿佐緒 秋山佐和子
*狩野芳崖・高橋由一 古田　亮
*小堀鞆音 小堀桂一郎
竹内栖鳳 北澤憲昭
黒田清輝 高階秀爾
中村不折 石川九楊
横山大観 高階秀爾
*橋本関雪 西原大輔
小出楢重 芳賀　徹
土田麦僊 天野一夫
岸田劉生 北澤憲昭
*山田耕筰 後藤暢子
松旭斎天勝 川添　裕
中山みき 鎌田東二
佐田介石 谷川　穣
*ニコライ 中村健之介
出口なお・王仁三郎 川村邦光
島地黙雷 阪本是丸
*新島　襄 太田雄三
木下広次 冨岡　勝
海老名弾正 西田　毅
嘉納治五郎 クリストファー・スピルマン

柏木義円　片野真佐子
津田梅子　田中智子
*澤柳政太郎　新田義之
河口慧海　高山龍三
山室軍平　室田保夫
大谷光瑞　白須淨眞
*久米邦武　髙田誠二
フェノロサ　伊藤　豊
三宅雪嶺　長妻三佐雄
*岡倉天心　木下長宏
志賀重昂　中野目徹
徳富蘇峰　杉原志啓
竹越與三郎　西田　毅
内藤湖南・桑原隲蔵　礪波　護
岩村　透　今橋映子
*西田幾多郎　大橋良介
*金沢庄三郎　石川遼子
柳田国男　鶴見太郎
厨川白村　張　競
天野貞祐　貝塚茂樹
大川周明　山内昌之
西田直二郎　林　淳
折口信夫　斎藤英喜
辰野　隆　金沢公子
シュタイン　瀧井一博
*西　周　清水多吉
*福澤諭吉　平山　洋
福地桜痴　山田俊治

田口卯吉　鈴木栄樹
*陸　羯南　松田宏一郎
黒岩涙香　奥　武則
長谷川如是閑　織田健志
*吉野作造　田澤晴子
山川　均　米原　謙
*岩波茂雄　十重田裕一
*北　一輝　岡本幸治
*穂積重遠　大村敦志
中野正剛　吉田則昭
満川亀太郎　福家崇洋
*北里柴三郎　福田眞人
高峰譲吉　木村昌人
田辺朔郎　秋元せき
*南方熊楠　飯倉照平
寺田寅彦　金森　修
石原　純　金子　務
辰野金吾　河上真理・清水重敦
*七代目小川治兵衛　尼崎博正
ブルーノ・タウト　北村昌史

現代

昭和天皇　御厨　貴
高松宮宣仁親王　後藤致人
*李方子　小田部雄次
吉田　茂　中西　寛
マッカーサー　柴山　太
石橋湛山　増田　弘
重光　葵　武田知己
市川房枝　村井良太
*池田勇人　藤井信幸
高野　実　篠田　徹
和田博雄　庄司俊作
朴正熙　木村　幹
竹下　登　真渕　勝
*松永安左エ門　橘川武郎
鮎川義介　井口治夫
*出光佐三　橘川武郎
松下幸之助　米倉誠一郎
渋沢敬三　井上　潤
*本田宗一郎　伊丹敬之
井深　大　武田　徹
*佐治敬三　小玉　武
幸田家の人々　金井景子
*正宗白鳥　大嶋　仁
大佛次郎　福島行一
*川端康成　大久保喬樹
*薩摩治郎八　小林　茂
松本清張　杉原志啓

安部公房　鳥羽耕史
*三島由紀夫　島内景二
井上ひさし　成田龍一
R・H・ブライス　菅原克也
柳　宗悦　熊倉功夫
バーナード・リーチ　鈴木禎宏
イサム・ノグチ　酒井忠康
川端龍子　岡部昌幸
藤田嗣治　林　洋子
*井上有一　海上雅臣
*手塚治虫　竹内オサム
古賀政男　藍川由美
*吉田　正　金子　勇
武満　徹　船山　隆
*八代目坂東三津五郎　田口章子
*力道山　岡村正史
*西田天香　宮田昌明
安倍能成　中根隆行
サンソム夫妻　平川祐弘・牧野陽子
和辻哲郎　小坂国継
矢代幸雄　稲賀繁美
石田幹之助　岡本さえ
*平泉　澄　若井敏明
安岡正篤　片山杜秀

島田謹二　小林信行
田中美知太郎　川久保剛
前嶋信次　杉田英明
唐木順三　澤村修治
保田與重郎　谷崎昭男
*福田恆存　川久保剛
井筒俊彦　安藤礼二
小泉信三　都倉武之
*瀧川幸辰　伊藤孝夫
矢内原忠雄　等松春夫
*フランク・ロイド・ライト　大久保美春
大宅壮一　有馬　学
今西錦司　山極寿一

*は既刊
二〇一五年二月現在